MW01147285

Vulva

Mithu M. Sanyal

Vulva

La revelación del sexo invisible

Traducción de Patricio Pron

EDITORIAL ANAGRAMA

BARCELONA

Título de la edición original:
Vulva
© Verlag Klaus Wagenbach
Berlín, 2009

Ilustración: «42 vaginas», © Megan Galante

Primera edición en «Argumentos»: febrero 2012
Primera edición en «Compactos»: junio 2018

Diseño de la colección: Julio Vivas y Estudio A

© De la traducción, Patricio Pron, 2012

© EDITORIAL ANAGRAMA, S. A., 2012
Pedró de la Creu, 58
08034 Barcelona

ISBN: 978-84-339-6027-6
Depósito Legal: B. 11401-2018

Printed in Spain

Liberdúplex, S. L. U., ctra. BV 2249, km 7,4 - Polígono Torrentfondo
08791 Sant Llorenç d'Hortons

INTRODUCCIÓN

Ésta es una pequeña historia cultural de Occidente a través de la representación del genital femenino en la vida cotidiana, el folclore, la medicina, la mitología, la literatura y el arte. Sin embargo, esto puede parecer desconcertante a simple vista. ¿No basta ya con que existan historias culturales del beso o de la tetera? ¿Qué conocimiento puede obtenerse de la vulva? A objeciones de este tipo puede responderse que todo el mundo es libre de tener su propio concepto del beso o de la tetera, pero casi nadie negaría que estos fenómenos existen, a diferencia de lo que sucede con el genital femenino. Así, la estrella del psicoanálisis francés Jacques Lacan escribe:

En sentido estricto diremos pues que no existe ninguna simbolización del sexo de la mujer como tal. En cualquier caso, la simbolización no es la misma, no tiene el mismo origen ni la misma forma de acceso que la simbolización del sexo del hombre. Y esto es porque el imaginario sólo provee una ausencia allí donde en otros casos hay un símbolo muy destacado.[1]

O dicho en una sola frase: si no tienes pene no tienes órgano sexual «verdadero». Una afirmación que de tan evidentemente falsa tendría cierta gracia absurda si con ella Lacan no se situara en la línea de los pensadores más importantes de Occidente. Según Aristóteles, sólo el hombre disponía de suficiente energía para desarrollar partes sexuales completas. Galeno veía el genital femenino como un genital masculino invertido. Y la postura de Sigmund Freud puede ser expresada con la siguiente fórmula: se coge un ser humano –es decir, un hombre–, se le quita el pene y así se obtiene una mujer. También teóricos más recientes como Jean Baudrillard y Roland Barthes explican que cuando las mujeres se desnudan en público, por ejemplo durante un *striptease*, éstas no podrían descubrir su sexo sino sola y únicamente su carencia de él, es decir, dar voz a la ausencia de falo. La vulva es descrita como agujero, espacio en blanco o nada. En el mejor de los casos, como un pene insuficiente.

Dependiendo de su carácter, cada mujer puede encontrar esto gracioso o desagradable, pero ¿cuál es el significado de la negación de un hecho biológico como la vulva para la percepción de cuerpos bien concretos? A través de una serie de ensayos que llevé a cabo en diferentes grupos de científicas constaté que todas podían dibujar penes pero ninguna podía representar gráficamente una vulva reconocible. Me sentí fascinada. ¿Por qué mujeres muy formadas podían reproducir genitales masculinos sin problemas al tiempo que sus propios genitales les resultaban tan extraños y misteriosos que ni siquiera podían dibujarlos rudimentariamente? Al pensar en ello, advertí que, con la salvedad de las ilustraciones médicas, tanto ellas como yo sólo podíamos ver imágenes de la vulva como productos de las industrias del porno y de la higiene. Así que decidí

Charles Eisen, grabado
en cobre para una fábula
de Jean de La Fontaine

ponerme a la búsqueda del lugar simbólico que ocupa la
vulva en nuestra cultura.

En primer lugar llamó mi atención la espectacular
contradicción de que, por una parte, el sexo femenino no
existe o por lo menos es insignificante e invisible, mientras
que, al mismo tiempo, aparece como «agujero negro» y
«abismo abierto», como «puerta al infierno, fuente de todas las discordias y problemas en el mundo y posible ruina
del hombre».[2] Su ilustración más persistente es la de la vagina armada con dientes afilados y cubiertos de sangre que
aparece con tanta frecuencia en mitos y leyendas y que incluso tiene un nombre propio: *vagina dentata*. Allí donde
la *vagina dentata* aparece, amenaza al pene con convertir-
lo, arrancándolo de un mordisco, en aquello a lo que la
mirada fálica ha degradado a la vulva, esto es, una ausen-

9

cia, un agujero, un espacio en blanco. ¿Cómo puede representar un peligro así algo que supuestamente no existe? Nos encontramos aquí con lo que yo llamo un «parpadeo cultural»: cuando dos conceptos están en una situación contradictoria –como colores que se encuentran en los extremos opuestos del espectro– producen una irritación permanente tan pronto como entran en contacto. Se trata siempre de fenómenos profundamente interesantes que indican que detrás se ocultan otros estratos.

Así, en la mayor parte de las mitologías pueden encontrarse historias en las que la humanidad ha sido salvada al menos una vez por la exhibición de la vulva. Existía la creencia arraigada de que las mujeres podían resucitar a los muertos, e incluso vencer al diablo, subiéndose las faldas. El genital femenino era un lugar sagrado y curativo. La vulva no fue ignorada, sino difamada primero con enorme esfuerzo y a continuación negada hasta provocar la opinión errada y absurda de que no valía la pena hablar de ella.

Afortunadamente nada puede ser reprimido por completo; de hecho, a lo largo de mis investigaciones descubrí repentinamente referencias al órgano sexual femenino primario por todas partes en la literatura y el arte de Occidente, es decir, en aquellos medios con los que nuestra cultura se representa y se explica a sí misma. No obstante, estas referencias estaban desfiguradas y eran apenas legibles puesto que lo que no puede ser comprendido tampoco puede ser representado ni, sobre todo, transformado.

Y precisamente de eso trata este libro. Es el intento de reconstruir la significación cultural del genital femenino y de hacer visibles los esfuerzos que hubo que realizar para reprimir la vulva, ya que en su re/presentación se ponía de manifiesto la lucha por el poder del que emanaba la auto-

10

ridad para nombrar el cuerpo femenino, siendo en este caso el cuerpo una metonimia de aquello que definimos como «femenino». Es importante hacer esta distinción puesto que, finalmente, éste es el estudio de un ámbito cultural conflictivo y no una nueva equiparación de los conceptos «mujer» y «cuerpo». Por encima de todo pretendo reconocer las reacciones que a lo largo de los siglos han hecho visible en palabra e imagen al «sexo invisible», ya que, como escribió el escritor nativo americano ganador del Premio Pulitzer Natachee Scott Momaday: «Somos nuestras representaciones. [...] Nuestra misma existencia consiste en las imágenes que nos hacemos de nosotros mismos [...]. Lo peor que puede sucedernos es que no haya representaciones de nosotros.»[3]

«SHAMING AND NAMING»

La expresión anglófona *«naming and shaming»* puede ser traducida como «exposición pública». Por lo general va acompañada por una tercera palabra de sonido similar: *«blaming»*, o sea, «echar la culpa» o «culpar». En la actualidad el gobierno británico utiliza ampliamente la estrategia del *naming and shaming* colocando en la prensa, en páginas web y en troncos de árboles imágenes de presuntos criminales o criminales probados, aunque con ello no despierta en absoluto la solidaridad vecinal sino más bien una violencia explosiva contra los «humillados» y contra aquellos que tienen la mala fortuna de parecérseles mucho. Lo mismo sucedió a gran escala con la vulva, sólo que sus imágenes no fueron ampliamente difundidas, sino que su exposición pública fue acompañada por una ocultación y una denominación errónea: *«shaming and re-naming»*.

La periodista Gloria Steinem recuerda:

> Soy de la generación del «allí abajo». «Allí abajo», ésas eran las palabras –pronunciadas raras veces y en voz baja– con las que las mujeres en mi familia llamaban a todos los órganos sexuales femeninos, tanto internos

como externos. [...] [Yo] no había escuchado ninguna otra denominación adecuada, por no hablar de palabras que expresaran orgullo de esas partes. [...] Así que, al aprender a hablar o escribir o al aprender higiene, me fueron enseñados los nombres correctos de cada una de nuestras maravillosas partes del cuerpo con la excepción de aquellas situadas en la zona impronunciable. Esto me dejó indefensa ante las expresiones ofensivas y los chistes sucios en el patio del colegio y, años después, contra la creencia extendida de que los hombres, ya fuera como médicos o como amantes, sabían más del cuerpo femenino que las mujeres mismas.[4]

Gloria Steinem creció en las décadas de 1930 y 1940 en Ohio. Sus experiencias se diferencian visiblemente de aquellas de las jóvenes nacidas más tarde, situación a la que ella contribuyó considerablemente como figura central del movimiento feminista y cofundadora de la revista feminista *Ms*, cuyo título hacía referencia a la, por entonces, revolucionaria forma de llamarse a sí mismas de aquellas mujeres que ya no deseaban permitir ser tratadas como «Miss/señorita» o como «Mrs/señora». Pese a ello, en marzo de 2006 apareció en Alemania, país que al parecer es mucho menos pudibundo que los Estados Unidos, un libro con el título nada irónico de *Ich nenne es «Da unten». Frauen erzählen über ihre Vagina, die Lust und den Sex* [La llamo «allí abajo»: las mujeres hablan sobre su vagina, el deseo y el sexo].[5] También la revista femenina *Woman* llamaba al genital femenino en su entrega de marzo de 2006 «nuestra laguna de conocimiento»[6] y seguía, jovialmente: «Nos hemos informado de cosas como las denominaciones, la función y el cuidado. ¡Y ahora, por favor, dejemos de cruzar avergonzadas las piernas!»[7] Entre las definiciones

14

presentadas por *Woman* aparecía en el primer puesto «allí abajo», seguida de cerca por «entre las piernas». Lo único a medias original que ofrecían las periodistas que habían confeccionado el artículo era la explicación de por qué rechazaban la expresión «vulva»: les recordaba una marca sueca de coches.

Si el uso de la palabra «vulva» ya es difícil, el de *«cunt»* –o *«Fotze»* en alemán y «coño» en español peninsular– es absolutamente despreciado, como la autora Inga Muscio debió comprobar cuando, al querer teclear al final de uno de sus artículos la cantidad total de palabras, olvidó la «o» en la palabra *«count»:*

> Observé las dos palabras una junto a la otra y descubrí que *«word cunt»*, o sea «coño de palabras», sería un título excepcional para una autora. El puñado de personas que llegó a ver mi manuscrito reaccionó horrorizado y preguntó por qué había colocado precisamente esas dos palabras al final de mi artículo. Después de explicar mis motivos a editores, redactores, correctores y recepcionistas comencé a pensar en el poder real e independiente del contexto de la palabra *«cunt»*.[8]

La denominación del órgano genital femenino en su forma vulgar es efectivamente el insulto más fuerte del que dispone el idioma inglés. En los medios, *cunt* es incluso más impronunciable que *fuck*. Basta pensar en la controversia que desató la BBC en enero de 2005 al lanzar al éter las palabras *«cunting, cunting, cunting, cunting cunt»* –algo así como «coño rastrero»– como descripción del diablo en *Jerry Springer: la ópera*. Si ni siquiera el diablo quiere tener algo que ver con el genital femenino entonces es porque algo debe andar realmente mal con él. A la vez, la antigua palabra inglesa «cunt» expresaba en su significado original de «lugar sagrado» el mayor elogio que podía hacerse; etimológicamente, «cunt» está emparentado estrechamente con «queen», «kin» y «country»: esto es, «reina», «clan» y «patria» o «país». Tras la conquista de Inglaterra por los normandos, «cunt» fue reemplazada oficialmente por el término latino «vagina» pero permaneció obstinadamente en uso en el idioma. El poeta y filósofo inglés del siglo XIV Geoffrey Chaucer la utilizó con varias grafías —«queynte», «queinte»— en sus Cuentos de Canterbury, y en Londres había una calle con el elocuente nombre de Gropecunt Alley donde las prostitutas esperaban a sus clientes. A comienzos del siglo XVIII el «lugar sagrado» fue proscrito: comenzaba el desfile triunfal definitivo de la vagina.

VAGINA

Además de su traducción literal como «vaina», «vagina» es la denominación más habitual y más aceptada del genital femenino en alemán. Como se ha dicho ya, sin embargo, «vagina» se refiere únicamente a la abertura corporal que une la vulva con los órganos genitales internos. De esa forma, toda la parte visible del genital femenino no sólo se hace invisible a través del idioma, sino que también pierde un significado independiente, es sólo un agujero en el que el hombre puede introducir su genital o, para continuar con la imagen, una vaina para su espada. Y precisamente de ahí proviene el término, ya que en anatomía era habitual utilizar analogías para dar nombre. El cirujano y anatomista italiano Matteo Realdo Colombo, que introdujo la palabra «vagina» en la medicina en 1599, justificó su elección en el tratado De re anatomica con la

16

descripción del órgano sexual femenino como «aquella parte en la que la pica es introducida como en una vaina».[9] Esto es tanto más notable por cuanto el término *«labia minora»* –«labios menores»– también proviene de Colombo, por ejemplo. Es evidente, pues, que estaba completamente en condiciones de ver la vulva, de describirla, pero no de reconocerla. En su ceguera selectiva no estaba solo. Barbara Walker describe, en *The Woman's Encyclopedia of Myths and Secrets* [Enciclopedia del conocimiento secreto de las mujeres]:

Durante un proceso por brujería en el año 1593, el esbirro a cargo del examen (un hombre casado) descubrió evidentemente por primera vez un clítoris y lo identificó como una marca del diablo, prueba segura de la culpabilidad de la acusada. Era un «pequeño trozo de carne, sobresaliente, como si fuera una tetilla, de media pulgada de largo» que el ayudante del verdugo «vio a simple vista pero estaba escondido, puesto que se encontraba en un lugar muy secreto que era indecoroso mirar; sin embargo, finalmente, ya que no estaba dispuesto a callar una cosa tan rara», mostró la cosa a varios espectadores. Los espectadores no habían visto jamás algo así [*sic*].[10]

Esto es al menos sorprendente, ya que las actas de los interrogatorios «desagradables» y la confección de herramientas de tortura como la pera vaginal o la cuna de Judas[11] muestran que el interés en el genital convertido en tabú era enorme. Sin embargo, como formuló el médico y filósofo Ludwik Fleck en la década de 1930, existe un mecanismo según el cual sólo se puede percibir aquello que se permite que sea percibido: «En las ciencias naturales al igual que en el arte y en la vida no existe ninguna fidelidad a la naturaleza que no sea fidelidad a la cultura.»[12]

Antes también de que en el siglo XVII anatomistas y médicos redujeran el genital femenino a la vagina, éstos no eran de ninguna manera más precisos con referencia al «área inefable». Las obras ginecológicas se caracterizaban por eufemismos vagos como *sinus pudoris* –«cueva de la vergüenza»– y confusiones terminológicas graves. «Vulva» era empleada facultativamente para referirse a la vulva, a la vagina o al útero, o para todo ello junto. Puesto que de todos modos la Iglesia opinaba que los órganos genitales femeninos sólo servían para la reproducción, el interés principal de los investigadores estaba en la matriz, donde las vaguedades eran igualmente evidentes. Así, había descripciones serias de acuerdo con las cuales el himen debía evitar que el pene penetrara en el útero.[13]

Debido a que el lenguaje es el sistema con el que nos orientamos en el mundo y evaluamos las cosas, la desaparición de denominaciones que expresen aprecio o sean simplemente precisas va siempre acompañada de la desaparición de un contexto positivo de aprecio, la refleja o prepara su llegada. Y puesto que los seres humanos se identifican tan fuertemente con sus órganos sexuales que en razón de ellos se diferencian incluso en dos grupos fundamentales –hombres y mujeres–, las expresiones acerca de los órganos sexuales deben ser leídas por norma general como declaraciones sobre la totalidad del sexo. El médico romano Claudius Galenus (129-199 d. C.), llamado Galeno, autoridad absoluta en el terreno de la enseñanza europea de la salud hasta el Renacimiento, explicó:

De igual modo que la humanidad es la más perfecta de las especies animales, así también el hombre es, dentro de la humanidad, más perfecto que la mujer [...]. La mujer es menos completa que el hombre en relación con las partes que asisten a la reproducción. [...] Naturalmente no debe creerse que nuestro hacedor habría creado deliberadamente a la mitad de toda la especie imperfecta, y, como es el caso, mutilada, de no existir alguna gran ventaja en una falta de completitud tal.[14]

Esta ventaja se hallaba, según Galeno, en la supuesta disposición natural de la mujer a someterse y a servir. La superioridad de los órganos sexuales masculinos era explicada por Galeno, basándose en Aristóteles, en la mayor temperatura corporal interna del hombre,[15] un concepto que fue dado por bueno durante más de mil años y que podía encontrarse todavía, por ejemplo, en el compendio medieval *Secreta mulierum*, cuyo autor advierte que durante el acto sexual la mujer quitaría al hombre el calor —simbolizado por el semen caliente—, hasta el punto de que el hombre que tuviera demasiado sexo con mujeres se debilitaría y se volvería oligofrénico.[16]

A diferencia de su vehemente colega medieval Pseudo Alberto Magno, Galeno no veía a la mujer como una amenaza directa para el hombre, pero sí la consideraba débil, lisiada y, en sentido amplio, inhumana, ya que sólo el ardiente feto masculino estaba en condiciones de volver sus genitales hacia fuera y con ello convertirse en un ser humano completo, mientras que los órganos sexuales femeninos permanecían invertidos y poco desarrollados en el interior del cuerpo. Alberto Magno fue más allá en esta línea de pensamiento: «Si en este proceso se origina una niña, esto se debe a que ciertos factores han impedido la fijación del cuerpo, de allí que la mujer no sea en su naturaleza un ser humano sino un nacimiento fallido.»[17]

La concepción del sexo femenino como equivalente idéntico al del hombre sólo que dentro del cuerpo se mantuvo obstinadamente. Así, a mediados del siglo XVI Andreas Vesalius representó en su tratado *De humani corporis fabrica*, obra básica de la anatomía moderna, la totalidad de los órganos sexuales femeninos como un inmenso pene con la vulva como bellota. Y a la pregunta de por qué «la sabia naturaleza no ha plantado los testículos en el exterior de las mujeres de la misma manera en que lo ha hecho en los hombres»,[18] el sucesor de Vesalius en la cátedra de anatomía en Padua, Prospero Borgarucci, daba una respuesta que relacionaba la fisonomía «de inferior calidad» de la mujer con su psicología, también «de escaso valor»:

A sabiendas de la inconstancia y de la soberbia de la mujer, y para contrarrestar así su permanente anhelo de dominio, la naturaleza dejó a la mujer de esta manera para que, cada vez que ésta piense en su presunta carencia, deba volverse por contra más pacífica, más sumisa y finalmente más pudorosa que cualquier otra criatura en el mundo. No debe suponerse ninguna otra razón para el hecho de que la naturaleza haya dejado las partes sexuales de la mujer en su interior más que su deseo de refrenar su arrogante exigencia.[19]

Aún entrado el siglo XVIII los ovarios eran descritos como «conducto espermático femenino». «Esto significa simplemente que una doctrina anticuada y arbitraria dictaba que el hombre era la norma de acuerdo con la cual debía orientarse la mujer, y su pene, la norma para sus genitales»,[20] resume Catherine Blackledge en su libro *Historia de*

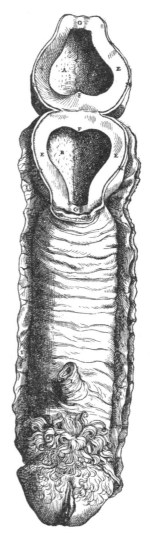

PRAESENS figura uterum à corpore exectum ea magnitudine refert, qua postremò Patauij dissectæ mulieris uterus nobis occurrit. atq; ut uteri circunscriptionem hìc expressimus, ita etiam ipsius fundum per mediũ dissecuimus, ut illius sinus in conspectum ueniret, unà cum ambarum uteri tunicarũ in non prægnantibus substantiæ craßitie.

A, A. B,B *Vteri fundi sinus.*

C,D *Linea quodãmodo instar suturæ, qua scortum donatur, in uteri fundi sinum leuiter protuberans.*

E,E *Interioris ac propriæ fundi uteri tunicæ craßities.*

F,F *Interioris fundi uteri portio, ex elatiori uteri sede deorsum in fundi sinũ protuberans.*

G,G *Fundi uteri orificium.*

H,H *Secundum exteriusq; fundi uteri inuolucrum, à peritonæo pronatum.*

I,I etc. *Membranarum à peritonæo pronatarum, & uterum continentium portionem utrinq; hìc asseruauimus.*

K *Vteri ceruicis substantia hìc quoque conspicitur, quod sectio qua uteri fundum diuisimus, inibi incipiebatur.*

L *Vesicæ ceruicis pars, uteri cēruici inserta, ac urinam in illam proijciens. Vteri colles, & si quid hìc spectãdum sit reliqui, etiam nullis appositis charácteribus, nulli non patent.*

¶ VIGE·

Andreas Vesalius, vagina humana, extraída de *De humani corporis fabrica* (1543)

21

la vagina. En rigor, deberíamos decir que el discurso occidental no está basado en la dualidad de los sexos sino en su unicidad, puesto que ha fijado un sexo, a saber el masculino, y únicamente ha construido el femenino en oposición a él. Con ello, la mujer era la portadora de la diferencia entre los sexos, la –poco valiosa– desviación de la norma y –puesto que un ser humano completo sin pene era inconcebible– la castrada.[21]

Ahora bien, la analogía «vagina igual a pene invertido» se ajustaba maravillosamente a una visión del mundo pero, a partir de algún punto, ya no a los conocimientos científicos. El resultado de esta divergencia no fue el cuestionamiento del patrón de pensamiento que le había dado origen, sino la creación de una nueva analogía, precisamente la del clítoris con un pequeño pene. Esta nueva analogía tenía su origen principalmente en el médico y botánico italiano Gabriello Fallopio, el «descubridor» de los conductos –las trompas de Falopio– que desde entonces llevan su nombre.

Fallopio, que en 1561 había sido el primero en describir detalladamente el clítoris y en revelar mediante cortes anatómicos su estructura interna, contradijo a Galeno en aspectos centrales, pero adoptó su comparación entre el clítoris y el pene sin criticarla. Al menos eso fue lo que pensó él, ya que Galeno no había mencionado en absoluto el clítoris en sus obras. Sin embargo, como los textos médicos de la antigüedad eran traducidos primero del griego al latín, después del latín al árabe y finalmente del árabe una vez más al latín –y las denominaciones para el genital femenino eran todo menos inequívocas, como ya se ha dicho–, no sorprende que pudieran colarse errores de traducción. Por contra, es muy asombroso que este error no fuera descubierto hasta finales del siglo XX. La única semejanza entre el pene y el clítoris es que ambos se ponen erectos con la excitación sexual. Durante cuatrocientos años se pasó por alto de forma deliberada que la uretra pasa a través del pene, mientras que el clítoris no está perforado; tampoco la supuesta coincidencia en su forma es nada del otro mundo: lo que normalmente es percibido como el clítoris es sólo su corona o punta. Bajo la piel puede palparse el tallo, pero la mayor parte del clítoris se encuentra más profundo. Se trata de las así llamadas piernas, que tienen la forma de una «ípsilon» invertida y miden aproximadamente diez centímetros cada una.

La psicóloga Josephine Lowndes Sevely publicó en 1987 un estudio en el que demostraba que el clítoris no se corresponde en absoluto con el pene, y que, de todas formas, el hombre tiene un equivalente del clítoris, tanto en lo que hace a su forma como a su estructura. Se trata del *corpus spongiosum:* el cuerpo cavernoso. Lowndes escribió:

> Los extremos de los clítoris masculino y femenino son las coronas de Lowndes, llamadas así por aquella que ha establecido la homología correcta siguiendo la tradición que nombra a las partes anatómicas de acuerdo con la persona que las ha descubierto. Todas las partes del cuerpo humano han sido caracterizadas y bautizadas por científicos hombres, a menudo con sus propios nombres. Por lo que sé, la corona de Lowndes será la primera parte de la anatomía humana que será nombrada en homenaje a una mujer.[22]

¡De modo que los hombres también tienen un clítoris! Que un órgano tan importante para la experimentación del placer haya sido ignorado hasta ahora muestra

que el intento artificial de ver el genital femenino como
una versión reducida del masculino no impide una visión
realista del sexo femenino sino de ambos sexos.

VULVA

Naturalmente, todo esto no fue ni es aceptado en silencio; más aún, en la actualidad existe efectivamente la
moda de la recuperación del genital propio. Inga Muscio
escribió en 1998 su manifiesto *cunt: a declaration of independence* [coño, una declaración de independencia],
que pasa de mano en mano en los grupos políticos de
mujeres de universidades estadounidenses; la periodista
Kirsten Anderberg utiliza Internet como foro para su
Online-vulva-museum y, pese a todos los intentos de ridi-
culizar a los grupos de espéculo de la segunda ola del
movimiento feminista, la ginecología *Do-it-yourself* también goza de prestigio en la tercera ola del feminismo.
Charlotte Roche llegó al público mayoritario con su novela *Zonas húmedas,* en la que la protagonista inspeccio-
naba su vulva al detalle y reemplazaba denominaciones
negativas como labios mayores y menores [*Schamlippe* en
alemán, literalmente, «labios de la vergüenza»] por «medias lunas» y «crestas de gallo». Desde la publicación del
libro en febrero de 2008, Roche recorre las tertulias televisivas y explica que ha escrito su libro contra la manía
de la higiene íntima, que implica que la vulva es algo sucio; al hacerlo, se ve claramente más segura que las mo-
deradoras con las que conversa, que no saben siquiera
hacia dónde mirar.
Igual de famosos, si no incluso de efectos más am-
plios, fueron los *Monólogos de la vagina,* de Eve Ensler. La

24

pieza teatral, aparecida como libro en 1998, fue saludada como una Biblia para una nueva generación de mujeres: «un viaje conmovedor e hilarantemente cómico a la última frontera, a la zona devenida tabú».[23] La autora había preguntado por sus genitales a doscientas mujeres y había resumido los resultados de las entrevistas de forma ligeramente literaria. Ensler escribe:

> Esta pieza teatral nació porque yo comencé a preocuparme por la vagina. [...] Me preocupaba por lo que pensamos de las vaginas, pero mucho más me preocupaba que no reflexionáramos sobre ellas. Aunque también me preocupaba mi propia vagina: necesitaba la compañía de otras vaginas, una comunidad, una cultura de vaginas. Están rodeadas de tanta oscuridad y secreteo como el triángulo de las Bermudas: tampoco de allí regresa nadie. [...] En un primer momento, a las mujeres les repugnaba hablar de ello. Eran bastante tímidas, pero, cuando comenzaban, ya no se las podía detener más. Secretamente, las mujeres aman hablar de su vagina. Pueden entusiasmarse realmente, especialmente porque nadie se había interesado antes por ellas.[24]

Aunque un poco exagerado, el enorme eco de los *Monólogos de la vagina* demostró que Ensler, sin ser tampoco la primera, servía a una necesidad vital. Los monólogos fueron traducidos a incontables idiomas y representados en escenarios de todo el mundo, y su autora fue colmada de premios. Las estrellas se daban codazos por obtener un papel en la obra, en famosas series televisivas los personajes compraban entradas para la representación e incluso se informó sobre ello en las noticias, en parte como sátira de la realidad, sin mencionar siquiera una vez la palabra que empieza por «v», como en una emisión especial de CNN de diez minutos de duración.

La psicoanalista Harriet Lerner fue al teatro con las mayores expectativas:

> Sin embargo, al ver los *Monólogos de la vagina* con mi marido Steve en Nueva York sentí como si cayera en la madriguera del conejo de *Alicia en el País de las Maravillas*. Había allí una pieza teatral cuyo objetivo era restituir el orgullo por los genitales femeninos –incluido el orgullo de su correcta denominación– y, sin embargo, no podía representar la realidad genital de forma menos precisa.
>
> Para mi sorpresa, hombres y mujeres presenciaban la pieza y fingían que todo estaba en su lugar, como si los genitales femeninos no fueran mal nombrados continuamente o como si esto no tuviera importancia.[25]

El problema era que, siguiendo la tradición médica desde el siglo XVII, Ensler había reducido el genital femenino –al menos lingüísticamente– a un tubo flexible de membrana mucosa. Lerner explica:

> Aunque algunas de las historias en la obra trataban realmente de la vagina, por regla general era necesario reemplazar «vagina» por «vulva» para que tuvieran sentido pese a todo [...]. «¿Existe una masiva y repentina amnesia feminista en relación con la diferencia entre la vulva y la vagina?», caviló mi muy querida amiga Emily Kofron, «dudo que los hombres toleraran una supuesta celebración de su sexualidad en la que se confundiesen los testículos con el pene.»[26]

El mismo error lo comete también la rapera Lady Bitch Ray, que suscitó cierta controversia por su feminismo de la provocación. La artista, que planea titular su primer álbum *Die Aufklärung nach Emanuelle Cunt* [La Ilustración según Emanuela Coño], dio mucho que hablar cuando, en la emisión de *Schmidt & Pocher* del 24 de abril de 2008, entregó a Oliver Pocher, colega de Harald Schmidt, un pequeño recipiente de «secreto de coño» y, como en cada entrevista, proclamó la «autodeterminación vaginal». No obstante, no hizo ninguna diferencia entre vagina, coño, conejo y *cunt*:[27] su «sombrero vagina», que ha diseñado para sus actuaciones bajo su sello Vagina Style, tampoco es otra cosa que un sombrero con forma de vulva.

Ya a mediados de la década de 1970, Harriet Lerner había publicado en una prestigiosa publicación médica un ensayo sobre la denominación errónea de los genitales femeninos y sus consecuencias. El artículo fue recibido con un silencio férreo. En total sólo hubo dos solicitudes para reimprimirlo, y sus colegas continuaron diciendo «vagina» cuando se referían a la vulva. Así pues, en la década de 1980 Lerner fundó con un grupo de científicas feministas el Club Vulva para difundir la conciencia de su denominación correcta. A modo de ilustración del problema, Lerner citaba un popular libro de divulgación en el que se lee:

Una joven tiene dos ovarios, un útero y una vagina. Éstos son sus órganos sexuales. Los órganos sexuales del joven son el pene y los testículos. Uno de los primeros cambios en el cuerpo de la joven durante la pubertad es el crecimiento del vello púbico alrededor de la apertura vaginal.[28]

Lerner comenta:

Una denominación tan parcial y equívoca de los genitales femeninos podría inducir a cualquier joven en la pubertad a sentarse en el suelo del cuarto de baño con un espejo y llegar a la conclusión de que es una criatura deforme.[29]

En realidad, la situación para la mayor parte de las jóvenes es incluso más desoladora. «Las niñas tienen un "mumu", una florecita, una pelusilla, un enchufecito [...] casi cualquier nombre que uno pudiera dar a una mascota pequeña y suave como un conejillo de Indias parece apropiado»,[30] constató la periodista Mimi Spencer en un artículo en *The Guardian* con el título, tomado de Eve Ensler, de «The vagina dialogues». Más allá de ello, lo que importa aquí es que estas palabras no sólo quitan importancia o establecen una distancia, sino también que son muy individuales. El doctor Pat Spungin explica:

No existen denominaciones aceptadas colectivamente. Los jóvenes tienen varias opciones. Las jóvenes simplemente ninguna. Muchos de los nombres disponibles —«chocho» o «coño»— remiten sólo a los genitales desarrollados. Las denominaciones que utilizan las niñas pueden ser tiernas, pero no son compartidas.[31]

Esto significa que las jóvenes no pueden hablar entre sí acerca de sus genitales. Cada referencia permanece reducida al ámbito de lo muy privado, generalmente al núcleo familiar, de forma que, sin importar cuán positivamente se expresen los padres, la vulva queda adherida más bien a un aura de secreto y ocultación: es aquello sobre lo que no se habla. «Si no podemos decirles a nuestras hijas cómo se ven realmente sus órganos sexuales, entonces animamos a cada nueva generación de mujeres a trabajar con engaños y a encubrir su lenguaje, sus pensamientos y sus sensaciones»,[32] criticó Harriet Lerner, quien, desde los comienzos de su confrontación con la palabra que empieza por «v» ha entrevistado literalmente a cientos de padres y les ha preguntado por qué no revelaban simplemente a sus hijas que su genital se llama vulva. Las respuestas aún la desconciertan treinta años después:

> Muchos padres, por lo demás cultos, decían incluso que no habían oído nunca la palabra. [...] Aquellos que tenían conocimiento de los términos correctos daban las explicaciones más fantasiosas sobre por qué no las usaban. [...] «Vulva es un término médico y yo no quisiera agobiar a mi hija con términos que sus amigas no conocen.» «Lo va a decir en su clase y entonces, ¿qué hacemos?» «Vulva y clítoris son términos técnicos» (dicho esto por padres que, entre otros, le habían enseñado a su hija pequeña el término «ovarios»). Y de un padre especialmente sincero: «No quiero que mi hija se convierta en una obsesa sexual o acabe creyendo que los hombres pueden ser reemplazados por un vibrador.»[33]

El miedo a la sexualidad de las hijas es mayor que el miedo por su salud sexual, como determinó un estudio suizo para la prevención del abuso. El proyecto en el que, de acuerdo con un concepto novedoso, los niños que van al jardín de infancia debían aprender a resistirse a la violencia sexual, casi fracasó debido a que «las niñas, con una sola excepción, no conocían ninguna denominación para su vagina. [...] Los niños, en cambio, sabían que tienen una pilila entre las piernas».[34] ¿Cómo pueden las niñas entonces nombrar lo que les sucede cuando subren abusos sexuales?[35] Incluso problemas menores como las infecciones pueden adquirir dimensiones traumáticas cuando no hay un lenguaje para nombrarlas. «Está el conmovedor ejemplo de una alumna de primaria que se quejaba de heridas en su canario y la maestra no entendía a qué se refería (aunque los maestros que no estén en condiciones de descifrar un eufemismo de escuela elemental como "canario" deberían repetir los exámenes)»,[36] informa Mimi Spencer. Sin embargo, nadie prepara a maestras y maestros para una situación así. En ningún período de prácticas de profesorado se discuten las palabras para designar el genital femenino o la ausencia de éstas. Al mismo tiempo, los chistes sobre las partes sexuales circulan profusamente por los patios de las escuelas, aunque, naturalmente, con rigurosas diferencias de género. Los niños deben defender el tamaño de sus penes, mientras que las niñas son informadas de que su genital supuestamente apesta a atún podrido o deja tras de sí un rastro de moco como el de un caracol.[37] Spencer constata:

> Más tarde hay otras opciones, desde palabras provenientes de la consulta del médico a aquellas que vienen del burdel. Las primeras pertenecen a la medicina y son extraordinariamente adecuadas para describir el lugar donde se siente dolor, y útiles para los exámenes humillantes durante el embarazo y el parto. Las últimas, en cambio, ni siquiera nos pertenecen. Es decir, a nosotras las mujeres. La mayor parte de las palabras que son utilizadas en las conversaciones para describir los genitales femeninos son un privilegio de los hombres.[38]

Para no comenzar a creer en teorías conspirativas, en ese punto de sus investigaciones la autora se lanzó a la búsqueda de argumentaciones científicas para este fenómeno aparentemente inexplicable y visitó a David Messer, profesor de psicología infantil y desarrollo del lenguaje en la Open University de Londres.

«Nuestro vocabulario está vinculado con una cantidad de capacidades, con el lenguaje y con nuestra comprensión del mundo», afirmó. ¿Por qué entonces esas omisiones allí donde necesitamos palabras para una parte decisiva del cuerpo femenino? «Es más difícil designar cosas que están ausentes; tendemos a tener nombres para las cosas que deseamos señalar. Desde un punto de vista funcional, una persona que cuida a alguien puede tener que señalar un pene –"Procura no pillártelo con la cremallera"–, pero no parece ser necesario señalar habitualmente los genitales femeninos»,[39] respondió Messer. ¿La falta de denominaciones para la vulva sólo se debe, pues, a que éstas no son necesarias? Messer admitió: «Desde un punto de vista cultural estaría de acuerdo en que las mujeres son privadas de sus derechos. La práctica ausencia de una terminología establece una gran diferencia entre los hombres, que tienen algo, y las mujeres, que no tienen nada.»[40]

Una afirmación que podría corresponder palabra por palabra a Aristóteles o Galeno, Sigmund Freud o Jacques Lacan. Spencer guardó su grabadora y se marchó. En la calle observó a niñas pequeñas cuyo principal rasgo de género era su vestido rosa y llegó a la conclusión de que:

Mientras que los hombres tienen algo que pueden mostrar y realzar, nosotras tenemos algo que es considerado un no lugar, una no identidad y una carencia no sólo física sino también lingüística y, como consecuencia de esto, social y cultural. Como afirma la teoría feminista clásica, sin denominaciones adecuadas y reconocidas no hay ningún sentimiento de pertenencia. La consecuencia es la separación de la niña de su cuerpo y más tarde el distanciamiento con su identidad sexual. Para Germaine Greer esto era por entonces, en la década de 1970, la base de la opresión de la mujer y de la privación de sus derechos. Las cosas no han cambiado mucho desde entonces.[41]

PRESENCIA Y PRESENTACIÓN

El argumento de que no se podría ni se debería hablar sobre la vulva porque allí no habría nada para ver, no sólo contradice nuestra percepción sensorial directa y comprobable sino también los testimonios culturales. Incluso la Antigüedad clásica, descrita habitualmente como la columna que sostiene el Occidente cristiano, contiene una dramática historia sobre la revelación de la vulva que puede ser leída en el *Himno homérico a Deméter*. El poema no fue de ningún modo escrito por Homero, sino que es uno de los treinta y tres poemas de autores anónimos que fueron reunidos en el siglo VII de nuestra era y conocidos bajo la etiqueta de *Himnos homéricos*, pero su adscripción coloca al *Himno* junto a la *Ilíada* y la *Odisea*, es decir, al lado de los textos fundamentales de la literatura occidental.

Iambe/Baubo

El *Himno homérico a Deméter* da primero la impresión de ser ya conocido. Encontramos a Deméter, la diosa griega de los cereales y la agricultura, tras el rapto de su hija Perséfone en el inframundo y por lo tanto en la muerte. Deméter yerra con los cabellos desgreñados por la Tierra, que languidece en la misma medida en que la diosa consume su cuerpo negándose a alimentarse. Los hombres claman a gritos por ayuda porque sus cosechas se han perdido y están a punto de morir de hambre, pero ni siquiera los dioses consiguen arrancar a la diosa de su fatal depresión. Deméter continúa inconsolable y desesperada.

En ese punto entra en escena Iambe.

Iambe o Baubo, como también es llamada, era originalmente una diosa anatolia que fue adoptada por los griegos. Como sucede habitualmente en estos casos, el nuevo mito no consiguió adueñarse adecuadamente del antiguo personaje, de manera que Iambe es descrita por las diferentes fuentes como una diosa y como un demonio, como vieja y horrible y como una mujer fértil pariendo, como criada, alcahueta y reina. Los relatos únicamente coinciden en que hizo saltar por los aires el orden olímpico.

En el *Himno*, Iambe también es rechazada en primer término por Deméter, pero no se deja impresionar y con sus bromas socarronas consigue finalmente aquello de lo que todo el panteón griego no fue capaz: hace reír a la diosa y, con ello, que ésta vuelva también a comer y a beber.

¿Qué ha sucedido?

«La palabra que designa estas bromas puede tener tanto un significado irónico como sarcástico. Además, las bromas no eran verbales sino *visuales*»,[42] explica el etnólogo y psicoanalista Georges Devereux sin aportar mucha claridad.

Más explícito en relación con este punto es el orfismo: «Después de que Baubo hubiera hablado, alzó su peplo y mostró aquello que su cuerpo tenía de más obsceno.»[43]

Baubo,
anónimo.
Grecia, siglo III
a. C. Arcilla,
4,4 × 5,8 cm

Iambe/Baubo ha mostrado pues su vulva, en una re-creación del modismo español «El habla por medio de las piernas».

Este gesto era una parte esencial de las celebraciones rituales en honor a Deméter, las tesmoforias, pero también otros misterios practicados principalmente por mujeres giraban alrededor de la revelación del genital femenino. Así, Aristófanes contó acerca de los misterios eleusinos, en los que las mujeres se despojaban por un tiempo de sus obligaciones mundanas y escenificaban en el templo de Deméter el encuentro con Baubo, hasta que las celebraciones concluían con cantos y discursos obscenos (aiscrologías).[44] En ellos era entregado, al igual que la hostia en la Santa Misa, el *mylloi:* una pasta de sésamo y miel con forma de vulva. De acuerdo con el *Suda*, el diccionario bizantino más completo que ha llegado hasta nuestros días, compuesto en 970, la letra griega delta –la primera del nombre de Deméter, cuya traducción es «madre del delta»– tiene también como modelo el triángulo de la vulva,[45] de allí que el triángulo fuera sagrado para el matemático griego Pitágoras. Al fin y al cabo, se necesitan por lo menos tres líneas

35

para representar el espacio, con lo que al triángulo le corresponde el papel de haber sido la primera figura en surgir del caos. Pueden encontrarse vestigios de las tesmoforias hasta entrada la Edad Media. En ellas, un cerdo, el animal mágico de Deméter, era adornado con ramas de peral y *mylloi*, bajado a un pozo y alzado a la superficie después de tres días como representación de la diosa renacida.

El mismo Goethe conocía la figura de Baubo y, en su *Fausto*, la hizo marchar a la cabeza la noche de Walpurgis:

> UNA VOZ: La vieja Baubo llega sola montada sobre una marrana preñada.
> CORO: ¡Así! ¡Honor a quien honor merece! Adelante, señora Baubo, y poneos a la cabeza. Un magnífico cerdo, la madre sobre él y detrás toda la brujeril comitiva.[46]

Más tarde, las referencias a Baubo se vuelven más escasas e incomprensibles. Cuando Peter Sloterdijk escribe: «Baubo significa coño, ella es el órgano sexual femenino en su grado más desvergonzado, que se ofrece burlonamente al pueblo masculino para una mirada breve e inútil»[47] se equivoca. En los testimonios más antiguos de mujeres que exhiben su vulva, los hombres no aparecen, ni echando una breve mirada ni en ninguna otra función. El gesto de Baubo existe, de acuerdo con todo lo que sabemos, en un espacio lingüístico elemental de y para mujeres.

Por desgracia, la escena entre Baubo y Deméter sólo ha llegado hasta nuestros días en fuentes cristianas, más precisamente, en las obras de Clemente de Alejandría, Eusebio de Cesarea y Arnobio de Sicca.[48] El texto original se ha perdido y los padres de la Iglesia estaban visiblemente superados por lo que relataban. Arnobio se sorprendía:

Ser agradable al deseo de alimentación y comida no se consigue con alguna razón, con un tiempo, una palabra de peso o la seria hospitalidad, sino con la revelación de la vergonzante indecencia del cuerpo y la exhibición de aquellas partes que el pudor general y que la ley de la decencia ordenan ocultar; aquellas que no está permitido mencionar en ningún oído sin autorización y sin faltar previamente el respeto. Me pregunto qué había en esa contemplación, qué en la vergüenza de Baubo, para que la exhibición del sexo femenino moviera a la diosa, igualmente dotada, al asombro y a la carcajada.[49]

La pregunta debe ser entendida en sentido retórico, ya que para Arnobio no había respuesta. Su adaptación y las de Clemente y Eusebio fueron escritas entre el 200 y el 400 de nuestra era y señalan el comienzo de la negación del genital femenino propia del dogmatismo cristiano. Por esta razón es de suponer que consisten en tergiversaciones de la escena original, como presume Monika Gsell en su estudio *Bedeutung der Baubo* [Significado de Baubo]:

La pérdida del significado original que el gesto de Baubo pudo haber tenido en el ritual femenino y que las mujeres que participaban en él debían conocer señala el lugar simbólico de la historia del genital femenino: es una historia de olvido, de pérdida de conocimiento, de no transmisión. Esta falta de conocimiento positivo (femenino) sobre el significado de Baubo marca la verdadera castración del sexo femenino, una castración entendida aquí en sentido lingüístico como una desvinculación entre el signo y el significado.[50]

«Ana-suromai»

Afortunadamente, el encuentro entre Baubo y Deméter no es el único testimonio de la presentación ritual de la vulva del que disponemos. Pese a que la Grecia antigua no era bajo ningún concepto una sociedad muy amistosa con las mujeres, había incluso una palabra para esta acción significativa: *ana-suromai*. El neologismo fue acuñado por el etnólogo griego Heródoto al conocer en sus viajes por Egipto una sociedad en la que las mujeres y sus genitales ocupaban un lugar central en la vida pública. Para el griego el mundo estaba de repente cabeza abajo: vio mujeres comerciando en los sitios públicos y ocupándose de sus negocios mientras los maridos se quedaban en casa y tejían.[51] Una impresión especialmente profunda le dejaron los barcos con los que las peregrinas y los peregrinos viajaban al festival de la diosa gata Bastet:

> Cuando en su viaje arriban a otra ciudad, toman puerto con el bote y hacen lo siguiente: algunas mujeres [...] se burlan y toman el pelo a las mujeres de esa ciudad llamándolas a gritos, otras representan una danza y se levantan los vestidos. Esto lo hacen en cada ciudad del río.[52]

Diodoro Sículo narró ritos parecidos en los que durante los cuarenta días siguientes a la muerte del toro sagrado de los egipcios, Apis, sólo las mujeres podían acercarse al nuevo Apis para alzar sus vestidos frente a él y mostrarle su sexo. En la mitología egipcia, el motivo de Iambe/Baubo puede encontrarse incluso en la figura de Bebt, quien consuela a Isis, que lleva luto por la muerte de su marido Osiris, dejándole echar una mirada a su vulva. Por esa razón, en el Alto Egipto, durante la iniciación al

38

culto de Isis se representaban danzas en las que las bailarinas arrojaban uno a uno sus siete velos hasta que quedaban completamente desnudas.

Los siete velos de las bailarinas de Isis despiertan interés por su paralelo con los siete velos de Ishtar. Sin embargo, mientras que Isis llora la muerte de Osiris y Deméter la de Perséfone, la diosa mesopotámica Ishtar, que los sumerios llamaron Inanna y los semitas Astarté, decide bajar por su propia voluntad al inframundo. El *Himno a Inanna* tiene más de cuatro mil años de antigüedad y presenta a una diosa que es tan claramente consciente de su propia sexualidad que puede entreverse la enorme dimensión del esfuerzo con el que este tipo de testimonios debieron ser reprimidos. En un pasaje se apoya en un manzano cuando «lanzó gritos de júbilo por su vulva, tan hermosa de contemplar, [y] se felicitó a sí misma por su belleza».[53] En otro pasaje canta una «Canción a su vulva»[54] y la compara con un cuerno y con la luna nueva. En su camino hacia el inframundo se quita en cada puerta uno de sus siete velos; cuando se dirige finalmente a través de la séptima y última puerta, está desnuda. Así se presenta frente a su hermana Ereshkigal, la diosa del inframundo. En su análisis crítico y comparativo de las religiones indoeuropeas *Die Göttin und ihr Heros* [La diosa y su héroe],[55] Heide Göttner-Abendroth caracteriza a Ereshkigal como un aspecto de la tríada Inanna/Ishtar/Ereshkigal; Ishtar se presenta desnuda frente a sí misma y, al contemplarse, muere, se encarna entonces en diosa de la muerte —en diosa muerta— y resucita al cabo de tres días.

El mito de Iambe/Baubo/Bebt/Ishtar se alimenta de diferentes fuentes y se encuentra en las culturas más distantes. La diosa sumeria Bau –o Baev, como la llamaban los fenicios– era la protectora de los pozos, cuevas y entradas; en una palabra: de la vulva. En Japón es llamada Ame no Uzume; ella interviene cuando la diosa solar Amaterasu es violada por su hermano y se esconde, herida y humillada, en una cueva. Así como el dolor de Deméter acaba con la fertilidad, con la retirada de la radiante Amaterasu la vegetación empieza a morir. Y, como en el caso de Deméter, los dioses se encuentran desvalidos frente a la tarea de inducir a la diosa solar a brillar nuevamente hasta que Ame no Uzume da comienzo al proceso de curación, tanto en el plano físico como en el cósmico, mediante una danza extática en cuyo paroxismo se arranca el vestido. Al ver la vulva de Ame no Uzume, Amaterasu se echa a reír y, con ella, las otras ochocientas miríadas de deidades; de esa forma se rompe el encantamiento, la diosa regresa consolada a su sitio en el firmamento y la tierra vuelve a ser fértil.

Cada año, y hasta la actualidad, este mito es escenificado en los templos de Japón con un ritual llamado *Kagura*, y cada noche en los barrios de prostitutas con el nombre de *Tokudashi* (también conocido con el inequívoco título «orificio»). La diferencia es marginal. También en los clubs nocturnos las artistas de *striptease* se transforman por un momento en una personificación de la diosa a través de la exhibición de su vulva, como describe el autor Ian Buruma en su libro *Japanese Mirror. Heroes and Villains of Japanese Culture* [El espejo japonés: héroes y villanos de la cultura japonesa]:

> Las jóvenes se deslizan hasta el borde del escenario, se ponen en cuclillas, se echan hacia atrás tanto como pueden y abren lentamente las piernas, apenas a un par de centímetros de distancia de los rostros enrojecidos. El

público, que se ha quedado repentinamente en silencio, se inclina hacia delante para poder apreciar mejor este espectáculo hipnótico, esta mágica parte corporal que es revelada en todo su misterioso esplendor. Las mujeres [...] caminan como cangrejos de un espectador a otro y lo animan con suavidad a observar con mayor detenimiento. Para ayudar a los hombres en su descubrimiento, reparten lupas y pequeñas lámparas de bolsillo que pasan de mano en mano. Toda la atención se dirige a esta parte de la anatomía femenina. Las mujeres no parecen en absoluto los objetos humillados del deseo masculino, sino que dan la impresión de dominar completamente la situación, como diosas matriarcales.[56]

Sin embargo, la vulva no sólo cura sino que incluso puede detener la desgracia antes de que ésta se produzca. En Japón existe una leyenda que narra cómo dos mujeres perseguidas por demonios intentan escapar en una barca de remos pese a que los demonios son más rápidos; en el último instante se les aparece una diosa y les aconseja descubrir sus órganos genitales. Al ver que ambas dudan, la diosa les muestra el suyo y éstas la imitan, de forma que los demonios, aullando de risa, renuncian a la cacería.[57]

Además de la correspondencia con Baubo, la mitología egipcia tiene también un equivalente a Ame no Uzume así como a la diosa ayudante de la leyenda; se trata de Hathor, quien calma al dios solar Ra desnudando su genital. En la mitología griega, las mujeres de la ciudad de Xantos obligan al invencible héroe Belerofonte —conocido por haber domesticado al caballo volador Pegaso— a emprender la huida mostrándole de forma colectiva su sexo. Y los autores antiguos Plinio y Plutarco informan incluso de dioses que se dan a la fuga ante la visión de la vulva descubierta. El míti-

Buda con vulva, terracota japonesa

co héroe irlandés Cuchulain es disuadido de luchar contra su propio pueblo por ciento cincuenta mujeres que alzan sus faldas al mismo tiempo. En el siglo XI, Lady Godiva —cuyo nombre significa «regalo de Dios» y tiene una hermana con el hermoso nombre de Wulviva— cabalga desnuda a través de Coventry y así obliga a su marido, el conde Leofric, a liberar a la ciudad de su carga tributaria. Y el filósofo del Estado Nicolás Maquiavelo recoge en su obra principal, *Discorsi*, de 1531, lo que aconteció a los conspiradores forliveses después de que asesinaran a su señor, el conde Girolamo, y se apoderaran de su esposa y sus hijos pequeños:

> Puesto que no confiaban en salir con vida si no tomaban la fortaleza y el señor del castillo no quería entregarla, *Madonna* Catalina —que así se hacía llamar la condesa— prometió entregarles la fortaleza si le permitían entrar en ella: entre otras cosas, podían retener a sus hijos como rehenes. Ante esta promesa le franquearon la entrada al castillo, pero, una vez dentro, ella les acusó desde lo alto de la muralla del asesinato de su esposo, les amenazó con la venganza más terrible, y, para demostrar cuán poco le importaban sus hijos, señaló su vergüenza diciendo que aún tenía lo que se requiere para tener más niños.[58]

En Cataluña existe el dicho «*La mar es posa bona si veu el cony d'una dona*» [La mar se aquieta si ve el coño de una mujer], y en el sur de India es sabido que la vulva pacifica las tormentas.

En otro sitio, un viajero por el norte de África durante el siglo XVI informa de la creencia de que los leones se dan la vuelta y huyen al ver este sexo. En los funerales se requiere a las mujeres que ahuyenten a los malos espíritus con la exhibición de su genital. Un almanaque de campesinos ruso indica que para obligar a huir a un oso procedente del bosque basta con que una joven se alce la falda. A la vista del peligro, la mejor elección para una mujer parece ser siempre alzarse la falda, mientras que el hombre debe permanecer, a ser posible, cerca de sus hermanas.[59]

Todavía en las fábulas europeas del siglo XVIII aparecen mujeres que presentan su sexo al diablo y con ello le vencen. Si la vulva impedía el mal, también podía obtener lo más deseado. Así, hasta comienzos del siglo XX en Europa era habitual que las mujeres mostraran sus genitales a los campos y pidieran al lino que creciera tan alto como sus vulvas. Y el cuento de hadas de Blancanieves parece tener su origen en un ritual italiano en el que una joven menstruante era bajada a una mina de hierro para que exhibiera su sexo productivo, del que brotaba la sangre en abundancia.[60]

Hasta bien entrada la Edad Media, estatuas de mujeres desnudas con las piernas abiertas eran colocadas en sitios consagrados como monasterios o iglesias y custodiaban las puertas de la ciudad. Más aún, el famoso meteorito negro que se encuentra en el ángulo sudoriental del —desde

Guardiana exhibiendo la vulva en la Porta Tosa de la ciudad de Milán

el punto de vista actual– más masculino de los santuarios, la Kaaba de La Meca, es enmarcado por una cinta de plata con la forma de una vulva y representaba originalmente el genital de la diosa lunar Al'Uzza, según el filósofo árabe Al-Kindi (805-875). Al'Uzza, por su parte, es un aspecto de la triple diosa Al'Lat, la cual –y no Alá, como ha sido ya admitido– era venerada en la Kaaba en tiempos preislámicos. Epifanio, obispo de Salamis, escribió ya en el siglo IV que los nebateos adoraban como Al'Lat a una piedra que el obispo conocía con el nombre de *kabu*.

A esta piedra negra peregrinaban creyentes de todo el mundo árabe que solicitaban fortuna, salud y fecundidad; como el patriarca Abraham, quien, tras largos años sin descendencia, concibió aquí con su esclava Agar a Ismael, su primer hijo, alrededor del año 1900 a. C. Aún hoy cada peregrino que llega a La Meca procura besar el meteorito o al menos tocarlo; los creyentes todavía rodean siete veces la Kaaba para librarse de sus pecados mundanos del mismo modo que Ishtar se despojó de sus siete velos en las siete puertas del inframundo –al igual que los creyentes creen acercarse así a Alá, Ishtar se acercó de esa forma a Allatu, uno de los muchos nombres de Ereshkigal– y aún hoy los siete sacerdotes de la Kaaba se llaman *beni shaybah*, es decir, «los hijos de la anciana».

Los célebres «versos satánicos» de los que se ocupó el escritor Salman Rushdie en su
libro homónimo –por el que le
fue impuesta una *fatwa*– tratan de Al'Uzza, Al'Lat y Manat,
la tercera encarnación de la
diosa. Su culto fue en tiempos
preislámicos uno de los mayores obstáculos para la difusión
del islam. Mahoma fue obliga-
do a tolerar su adoración al me-

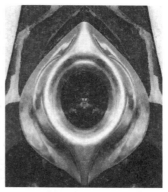

Piedra negra de la Kaaba de
La Meca, meteorito
enmarcado en plata

nos durante un tiempo, señalándola no obstante como hija
de Alá, lo que le arrebataba su omnipotencia pero arrastra-
ba consigo el problema de que las hijas de Dios también
debían tener carácter divino, lo que de nuevo contradecía
el monoteísmo defendido por Mahoma. Por esa razón, el
Profeta dio a conocer finalmente la sura 53:

> ¿Habéis visto a Lat, Uzza y Mana, la otra tercera?
> ¿Tenéis el varón y Él la hembra? Esto, entonces, sería
> una partición injusta. Eso no son más que nombres que,
> vosotros y vuestros padres, les habéis dado. Dios no ha
> hecho descender poder ninguno en ellas.[61]

Al menos así se lee en el Corán. Sin embargo, según
Tabari e Ibn Sa'ad, dos comentaristas del siglo VIII, originalmente Mahoma continuaba diciendo, tras los nombres
de las diosas: «Éstas son las sublimes grullas. En su inter-
cesión se puede confiar.»[62] El cambio fue justificado por el
profeta del islam al sostener que la primera versión se ha-

bría tratado de una insinuación de Satán, de allí el calificativo «satánicos» que se da a estos versos.

En cierto modo, la modificación de la sura 53 y la supresión de las diosas son el comienzo del calendario islámico, puesto que aquélla provocó la hégira, el éxodo a Medina. Como la clase dominante de La Meca defendía vehementemente la creencia en sus diosas, al Profeta y a sus acólitos no les quedó más remedio que marcharse de la ciudad en el año 622 en la cronología cristiana y en el año 1 de acuerdo con la islámica. Al regresar triunfante a La Meca ocho años después, lo primero que hizo Mahoma fue eliminar los santuarios de Al'Uzza, Al'Lat y Manat. En los hadices, la expulsión de las diosas del primer islam es descrita como un asesinato físico. Así, Mahoma envía a Sa'd ibn Zayd-al-Ashali al encuentro de Manat:

> Acompañado por veinte jinetes, Sa'd se presentó frente al guardia que protegía el santuario y éste le preguntó: «¿Qué quieres?» «Destruir a Manat», respondió Sa'd. «Entonces ve», le respondió burlonamente el guardia. Sa'd se dirigió hacia ella y al momento vio aparecer una mujer negra desnuda y con los cabellos desgreñados que lanzaba maldiciones y se golpeaba el pecho. El guardián gritó: «¡Oh, Manat, muéstranos de qué cólera eres capaz!» Sa'd la golpeó hasta matarla.[63]

Mahoma hizo destruir después el oráculo de Al'Uzza y usurpó los sitios de culto de Al'Lat, pero, antes de poder consagrarlos a Alá, tuvo que vencer a la serpiente que vivía en el pozo de la Kaaba y a la que diariamente se le ofrendaban alimentos.

El dios griego Apolo también tuvo que matar a una serpiente o a un dragón antes de apropiarse del oráculo de

Delfos; al igual que los «hijos de la anciana», las sacerdotisas de Apolo, que permanecían sentadas en un taburete de tres patas sobre la grieta sagrada y predecían el futuro, eran llamadas también pitias o pitonisas, por la serpiente sagrada o Pitón.

La palabra acadia para «sacerdote» era «encantador de serpientes». El célebre templo jemer de Ankhor fue construido originalmente para una diosa serpiente; incluso, según la leyenda, los chinos descienden directamente de la poderosa diosa serpiente Mat Chinoi. Los hindúes conocen a la diosa Ananta, la «madre serpiente o madre de las serpientes» que abraza a los otros dioses en el momento de su muerte, y a Kundalini, el alma femenina del hombre, que yace enrollada en sí misma en su pelvis y, mediante técnicas de yoga, es obligada a soltarse y a subir hasta la cabeza, a la que aporta sabiduría infinita. Símbolo de la sapiencia femenina era también la diosa serpiente de las amazonas libias antes de que fuera patriarcalizada por la mitología griega como Medusa, la de los cabellos de serpiente. Sigmund Freud equiparó la cabeza de Medusa con la vulva y explicó que quien la contemplaba quedaba convertido en piedra porque en ella afloraba la ausencia del pene. En la mitología griega, Perseo cortaba la cabeza de la serpiente para disipar éste u otros miedos relacionados, sin embargo, la diosa griega Deméter llevaba una corona de serpientes que la hacía sorprendentemente parecida a Medusa. También la diosa egipcia Isis tenía serpientes en su corona, y Al'Lat —así como la diosa serpiente minoica, que era representada triunfante y con los pechos descubiertos— sostenía en las manos sus serpientes, que elevaba a la altura de la cabeza.

En la actualidad se parte de la base de que las sacerdotisas de la diosa cretense se dejaban morder en los pechos desnudos por las serpientes consagradas a ella. En una persona que sobrevive a la mordedura de una serpiente, el veneno ya no provoca la muerte sino alucinaciones; cada nueva mordedura simbolizaba un viaje al inframundo del que la sacerdotisa regresaba ilesa. La autora austríaca Angelika Aliti conjetura:

> La manera en que Cleopatra se quitó la vida no era ni remotamente tan rara como podemos juzgarla desde nuestra [...] perspectiva actual, sino que se correspondía con una tradición de poder y magia. Se puede suponer que Cleopatra conocía la costumbre de las sacerdotisas de los tiempos antiguos de obtener un poder visionario en el juego con la muerte. Morir de esta forma, dejándose morder por una serpiente en el pecho, respondía probablemente a la posición de poder de esta faraona ptolemaica y le permitía conservar la dignidad que hubiera perdido con un suicidio ordinario.[64]

No en vano Cleopatra ostentaba el título de «serpiente del Nilo» –como todas las reinas egipcias que le habían precedido y que representaban al país y a la diosa serpiente Mehen, la que se enrosca–, y puede presumirse que su suicidio fue completamente entendido en la Antigüedad. Finalmente, el texto más célebre de esa época, la *Ilíada*, habla de ritos similares en los que las serpientes, muy simbólicamente, susurraban al oído noticias del futuro a la princesa troyana Casandra.

Eva y Jehová

Las serpientes reptan por la mayoría de los relatos mitológicos: los legendarios matadores de dragones eran originalmente «matadores de serpientes»; es decir, soldados de una guerra religiosa disputada de forma metafórica y/o corpórea. Esta interpretación es ya ampliamente aceptada, como puede verse en la página web del *History Channel*:

> Se cuenta que un día, durante la evangelización de Irlanda, San Patricio se encontraba en la cima de una montaña (llamada hoy Croagh Patrick en su homenaje) y, armado tan sólo con un bastón, expulsó a todas las serpientes de Irlanda. Sin embargo, en realidad jamás hubo serpientes en nuestra isla. La «expulsión de las serpientes» no era más que una metáfora de la erradicación de la fe pagana y del triunfo del cristianismo. Apenas dos siglos después de la llegada de Patricio, Irlanda había sido completamente cristianizada.[65]

No sólo San Patricio combatió a la divinidad femenina encarnada en una serpiente. Ya en el mito original acadio *Enuma elish*, compuesto hacia el año 1750 antes de nuestra era, se narra el combate de Marduk con la diosa mesopotámica del agua Tiamat, que es representada como madre de dragones o serpiente universal. La razón de este combate queda clara después de que Marduk mate a Tiamat: Marduk raja su vientre y crea una vez más y a partir de sus genitales el mundo concebido por ella, instalándose así en su lugar como creador del mundo.[66] De la misma forma, la denominación que se otorga a sí mismo el dios judeocristiano —«Yo soy el alfa y la omega, [...] el Señor, el Dios todopoderoso, el que es y era y ha de venir»—[67] usurpa las capacidades regenerativas de la gran antepasada árabe, gala e hinduista del nacimiento y la muerte. El alfabeto sagrado de los griegos incluía todas las cosas entre el nacimiento (alfa) y la muerte (omega). Omega, literalmente «gran o», es la palabra de la Creación; más precisamente, la del genital femenino como puerta entre un ciclo vital y el siguiente. Aún hoy, la vulva/omega adorna los umbrales en forma de herradura y genera confusión acerca de cómo se debe colgar el amuleto: como una fuente de la que la felicidad no escapa o como pasaje arqueado hacia arriba. Ambas versiones son correctas y juntas dan como resultado la trayectoria de la luna sobre y por debajo de la eclíptica, una línea ondulada más conocida como serpiente lunar.

Pese a esto, la serpiente representa su papel más destacado en la mitología palestina, mejor dicho, israelita. Ella es quien entrega la manzana a Eva —o un higo, según otras versiones— y con ello da inicio a un proceso que puede ser visto como un *striptease* invertido.

Eva tiene su origen en la diosa palestina de la tierra Hawwa, Heba o Hebe, cuya pareja se llamaba Abdiheba (Adán). Originalmente, la manzana que ella le daba a su pareja era la manzana de la vida o de la muerte, que, al ser cortada, simbolizaba con su corazón el órgano sexual femenino. Después de que Abdiheba comiera la manzana, esto es, después de que se uniera a la diosa en el acto sexual, moría, y Heba le regalaba la juventud y la vida eternas en su paraíso de manzanos.

En la variante bíblica, sin embargo, todo sucede en orden invertido: Adán y Eva están en el paraíso *antes* de comer la manzana, *después* deben morir —lo que significa que pierden la vida eterna—, y la comprensión de las regularidades del cosmos se convierte en conocimiento del bien y del mal. La serpiente, que en las divinidades más antiguas sirve de corona o diadema, se desplaza incluso en la iconografía cristiana *bajo los pies* de María. Además, a modo de recordatorio de que la manzana simboliza la vul-

50

va, Adán y Eva reconocen tras comerla que tienen genitales, pero los banquetes orgiásticos y estupefacientes que están vinculados al disfrute de la manzana del amor son encasillados ahora en el ámbito del mal, como todo lo que se relaciona con el cuerpo y en especial con el cuerpo femenino. Así sucede que la Eva de la Creación judía y cristiana *oculta* su sexo, el origen de toda vida, en vez de *descubrirlo*.

Estatuilla procedente del sur de la India, siglo XIX

Puesto que en las versiones más antiguas que conocemos la divinidad siempre es femenina, la mayor parte de los dioses tiene su origen o bien en una diosa o bien en su pareja. En el caso de Jehová se trata de Jehva, una forma primitiva de Eva. Jehová es el primer dios incorpóreo. En el Antiguo Testamento tiene todavía que librar un combate enconado contra el dios palestino Baal, que se corresponde con un estrato más antiguo del mismo mito. Baal es el héroe de la diosa Anat, Asherat o Astarté, la todopoderosa creadora y devoradora. El nombre germánico de Astarté es Ostera u Ostara. Ostera, en cuyo homenaje se celebraba originalmente el *Osterfest* [Pascua], es también una diosa del renacimiento, y sus símbolos, la liebre y el huevo, simbolizan la vida y el nuevo comienzo. Como Hewwa/Jehva/Eva, o también como la diosa griega Hera, Astarté vive en un paraíso de árboles frutales en el cual Baal muere cada invierno para ser resucitado por la diosa en la primavera. Según Heide Göttner-Abendroth:

51

Jehová [debió] adecuarse largo tiempo a las culturas matriarcales de los alrededores: así, adoptó los rasgos del dios de la atmósfera del antiguo Oriente y se manifestó en tormentas, lluvias torrenciales y columnas de fuego. [...] Las bodas sagradas comenzó a efectuarlas, como Jerubbaal, con Astarté o como Yahvé con Iahu (Anat), cuyos templos convivían pacíficamente en Jerusalén y en Mizpeh.[68]

Sólo tras grandes dificultades fue sustituida Astarté/ Hewwa/Eva por Jehová. Después de que un rey hubiera destruido los altares de Astarté por órdenes de los profetas, éstos fueron reemplazados por los de su sucesor, pero de algún modo su nombre llegó a ser mencionado nueve veces en la Biblia.[69] No obstante, la idea de que la imagen de la diosa fue adorada en el templo junto a Yahvé era evidentemente tan insoportable para Martín Lutero que éste hizo de ella un bosquecillo en su traducción, de manera que los árboles no dejaban ver la iglesia a los sorprendidos lectores, hasta que la Biblia luterana revisada de 1912 corrigió sus intervenciones. Sin embargo, incluso los nombres que se le dieron a la diosa en el Antiguo Testamento –Ashtoret o Aschera– ponen de manifiesto con qué medios fue librada la lucha por la supremacía ideológica. Se trata en ellos de una combinación de «Astarté», que originalmente significaba «seno», y *«boshet»*, la palabra hebrea para «vergüenza».

Corazón y dolor

Por lo que sabemos, fertilidad, sexualidad y muerte se integraban por entonces en un pensamiento cíclico, pero el discurso occidental y cristiano creó contra él la vida y la muerte eternas y consiguió atribuir la muerte eterna a la mujer y a su capacidad para dar vida. Es de suponer que «originalmente la diosa daba a entender mediante la apertura de sus piernas que estaba dispuesta a regenerar a aquel que entrase en ella».[70] La Eva de la era que siguió al pecado original sólo abría sus piernas para parir niños con dolor. Incluso la llamativamente triunfante y muy pagana María del Apocalipsis, que es descrita como una mujer vestida con el sol y de pie sobre la luna, «gritaba por los dolores del parto, por el sufrimiento de dar a luz».[71] El padecimiento había hecho su entrada en la experiencia corporal cristiana.

En la Edad Media, el motivo de la *mater dolorosa* o Madre de los Dolores ganó, pues, en importancia en la caracterización iconográfica de la figura de María. A menudo, una espada o todo un racimo de siete espadas clavadas en su corazón simbolizaban los dolores físicos y espirituales que María debió sufrir desde el nacimiento hasta la muerte de su hijo.

El corazón era, sin embargo –e irónicamente–, el pictograma del higo que, según la Hagadá judía, crecía en el árbol prohibido del Jardín del Edén (acorde con ello, Adán y Eva se cubrieron los genitales con una hoja de higuera después de comer el fruto). ¿Y por qué está prohibido el higo en la historia judeocristiana de la Creación? Porque, como la manzana, era un símbolo ampliamente conocido del órgano sexual femenino visible.

«*Fica*» designa en griego antiguo y en latín no sólo el higo sino también la vulva.[72] De esta raíz provienen el verbo «*ficken*» [alemán por «follar»] y su gemelo inglés «*fuck*», así como el adverbio «*feige*» [«cobarde»], que en alemán medio alto significaba también «lascivo», «cachondo» y «desvergonzado».[73] El cambio de significado se produjo a raíz de que los así llamados *«ficarii»* –los «hombres del higo» en el diccionario alemán de los hermanos Jacob y Wilhelm Grimm– «no se incorporan por voluntad propia al trabajo y mucho menos persisten en él», y prefieren follar los higos de sus esposas a marchar a la guerra por la corona y la patria. En Austria, el higo se ha mantenido en uso en el lenguaje como sinónimo de la vulva; así, «ir vendiendo el higo» significa «prostituirse», y un «prendero de higos» es un «mujeriego».

También se practica aún hoy la *«mano in fica»*. Se trata del gesto en el que el pulgar pasa entre los dedos índice y medio encogidos, representando el pulgar el pene y los otros dedos, el higo o vulva. Aunque la *«mano in fica»* o simplemente *«fica»* simbolizaba el acto sexual, fue reproducida –descaradamente, por así decirlo– en marfil o plata y llevada como amuleto. En el Tirol todavía existe la costumbre de que un hombre joven entregue a su amada una *fica* y se quede inmóvil a la espera de ver si ésta se la devuelve –es decir, lo rechaza– o, por el contrario, le regala un corazón de plata, con lo que se convierten oficialmente en pareja.

Cañón con *mano in fica* fundido en Portugal en el siglo XVII y abandonado en Batavia, Indonesia, donde hasta el día de hoy las mujeres le rezan pidiéndole fertilidad

El corazón de María Dolorosa era el correlato de la *«mano in fica»*, con el corazón como símbolo de la vulva; lo que representaba la espada fálica era obvio. De esta forma, el deseo continuó siendo un camino hacia lo divino en el plano de la imagen, mientras que la ideología dominante en la Edad Media no sólo lo reprimía en favor del sufrimiento, sino que también le hacía directamente responsable de ese mismo sufrimiento. En última instancia, era la manzana, o higo de Eva, la culpable de la expulsión del paraíso, donde no había habido ni dolor ni muerte.[74]

Más aún, en el gnosticismo se puede encontrar la tesis de que Adán y Eva no tenían originalmente órganos sexuales y que Dios los creó, creando con ellos la diferencia entre los géneros, como un castigo por el pecado original.[75] El representante más destacado de esta idea fue uno de los padres de la Iglesia, el griego Gregorio de Nisa (331-394).[76] En su obra sobre la creación del hombre escribió: «Doble es entonces, en cierto sentido, la creación de nuestra naturaleza: aquella en la que la Divinidad nos hizo semejantes, y aquella en la que introdujo la separación de los sexos.»[77] Puesto que la especie humana era menos semejante a Dios con sus nuevos genitales, para Gregorio sólo existía una posibilidad de volver al estado edénico, y ésta era por lo menos no utilizar las partes sexuales indeseadas. Gregorio afirmó:

> Quien busca la semejanza con Dios en la pureza, entendida también en sentido asexual, la superioridad sobre lo transitorio y la libertad de las pasiones desordenadas, recupera en sí mismo la verdadera naturaleza humana y retorna a la vida angélica o la obtiene de antemano.[78]

Agustín (354-430) también se manifestó a favor del ascetismo por razones similares. Si bien de acuerdo con su concepción de la historia de la Creación ya había genitales en el paraíso, éstos no servían a la provocación del apetito sexual, y la cópula transcurría completamente sin deseo; sólo después de la caída habrían sido «contaminadas» de voluptuosidad las partes del cuerpo que hasta entonces habían sido puramente funcionales. Visiblemente impresionado por el efecto que los genitales femeninos ejercían sobre él, afirmó:

> Con justicia son llamadas «vergüenzas» aquellas partes que, por decirlo así, son o no son excitadas por su propia ley y no sólo por nuestra arbitrariedad, cosa que no eran antes del pecado de los hombres.[79]

La vergüenza de Agustín se refería de forma diferente pero en igual medida a los órganos genitales masculino y femenino. Por contra, hoy en día la palabra «vergüenza» se conserva –con excepción de los vellos púbicos [«*Schamhaare*» o «cabellos de la vergüenza» en alemán]– principalmente en la denominación del genital femenino. Así, existen «los labios mayores y menores» [«*Schamlippen*» en alemán], «el triángulo púbico» [«*Schamdreieck*», literalmente: «triángulo de la vergüenza»] o, en general, «la vergüenza». Esta connotación se encuentra no sólo en alemán: Isidoro de Sevilla (560-636) utilizó en su *Etymologiarum* la palabra *«inhonesta»* para aludir a los genitales femeninos: las partes que no se pueden nombrar de forma honorable. Y *«pudendum»* [«partes pudendas»], aún en uso en el inglés, proviene del latín *«pudere»*, «avergonzarse».

En la Edad Media, época en que Gregorio de Nisa fue muy reseñado, Matilde de Magdeburgo (1212-1280) unificó su planteamiento y el de Agustín y argumentó que los hombres en el paraíso no tenían genitales y lógicamente se reproducían sin deseo sexual. O, en sus palabras: «A sus niños debían concebirlos en santa concordia,

Ciclo de Adán y Eva, *Biblia de Grandval*, siglo IX, Londres,
British Museum

así como el sol brilla reflejado en las aguas y al hacerlo no las rompe.»[80]

La descripción de Matilde de la luz que penetra pero no rompe evoca la concepción virginal de María. Este dogma, promulgado en 1854 por el papa Pío, implica que no sólo María concibió a su hijo Jesús sin apetito carnal, sino que ella también fue concebida por su madre de esa forma. Con ello, además de escindir la feminidad en «sexualidad mala» y «maternidad buena», de lo que se trataba ante todo era de establecer que Jesús, como hijo de María, está libre de pecado original porque ella misma fue concebida de la forma en que se hacía antes del mismo. Los hermanos y hermanas de Jesús, que aparecían aún en los primeros textos, fueron hechos primero hijos de un matrimonio anterior de José y después degradados a la condición de primos y primas porque la castidad de María se debía contagiar a Jesús casi por ósmosis.[81] Base de estas especulaciones de largo alcance fue el llamado *Protoevangelio de Santiago*, de la segunda mitad del siglo II, reconocido ya en fecha temprana como una falsificación pero no por ello menos influyente. De él provienen los nombres de los padres de María, Joaquín y Ana, no mencionados en ninguna otra parte, pero sobre todo el informe sorprendentemente voyeurista acerca de la exploración del famoso himen tras el nacimiento de Jesús:

> Y la partera salió de la gruta, y encontró a Salomé, y le dijo: Salomé, Salomé, voy a contarte la maravilla extraordinaria, presenciada por mí, de una virgen que ha parido de un modo contrario a la naturaleza. Y Salomé repuso: Por la vida del Señor mi Dios, que, si no pongo mi dedo en su vientre, y lo escruto, no creeré que una virgen haya parido. Y Salomé [...] puso su dedo en el

vientre de María, después de lo cual lanzó un alarido, exclamando: Castigada es mi incredulidad impía, porque he tentado al Dios viviente, y he aquí que mi mano es consumida por el fuego, y de mí se separa.[82]

Toda una disciplina de la teología, la teoginecología, se ocupó desde entonces de los genitales de María y llevó a cabo consideraciones anatómicas sobre cómo la Madre de Dios pudo conservar un himen intacto antes del parto *(ante partum)*, durante el parto *(in partu)* y después del parto *(post partum)*; pese a ello, no existe ningún sitio católico de peregrinación donde sea venerado este órgano genital.[83] Sólo el *Oxford English Dictionary* presenta una reliquia genital femenina: ésta aparece en la historia no documentada del ladrón de caminos Richard Dudley –que recuerda a Robin Hood–, quien, en el siglo XVIII, supuestamente vendió a la Iglesia católica el vello púbico de una mujer muerta haciéndolo pasar por la «barba de San Pedro»; en consecuencia, y según la leyenda, el Papa besaba diariamente los cabellos rizados, en éxtasis religioso o de otra naturaleza.[84]

Pese a todo esto, existieron al menos trece lugares de peregrinación para adorar el prepucio de Jesús, que incluso era llevado en el dedo a manera de anillo por monjas particularmente devotas.

En la iconografía cristiana, la mirada fue desviada de las características sexuales primarias de María a las secundarias.[85] El motivo de la *Galaktotrophusa* o *Maria lactans*, en el que la Virgen presenta sus pechos desnudos al niño Jesús y por lo tanto también al espectador, gozó de popularidad hasta la Ilustración.[86] Sólo entonces se considera-

Giampietrino, *Maria lactans y Juan el Bautista*, óleo sobre lienzo

ron inadecuadas la María embarazada y la lactante y fue prohibida su representación. Paradójicamente, con ello su sexualidad no sólo fue reprimida sino también, en cierto modo, admitida por primera vez: sólo allí donde hay «algo» puede ser prohibido «algo». De hecho, la sexualidad de María siempre encontró una forma para acceder a su iconografía. Si consideramos, por ejemplo, las representaciones de la Virgen de la Merced,[87] salta inmediatamente a la vista la imagen –estilizada– de la vulva: con el manto a manera de labios menores y la cabeza junto con la capucha como clítoris. Del mismo modo, la mandorla o halo de luz tiene sus raíces en la simbolización del genital femenino, puesto que la almendra no sólo recuerda a la vulva por su forma sino también por surgir directamente de la vagina de la diosa Cibeles de acuerdo con el mito, razón por la que era considerada afrodisíaca en la Antigüedad.

Carlo Crivelli, *Virgen con manto y mandorla*, siglo XV

En la Iglesia primitiva, la forma almendrada incluso simbolizaba la vulva de la Virgen María.[88] Los primeros cristianos la llamaban *vesica piscis*, lo que significa «vejiga de pez». En la actualidad esto es explicado con el argumento de que la palabra griega para «pez», «*IXTYS*», es el acrónimo de *Iesous Christos Theos Hyios Soter*, es decir, «Jesús Cristo Hijo de Dios Salvador». Al mismo tiempo, otra palabra griega para pez, «*delphos*», significaba «matriz femenina», y la diosa prehelénica de la pesca Temis devoraba cíclicamente en su encarnación como delfín al dios que era su amado y lo expulsaba convirtiéndolo en su hijo de forma análoga a un nacimiento. En la Biblia se encuentran aún restos de este mito en la historia de Jonás y la ballena, y la mitra papal provoca perplejidad porque recuerda la cabeza de un pez. También otras mitologías relacionaron el animal acuático con la sexualidad femenina. Así, la diosa griega del mar Afrodita Salacia obsequiaba a los hom-

Myriam Thyes, *Sirena de dos colas, diosa del agua*, Bandera, 1996

bres con voluptuosidad –en inglés *«salacity»*– durante los banquetes orgiásticos de pescado que se celebraban en su Viernes Santo. Entre los germanos, el día en que tradicionalmente se comía pescado era el viernes, *«Freitag»* o «día de Freya», y, como esta diosa germana del amor era equiparada habitualmente con la romana Venus, su día era llamado entre los romanos *«dies veneris»* o «día de Venus».

La historia de la represión de la sexualidad femenina por parte del cristianismo, con todos sus excesos, como el culto a la virginidad de los encratitas en el siglo II, es bien conocida. Menos conocido, sin embargo, es que la Iglesia y sus representantes masculinos usurparon las funciones específicas del cuerpo de la mujer y se adornaron a sí mismos con ellas, pese a que, en realidad, esto debería saltar a la vista, como comenta Gloria Steinem:

En los años setenta, cuando investigaba en la Biblioteca del Congreso, encontré una notable historia de la arquitectura sacra en la que se afirmaba, como es ya aceptado universalmente, que el modo de construcción tradicional de la mayoría de los lugares de culto patriarcales fue desarrollado imitando el cuerpo femenino. Éstos cuentan con un portal externo y otro interno así como hay labios mayores y menores, un pasillo vaginal que conduce hasta el altar, dos naves laterales que se doblan sobre sí mismas a la manera de ovarios y en el centro sagrado, el altar o útero, donde se lleva a cabo el milagro y los hombres dan a luz.

Aunque esta comparación era nueva para mí, me afectó profundamente. Por supuesto, pensé. La ceremonia más importante de las religiones patriarcales consiste en que los hombres toman posesión de la fuerza genitiva del *«yoni»* [término en sánscrito que designa a la vulva como energía divina y creadora, *nota de la autora*] dando a luz simbólicamente. No es de extrañar que los líderes religiosos masculinos afirmen tan a menudo que los seres humanos nacemos en pecado porque somos traídos al mundo por mujeres: sólo cuando asumimos la obediencia a los mandamientos del patriarcado podemos ser alumbrados otra vez por hombres. No es de extrañar que sacerdotes y monaguillos rocíen nuestras cabezas con un simbólico líquido amniótico y que lo hagan en faldas, nos den nuevos nombres y nos prometan el renacimiento en la vida eterna.[89]

El subtexto de este tipo de ritual era: si los sacerdotes también podían hacer todo esto –y, considerando que eran los representantes de Dios sobre la tierra, probablemente podían hacerlo mejor que las mujeres–, ¿para qué entonces la vulva? A más tardar en la vida eterna, donde los hombres se reunirían con Dios cara a cara, la sexualidad femenina sería real y definitivamente impensable, ya que, en última instancia, el órgano sexual femenino hacía competencia a la capacidad última atribuida a Dios Padre de crear vida. Agustín anunció:

> Naturalmente, ya no habrá apareamiento y nacimiento. Las partes femeninas ya no serán conformadas de acuerdo con su viejo propósito sino con el nuevo decoro y no para excitar la codicia del espectador, que ya no existirá. Por contra, se glorificará la sabiduría y bondad de Dios, que creó lo que no había y liberó lo que creó de todo deterioro.[90]

Con la finalidad de completar la depreciación de los genitales femeninos se planteó la pregunta de si las mujeres podían ascender al cielo con aquello que tenían entre las piernas. Basándose en los pasajes de la Biblia «hasta que todos lleguemos a estar unidos en la fe y en el conocimiento del Hijo de Dios. De ese modo alcanzaremos la madurez y el desarrollo que corresponden a la estatura perfecta de Cristo»[91] y «A los que de antemano Dios había conocido, los destinó desde un principio a ser como su Hijo, para que su Hijo fuera el mayor entre muchos hermanos»,[92] se argumentó que la mujer se diferenciaba tanto de Jesús por tener una vulva que, en consecuencia, o bien no iba a poder resucitar o bien, de hacerlo, iba a ser sólo para ser arrojada directamente al infierno. Adonde pertenecía en definitiva, como sugería la representación de las fauces del abismo en la pintura medieval, en la que éstas presentaban evidentes atributos vaginales,[93] y el refrán tan extendido, que también recogió el *Malleus Maleficarum* o *El martillo de las brujas*, según el cual hay tres cosas insaciables: el infierno, la tumba y la vulva de la mujer.[94]

A modo de alternativa, y si deseaba salvarse de la condenación eterna, la mujer podía renunciar a sus genitales, es decir, convertirse en un hombre. La evidencia del carácter divino de esta teoría fue hallada en el evangelio copto de Tomás, perteneciente al corpus de manuscritos de Nag Hammadi:

> Simón Pedro les dijo: que Mariham [María] salga de entre nosotros pues las hembras no son dignas de la vida. Jesús dijo: Mirad, le inspiraré para que se convierta en varón y así se haga ella también un espíritu viviente semejante a vosotros, varones. Pues cada hembra que se convierta en varón entrará en el Reino de los Cielos.[95]

De las piernas abiertas de la diosa como puerta de entrada al paraíso se llegaba así a la prohibición de entrar al cielo para los órganos genitales femeninos.

LA PROTECCIÓN Y LA SUCIEDAD

Tanto más sorprendente es que en las iglesias románicas del siglo XII se multipliquen las apariciones de mujeres desnudas que, literalmente, muestran al observador sus partes genitales, de un tamaño desmesurado. En el muro sur de la iglesia de Saint Mary y Saint David, en Kilpeck, Reino Unido, se encuentra por ejemplo una figura que:

> en términos inequívocos, abre sus vergüenzas con las manos abiertas para que surja una abertura poderosa aunque estilizada. La cabeza grande y redonda de ojos abiertos

Sheela-na-gig, Kilpeck, Inglaterra, canecillo de la iglesia
de Saint Mary y Saint David, *c.* siglo XII

sobre el cuerpo rudimentario parece desproporcionada, y
de esa manera experimenta un aumento de su efecto similar al de la zona genital. Toda la fuerza proviene sin
embargo del gesto de las manos, que pasan complicada-
mente bajo las piernas y de esa forma unen la cabeza y el
pubis abriéndolo ampliamente.[96]

La historiadora del arte Christa Sütterlin describe esta notable figura que abre su vulva como una *vesica piscis*. «No hay duda de que es un gesto destinado a crear un lenguaje simbólico con un significado más profundo»,[97] afirma. Pero es precisamente ese significado más profundo el que permanece en la oscuridad, ya que no hay testimonios que arrojen luz acerca de cómo era entendido este desconcertante gesto en la época de su creación. El motivo de la *«ostentatio genitalium»* femenina, la exhibición de los genitales por parte de la mujer, se encuentra especialmente en el ámbito anglosajón y en el irlandés,[98] pero también en Francia y en la Península Ibérica, en Ecuador e Indonesia. Sus representaciones van desde esculturas aparentemente abstractas y arcaicas como la de Kilpeck, la exhibicionista genital de Oaksey, que es posterior, y la cabeza/vulva con forma de huevo de Guéron, a la representación extremadamente realista de una monja que muestra los senos y la vulva en la iglesia de la abadía de Sainte-Radegonde en Poitiers (Francia), en la que incluso es claramente identificable el clítoris, como destaca Monika Gsell:

> La reproducción de este detalle anatómico es notable precisamente porque se trata de la imagen «más completa» del genital femenino que encontramos en la iconografía occidental antigua: ni siquiera la prensa pornográfica del siglo XVI estaba en condiciones de «ofrecer» un detallismo tan grande.[99]

«Sheela-na-gig»

La sola mención de estas figuras desconcertantes, las *Sheela-na-gig*, plantea un enigma. El científico alemán Johann Georg Kohl escribió en 1843 que en la Edad Media los hombres se dirigían a «cierto tipo de mujeres» que se desnudaba frente a ellos con la finalidad de librar a los hombres de todo mal. Kohl llegaba a la indecente conclusión de que «muchas mujeres hacían incluso de ello una profesión».[100]

Thomas Wright asumió en 1866 por esa razón que *Sheela-na-gig* era una denominación para prostituta; por el contrario, Edith Guest obtuvo como respuesta, en entrevistas realizadas en 1937, que «*Sheela-na-gig*» sería sólo otra palabra para «bruja»,[101] pero algunos investigadores creen que se origina en el gaélico «*Síle na gCíoch*»: Julia, la de los pechos.[102]

A su vez, otros no traducen «*gig*» por «*gCíoch*», sino por el más claro «*giggie*», que significa «genitales femeninos» y estaría emparentado con la danza popular irlandesa *jig*, que, por su parte, provendría del francés «*gigue*», que era una danza orgiástica en tiempos precristianos.

Existen muchas interpretaciones de las *Sheela-na-gigs*, incluyendo la que afirma que estas figuras serían una publicidad de la guerra contra el islam concebida durante las Cruzadas.[103] En 1934, la antropóloga Margaret Murray retomó la idea de Kohl de que las *Sheelas* tendrían un efecto apotropaico, es decir, el de alejar el mal, aunque con la diferencia de que, según ella, el acto de descubrir los genitales no habría tenido lugar delante de los hombres sino, como el gesto de Baubo, en el contexto de rituales femeninos y principalmente frente a mujeres. Murray basó su afirmación en el hecho de que aquellas *Sheelas* que no se encontraban en las iglesias o en las murallas de la ciudad fueron halladas exclusivamente en casas de mujeres y en sus tumbas.[104] La autora citó además un experimento en el que se mostraron imágenes de *Sheelas* a mujeres y tuvieron un efecto estimulante, al contrario que las imágenes

Monja exhibiendo la vulva, Poitiers, Francia, canecillo de la abadía de St. Radegonde, *c.* siglo XIII

de estatuas priápicas –es decir, hombres con penes enormes–, que, curiosamente, las dejaron impasibles.

En contraste con lo anterior, las *Sheelas* eran tocadas. Allí donde las enormes vulvas no fueron extraídas por la indignación producida por su indecencia, fueron manoseadas hasta quedar brillantes. La experta en *Sheela-na-gigs* Barbara Freitag menciona esto como prueba de que, al entrar a través del portal de la iglesia, las mujeres tocaban el notable genital para recibir una bendición.[105]

Un gesto similar puede encontrarse en todo el mundo. En la India, donde los templos están adornados por imágenes de diosas desnudas, los fieles recogen así simbólicamente la secreción femenina sagrada para frotársela en el tercer ojo, del mismo modo que los cristianos católicos introducen ligeramente los dedos en un cuenco húmedo y se aplican el agua bendita en la frente, el corazón y los hombros.

Morgan le Fay

Existe la teoría de que las *Sheelas* eran representaciones de la diosa celta Mórrígan, Morrigain o Morrigan que fueron integradas en su arquitectura por la Iglesia para cubrirse las espaldas.[106] Al igual que Inanna/Ishtar/Ereshkigal y Al'Uzza/Al'Lat/Manat, Morrigan también se presenta bajo tres apariencias: la de una niña, la de una mujer fértil y la de una terrible diosa de la muerte que puede darse la vuelta y salir volando como un cuervo. En el relato mitológico *La destrucción del albergue de Da Derga* es descrita como «una mujer alta, gritona, negra y recia. Si se hubiera arrojado el morro de esta mujer sobre una rama, éste se hubiera quedado allí encajado. Sus labios vaginales le caían hasta las rodillas».[107] Cuando los héroes del relato vuelven a encontrar más tarde a la diosa,

> vieron a un solo demonio femenino a la puerta del hostal pidiendo entrar después de la caída del sol. Sus muslos eran tan largos como un telar, tan negros como escarabajos. Llevaba una capa horriblemente manchada. El vello púbico le llegaba a las rodillas. Su boca abarcaba casi la mitad de su cabeza. [...] Conaire le preguntó su nombre. «No es difícil», respondió ella. «Destrucción, destrozo, daño, crueldad, lucha.»[108]

Notable en estas descripciones es la fijación en la boca y la vulva de Morrigan, que son consideradas, con una fascinación apenas reprimida, excesivas e irresistibles. Al parecer, una «boca grande» pertenecía también a la idea de la mujer sexualmente activa.

Pero la gran diosa de los celtas no sólo era responsable de la destrucción y la muerte sino, y especialmente, de la fertilidad y la creación renovada, como todas las deidades cíclicas. En su isla secreta, la diosa enseñaba a las mujeres el arte de curar y podía resucitar a los muertos. En Irlanda y Gran Bretaña fue venerada durante mucho tiempo de forma paralela al cristianismo y más tarde, y bajo nombres diferentes, se consideró que protegía contra el mal. Morrigan continuó estando presente en las leyendas y la literatura de la Edad Media bajo el nombre de Morgan le Fay. En la recopilación de las leyendas sobre el legendario rey Arturo realizada por Thomas Malory en 1485, Morgan le Fay es la hermana de Arturo y, en vez de casarse, se marcha a la misteriosa «escuela de un convento», donde se forma como hechicera.[109] Ella es la que trae a la Mesa Redonda el Grial –símbolo de la caldera llena de sangre de la diosa de la tierra, representación a su vez del útero– y la que lo hace desaparecer nuevamente; tras ello, los caballeros se dispersan en todas las direcciones para buscar el Grial, que es también el útero. Aún hoy es común hablar de «Fata Morgana», término que proviene del muro impenetrable de aire con el que Morrigan protege sus paradisíacos jardines en Avalon y que inspiró a la, hasta la fecha, más o menos exitosa escritora de ciencia ficción Marion Zimmer Bradley para escribir su best seller sobre Morgana y el Grial: *Las brumas de Avalon*. La tenacidad con la que la diosa celta permaneció en la imaginación popular llevó a concluir a Anne Ross, quien se ha ocupado de las tradiciones precristianas en Gran Bretaña, que, con la *ostentatio genitalium* femenina en sus muros,

el paganismo existente y aparentemente inactivo habría encontrado una doble satisfacción, tanto en la continuidad de la veneración de esta deidad alguna vez tan poderosa, como en su inclusión en el panteón cristiano ampliado como la protectora todavía imprescindible del suelo sobre el que alguna vez gobernó. Al igual que los romanos, que autorizaban la veneración de los dioses locales tan pronto como éstos habían sido integrados en el culto oficial, la iglesia cristiana permitió la adoración de las deidades autóctonas en aquellos casos en que resultaba posible santificarles y hacer que sirviesen al cristianismo en vez de al paganismo.[110]

A pesar del primer mandamiento, «Yo soy el Señor, tu Dios. No tendrás otros dioses aparte de mí», el cristianismo se había comportado siempre de forma extremadamente sincretista cuando se trataba de adueñarse de otras deidades. En los casos en que esto no era posible, sin embargo, se manifestaba impiadoso con su contrincante espiritual. Dado que no sabemos cómo fueron percibidas las *Sheelas* en la época de su creación, no podemos decir si éstas representaban a la diosa anterior, en el caso de tratarse de Morrigan, de forma afirmativa o difamatoria.[111]

En la Biblia, la revelación de los genitales femeninos tiene una connotación claramente negativa. Así, Dios castiga a la «gran ramera de Jerusalén» porque ha mostrado sus genitales ¡haciéndole mostrar sus genitales!

Tú has descubierto desvergonzadamente tu cuerpo para entregarte a la prostitución con tus amantes y con todos tus detestables ídolos [...]. Por eso, yo voy a reunir a todos los amantes que has complacido, a todos los que amaste y a todos los que odiaste; los reuniré alrededor de ti, y delante de ellos descubriré tu cuerpo para que te vean completamente desnuda.[112]

El objeto de esta acción paradójica es mencionado

abiertamente por él: «reconocerás que yo soy el Señor. Tú te acordarás, y sentirás tanta vergüenza y humillación que no volverás a abrir la boca».[113]

Mientras que a través de la revelación *escogida por ella* Jerusalén ha efectuado una comunicación disidente, la revelación *forzosa* provocada por el Señor es concebida para tener el efecto contrario: quitarle la voz.

También a la «gran ramera Nínive» le amenaza un destino similar: «Te voy a levantar el vestido hasta la cara, para que las naciones te vean desnuda y los reinos vean tu vergüenza. Y echaré suciedad sobre ti; te cubriré de deshonra y haré de ti un espectáculo. Todos los que te vean huirán de ti.»[114]

Aunque se trata aquí de dos ciudades, Nínive y Jerusalén, la elección de los medios de su degradación no es por ello menos penetrante: donde no hay vulva que pueda ser revelada, ésta debe ser fantaseada metafóricamente para que con ella pueda efectuarse el acto último del sometimiento.

Según la exégesis medieval, las *Sheelas* personificaban simultáneamente varios de los vicios principales que conducían a los pecados capitales, en especial a la *«luxuria»* y a la *«superbia»*. La *«luxuria»* como «lujuria» u «oficios de mujer» tenía ya una larga tradición de equiparación con el pecado de *«idolatria»* o idolatría. De hecho, los profetas acusaron a las «grandes rameras» –Nínive, Jerusalén, Babilonia– de, en palabras de Dios, «amor adúltero», aunque sus pecados tuvieran lugar en realidad mediante el ejercicio o la personificación de un concepto religioso divergente. En la historia de Moisés se lee, a modo de especificación del mandamiento «No hagan ídolos de oro o plata para adorarlos como a mí»:[115] «mi altar no debe tener escalones, para que al subir ustedes no muestren la parte desnuda del cuerpo»,[116] lo que sólo tiene sentido si se tiene en cuenta la equiparación entre *«idolatria»* y *«luxuria»*.

En el término «pornografía» –del griego *«porneuein»,* mostrarse, prostituirse, practicar la idolatría– aún resuena la conexión entre *«idolatria»* y *«luxuria»*. La mujer que encontraba agradable su sexo no sólo incurría en el pecado mortal de la lujuria, de acuerdo con esta interpretación: también se apartaba *activamente* de la Jerusalén celestial mediante la idolatría implícita. Un acto de este tipo traía consigo el germen de la subversión, ya que, finalmente, sólo se podía discriminar a una mujer sobre la base de sus órganos sexuales de forma limitada si ésta no quería ir al cielo en absoluto.

DEVI Y EL DIABLO

La escena primitiva del doble crimen –el pecado original de Eva– había conducido después de todo a que la humanidad fuera expulsada del paraíso, pero la principal culpable de este «primer pecado» –antes que Eva– fue la serpiente, que es identificada generalmente con el diablo. Incluso la Biblia, que en este punto se muestra sorprendentemente reservada, equipara la serpiente con el Diablo en Apocalipsis 12, 9. Sin embargo, como ya se ha mencionado, en versiones anteriores la serpiente encarna a la deidad femenina, e incluso la palabra alemana *«Teufel»* –coloquialmente *«Deibel»*–, al igual que la italiana *«diavolo»*, la francesa *«diable»* o la inglesa *«devil»* provienen de la raíz sánscrita *«devi»*, es decir «diosa»;[117] también la palabra alemana *«Hölle»* [infierno] y la inglesa *«hell»* vienen de una diosa, la escandinava Hel o Hela. Por lo tanto, Eva recibió de la diosa el fruto prohibido por Dios, que es representado como una manzana o un higo de acuerdo con las interpretaciones, pero en ambos casos es un símbolo de la vulva, y ganó así acceso al conocimiento.

En el lenguaje de los cazadores, en el dialecto del sur de Alemania y en el berlinés, «*Fotze*» [coño] todavía es un sinónimo de «boca», además de una palabra soez para referirse a la vulva. En consecuencia, una «*Fotzenhobel*» es una armónica, una «*Fotzenbart*», una «perilla con bigote» y «*Halt di Fotz*» significa «Cállate» [literalmente, «cierra el coño»]. La palabra inglesa para «bostezo» –«*yawn*», del inglés medieval «*yonen*»– viene también de «*yoni*», la palabra sánscrita para la vulva.

El positivo de la matriz femenina parece una boca, de allí que al genital femenino se le atribuyan «labios», y que, a raíz de esta equiparación simbólica positiva, la boca sea, en cuanto «matriz superior», lugar de nacimiento del aliento y de la palabra, del *logos*,[118]

expone Erich Neumann, el discípulo de Jung. Al ofrecer a continuación al hombre la manzana o la vulva del conocimiento, Eva se convirtió en su guía intelectual y/o espiritual a otro nivel de conciencia.

La idea de que la mujer fuera la maestra del hombre le resultaba tan amenazante al apóstol Pablo que éste prohibió sumariamente a la mujer cualquier tipo de expresión verbal en público. En su primera carta a los Corintios mandó que:

Siguiendo la práctica general del pueblo de Dios, las mujeres deben guardar silencio en el culto de la iglesia, porque no les está permitido hablar. Deben estar sometidas a sus esposos, como manda la ley de Dios. [...] Y si no lo reconoce, que tampoco se le reconozca.[119]

Este paradigma fue tan fundamental que recorre incluso los escritos de los teólogos medievales como un hilo conductor. Graciano insistió en ello alrededor del año 1140: «Que ni siquiera una mujer erudita y santa se atreva a instruir a los hombres en la asamblea.»[120]

Es significativo que en la argumentación de Pablo el hablar en público de las mujeres sea asociado a la insubordinación. Si la domesticación de la mujer en el Antiguo Testamento se conseguía mediante la devaluación de la vulva –como en el ejemplo de la «gran ramera»–, tras la transición del judaísmo al cristianismo se practicó también el robo de la voz y de la autodeterminación de la mujer mediante el recurso a los órganos sexuales femeninos, sólo que éstos ya no fueron expuestos sino prohibidos o, mejor aún, negados. Un motivo popular de la iconografía mariana es la Anunciación, en la que el Espíritu Santo fecunda a la Virgen a través de la oreja en forma de paloma y en algunas representaciones introduce incluso un pequeño niño Jesús en su pabellón auditivo: la ausencia o el sellado de la vulva son compensados por el oído. María puede por lo tanto escuchar pero no (contra)decir. En efecto, la única declaración que realiza en la escena de la Anunciación[121] es: «Yo soy esclava del Señor; que Dios haga conmigo como me has dicho»;[122] pero, mientras que María no contradice porque en sentido estricto *no tiene genital*, a las mujeres no se les permitía hablar desde el púlpito simplemente *porque tenían genital*. Pablo justificó su rechazo a la predicación de las mujeres en su primera carta a Timoteo de la siguiente manera:

La mujer debe escuchar la instrucción en silencio, con toda sumisión; y no permito que la mujer enseñe en público ni domine al hombre. Quiero que permanezca callada, porque Dios hizo primero a Adán y después a Eva; y Adán no fue el engañado, sino la mujer; y al ser engañada, cayó en pecado.[123]

Más allá de la evidente irritación —¿cómo podía ser Eva la seductora del hombre si Adán no había sido seducido?—, esta cita deja claras cuatro cosas:

– Debieron de existir mujeres predicadoras, porque, de lo contrario, el apóstol no habría tenido que prohibir la prédica femenina.
– Aparentemente, estas mujeres debían tener cosas importantes que decir, ya que, finalmente, enseñaban de acuerdo con sus palabras.
– En opinión de Pablo, la enseñanza femenina estaba relacionada con la manzana o la vulva.
– Por ella o ellas no sólo Eva sino todas las mujeres serían criminales potenciales y pondrían en peligro el orden establecido recientemente por el cristianismo.

Para imponer la exigencia de Pablo primero debieron destruirse todos los testimonios de mujeres que habían hablado, es decir, mujeres comunicadoras en un sentido cultural, puesto que existían abundantes ejemplos de mujeres predicadoras en la prehistoria del cristianismo, como las santas Humildad y Cecilia y la erudita Catalina de Alejandría. Además, se conservaban ilustraciones de una Julia y una Úrsula predicantes, así como relatos según los cuales Marta, la hermana de María de Betania, habría participado de la evangelización del sur de Francia y habría sido «incluso bien hablada».[124] Pablo mismo señaló a Junia como una apóstol estimada,[125] lo que la Iglesia arregló sometiendo a Junia a un cambio de sexo y convirtiéndola en el apóstol Junias en la versión popular.[126]

Sin embargo, la predicadora más importante es innegablemente la apóstol de los apóstoles: María Magdalena.

María y Magdalena

En la imagen de María Magdalena que ha llegado hasta nuestros días se mezclan por lo menos tres figuras bíblicas. Por una parte, la pecadora convertida por Jesús que le lava los pies en silencio con sus lágrimas, por otra María de Betania, que hace lo mismo, y finalmente la apóstol predicadora y misionera de la que Jesús expulsó siete demonios, que no casualmente recuerdan a los siete velos que Ishtar se quitó en el camino hacia el inframundo. La Iglesia ortodoxa griega tenía un día festivo para cada una de las tres, que la Iglesia occidental, sin embargo, unificó en el siglo VI en un único día, el 22 de julio. En 591 el papa Gregorio no sólo argumentó que María Magdalena era aquella pecadora sino que también mostró tener una interpretación inequívoca de sus pecados:

> Ella, que es caracterizada por Lucas como una mujer pecadora, la que es llamada María por Juan, fue, creemos, aquella María de la que, según Marcos, fueron expulsados siete demonios. Pero ¿qué significan estos siete demonios sino los siete pecados? Está claro, hermanos, que esta mujer utilizó antes el ungüento [con el que ungió los pies de Jesús] para perfumar su carne en el transcurso de actos prohibidos.[127]

Hasta 1969 la Iglesia no reconoció que María Magdalena no había sido una prostituta. En la imaginación de los fieles esta rectificación apenas estableció una diferencia, ya que en ella se había grabado a fuego ya la imagen de la prostituta santa. Los sinónimos de «prostituta» en inglés *«malkin»* y *«moll»* –que ya no se utilizan– fueron derivados del nombre de María Magdalena. (Por cierto, también lo es *«merkin»*, la denominación de las pelucas de vello púbico que gozaron de gran popularidad en Europa y América durante los siglos XVII y XVIII y que eran utilizadas para darle más exuberancia al vello corporal de las partes íntimas en vez de más discreción como se estila hoy en día.)[128]

En consonancia con lo anterior, en la iconografía de María Magdalena puede encontrarse principalmente el motivo de la pecadora arrepentida, aunque la apóstol –que más tarde deambularía por el desierto apenas vestida con su cabello como una ermitaña– tuvo una importancia mucho mayor. En el siglo XIII, el general de la orden dominicana Humberto de Romans difundió una imagen de la Magdalena según la cual ésta se sienta en su casa y escucha atentamente y en completo silencio las palabras de Jesús. La representación más habitual de Magdalena en la pose del *noli me tangere* –es decir, de rodillas y con los brazos extendidos frente a Jesús resucitado, que le advierte que no lo toque: *noli me tangere*– promovía, como explica la historiadora del arte Silke Tammen, una importante identificación entre feminidad y pasividad:

Si la moderación en el lenguaje era considerada un ideal para todas las mujeres, en el caso de las monjas éste culminó en la exigencia de derramar lágrimas en lugar de pronunciar palabras. Así, el general de la orden franciscana Buenaventura de Fidanza *(c.* 1217-1274) recomendó que las palabras de una virgen debían ser humildes y pocas porque el lenguaje era una tentación sensual.[129]

Buenaventura no reveló qué temía que sucediera si las mujeres no mantenían a raya sus labios superiores e inferiores y se entregaban a la voluptuosidad labial. Tampoco era necesario, ya que la Iglesia acababa de difundir el argumento de que, con ayuda de la luna y de determinados hechizos, las brujas podían hacer crecer dientes en sus genitales; de hecho, jadeantes fauces vaginales armadas con dientes poblaban ya los cuentos y leyendas de todo el mundo.[130] El mensaje era claro: si las mujeres dejaban hacer a su sexo lo que quisiera, éste castraría invariablemente a los hombres o se los tragaría completamente; pero, aunque las mujeres no hicieran esto con sus insaciables órganos sexuales y utilizaran sus mandíbulas adicionales sólo para –por ejemplo– romper nueces, la diferencia de sus genitales las convertía en los relatos de *vagina dentata* en caza libre para ser muerta con armas duras y fálicas. Los héroes utilizaban palos y piedras en forma de pene para arrancar los dientes de la mujer mordedora y quebrar tanto su voluntad como la mandíbula entre sus piernas; después podían ser desposadas o asesinadas: los dos finales contaban como *happy end*.[131]

Aunque estas historias pueden parecer anacrónicas, su fascinación no ha disminuido. Los surrealistas, por ejemplo, parecían hipnotizados por el motivo de la *vagina dentata*. En sus pinturas, los rostros de mujeres se transforman en mandíbulas vulvares con diminutos y afilados dientes. E incluso en 1992 el escritor y pinchadiscos Franz Dobler hizo que una unidad especial se enfrentara a la *vagina dentata* en su obra *Der Gute Johnny der Dreckskerl* [El bueno de Johnny, el bastardo]. Johnny explica: «Soy del servicio

Vagina dentata, cerámica mimbreña, suroeste de los Estados Unidos

secreto, *Secret Service*, secreto, encargo especial, tengo que averiguar qué tienes en el medio ahí abajo, entre vosotras hay coños asesinos que quieren destruir el orden mundial y yo tengo que impedirlo.»[132]

Al revés, las historias y leyendas en las que el papel principal no es interpretado por la vulva sino por la voz femenina tratan de su carácter de amenaza para el hombre. Así, los marinos que escuchan a las sirenas griegas o a la Lorelei del Rin se vuelven locos de deseo y se lanzan al agua; la única manera de hacer frente a estas seductoras es sacarlas de su elemento y robarles la voz mediante el matrimonio, a través del cual sirenas y ondinas del Romanticismo adquieren un alma cristiana.[133] La única ninfa acuática que se impuso a su marido humano fue la bella Melusina, que, significativamente, creció en Avalon y era serpiente de cintura para abajo.[134]

Shakespeare también describió una mujer peligrosa, por elocuente, en *La fierecilla domada*. En analogía con las narraciones sobre la *vagina dentata*, Petruchio, su héroe, no arranca a la mordaz Catalina los dientes vaginales pero sí el diente que la equipara a él intelectual y emocionalmente. A través del aislamiento y el lavado de cerebro logra suavizar su lenguaje ruidoso y explícito, en el que su joven esposa lo supera al comienzo de la obra, y reemplazarlo por un murmullo que es percibido como femenino. La «domesticación» es completada cuando Catalina se somete a su retórica y deja que se imponga a su propia percepción la «verdad» de él, incluso su arbitraria suposición de que por la mañana el sol *baja* y la luna *sube*.

Si se tiene en cuenta que hasta superada la segunda mitad del siglo pasado el patrimonio de la novia y su derecho a la autodeterminación pasaban legalmente a las manos de su marido, el enmudecimiento metafórico en estos textos resulta una descripción realista. Las mujeres no tenían «voz» en sentido político, razón por la cual corrían el riesgo de quedar fuera del orden simbólico allí donde de todas formas levantaban la voz. Todo lo relacionado con la (auto)articulación era considerado poco femenino, y el mensaje paradójico a las mujeres era que sólo podían ser una buena mujer —más aún, una mujer simplemente— si no tenían vulva o al menos no la utilizaban: las hembras, como los niños, debían ser «vistas pero no oídas», y su discurso era denunciado como «chismorreo» o «cotorreo» y desposeído completamente de autoridad.

Sin embargo, no sólo la voz de la mujer fue expulsada de la esfera pública. El espacio ideal que los seres humanos conforman a través de su imaginación y de su labor intelectual y que da a las generaciones siguientes un testimonio de su existencia también debía ser exclusivamente, y sobre todo, una cámara de resonancia para la voz masculina. Esto se aplicaba tanto al ámbito del arte como al del culto, que estaban estrechamente vinculados. Así, en muchas culturas el contador o la contadora de historias era originalmente el medio a través del cual la voz divina encontraba su camino en el mundo. En los textos védicos de la India no hay ninguna distinción entre el «covi», el poeta o la poetisa, y el «covi», creador o creadora del mundo, es decir, el dios o la diosa. También la popular escritora de novelas policíacas e impopular teórica cristiana Dorothy L. Sayers equipara en su libro *The Mind of the Maker* [La mente del creador] el acto de la creación literaria con el acto divino de la creación de la vida, y la escritora estadounidense Flannery O'Connor describe la literatura como «la capacidad de dar vida con las palabras».[135] En el cristianismo primitivo los apóstoles y después los sacerdotes adoptaron la tarea del narrador de historias. En el Nuevo Testamento, el Espíritu Santo desciende sobre los discípulos en Pentecostés y a continuación éstos –el milagro de la glosolalia– hablan en lenguas.[136]

María Magdalena representaba un problema.

En la famosa frase del padre de la Iglesia Ambrosio (339-397): «La muerte apareció primero a través de la boca de la mujer, a través de la boca de la mujer la vida es restaurada»,[137] queda claro por qué su voz era tan peligrosa que debía ser ahogada incluso antes que las voces de todas las demás mujeres. La «muerte por la boca de la mujer» se refiere tradicionalmente a la seducción de Adán por parte de Eva, que trajo consigo la expulsión del paraíso y con ello la mortalidad de los seres humanos; sin embargo, Ambrosio contrasta esto con la escena narrada en tres de los cuatro evangelios aceptados en la que María Magdalena anuncia la resurrección de Cristo. Sólo Lucas deja fuera a María Magdalena, y esto no sin razón, ya que en este punto los evangelistas están de acuerdo: apóstol es aquel que ha sido testigo de la resurrección y ha recibido de Jesús la misión de difundir su palabra, pero de este modo Magdalena no sólo estaría legitimada como apóstol sino que tendría derecho a suceder a Jesús. Así pues, María Magdalena habría sido la primera Papisa en lugar de Pedro.

La reducción de Magdalena a la silenciosa y sollozante pecadora estuvo orientada principalmente a echar por tierra esta idea, con el resultado de que en los siglos XII y XIII el ideal de la silenciosa y pasiva María Magdalena fue utilizado por teólogos respetados de la Iglesia como Pedro Coméstor y Tomás de Aquino como argumento para sostener que las mujeres no estaban en condiciones de ejercer el sacerdocio.[138] Esta interpretación también dio lugar, a partir del siglo XIII, a reinterpretar nuevamente las pocas imágenes que mostraban a María Magdalena predicando. Así, el dominico Vincent de Beauvais afirmó que la apóstol simplemente no sabía que las mujeres no deben hablar en público:

> Cuando la santa María Magdalena había predicado ya la palabra del Señor durante largo tiempo y le llegó la noticia de que el apóstol [Pablo] había prescrito a las mujeres que callaran en las iglesias [...] se marchó a las más duras soledades.[139]

En 1260 el franciscano Eustaquio de Arras tomó una posición a simple vista más moderada. Según él, a las mujeres ciertamente se les permitía predicar, pero sólo con un añadido picante: tenían que renunciar a su sexualidad para ello. Eustaquio explicó: «Si en la mujer que predica, así como en la bendita María Magdalena y la bendita Catalina, se encuentra la pureza de la vida, nada impide que conserve el fruto y el halo de la prédica.»[140] En ese sentido, para la mujer se encontraban disponibles tres categorías de santidad:

- La de la mártir, si había renunciado por ello a su vida.
- La de la virgen, una categoría extremadamente vulnerable, ya que podía ser «robada» por un hombre en cualquier momento sin que la mujer interviniera.
- La de la doctora, si renunciaba a su vulva.

Con la expulsión de María Magdalena del púlpito tuvo lugar un cambio visible en su representación. La predicadora silenciosa pareció deshacerse no sólo de la civilización sino también de su rebujo textil y a partir de ese momento comenzó a vagabundear por el desierto apenas cubierta por su cabello salvaje. Cabe destacar especialmente un ciclo creado en Florencia en 1280 y dedicado a Magdalena cuya figura central es la penitente del desierto: su cuerpo desnudo está cubierto hasta los pies por un largo cabello negro, su mano derecha está elevada a la altura del pecho con la palma vuelta hacia el espectador, y con la mano izquierda sostiene ante su regazo un escrito desenrollado. Puesto que, en el arte medieval, y a diferencia del libro, el rollo escrito debe ser interpretado directamente como palabra hablada, el órgano genital femenino vuelve a ser aquí el lugar del lenguaje.

Cerca de 1900 se encontró en Egipto un Evangelio de María Magdalena. Sin embargo, el pensar en ella como en una mujer predicadora y portadora de la palabra de Dios estaba tan fuera de lugar que el texto apenas llamó la atención, al contrario de las manifestaciones literarias de la figura de la Magdalena a través de los siglos, comenzando por el *Roman de la Rose*, cuyo autor, Guillaume de Lorris, tomó en 1237 a la silenciosa y pasiva María Magdalena como modelo para su Rose. Pero Guillaume murió antes de poder culminar la novela y no fue hasta cuarenta años más tarde cuando Jean de Meun la terminó. La Rosa de Meun también está basada en María Magdalena, aunque en su personificación como pecadora y prostituta. El libro era una colección de tópicos misóginos y tuvo un éxito rotundo. A modo de reacción, Christine de Pizan escribió en 1405 *La ciudad de las damas* y generó con él no sólo la primera gran controversia literaria que puso en cuestión la autoridad de la Universidad de París como única instancia interpretativa,[141] sino que además desarrolló una versión temprana de la historia de las mujeres con una escritura histórica cuyo contenido central radica en el énfasis que se otorga a la importancia de éstas. A manera de defensa contra la pregunta acerca de por qué escribía como mujer sobre las acciones y pensamientos de otras mujeres, Christine de Pizan mencionó también a María Magdalena. En *La ciudad de las damas* explicó:

> Si el hablar de las mujeres fuera algo tan reprobable y de tan baja credibilidad como algunos sostienen, Nuestro Señor Jesucristo nunca hubiera permitido que fuera una mujer la primera que anunciara un secreto tan grande como el de su gloriosa resurrección.[142]

Si se compara esta «anunciación» con aquella en la que un hombre, el arcángel Gabriel,[143] informó a María[144] de que iba a *parir* a Jesús, Magdalena representa, con su proclamación del *renacimiento* de Jesús, el extremo opuesto de la María limitada a escuchar.

Kali y Kunda

El antagonismo entre la erotizante María Magdalena y la asexuada parturienta de Dios recibió en el siglo XVII un poderoso apoyo en la imaginación del Occidente cristiano por parte de la diosa hindú Kali. Los británicos estuvieron entre los primeros europeos que se enfrentaron con Kali al establecer un asentamiento comercial de la Compañía de las Indias Orientales en una pequeña aldea en el estado indio de Bengala. El corazón del pueblo era el templo, en el que, incomprensiblemente para los británicos, se veneraba a la diosa en forma de un bloque de piedra negra que, según la leyenda, provenía del fondo del Hooghly, es decir, del brazo del río Ganges en el que se encontraba la población. El nombre de la aldea, Kalikata, es la versión inglesa ya sea de Kalighat, «templo de Kali», o de Kalikshetra, «tierra de la diosa Kali». De allí provino finalmente Calcuta y en 2001, como consecuencia de la eliminación de las incorporaciones lingüísticas coloniales, Kolkata, puesto que el nombre Calcuta estaba indisolublemente ligado a la subyugación militar del subcontinente, e incluso fue el nombre de la capital del Raj británico hasta 1911.

Cuando los ingleses bautizaron el pueblo como Calcuta estaban conmocionados por la diosa negra, que era adorada no sólo en el templo sino en todas partes. Los bengalíes adornaban sus casas con imágenes de Kali en las que ésta no llevaba nada sobre su cuerpo oscuro a excepción de una ristra de cráneos y una falda de brazos cortados de hombres y la llamaban afectuosamente «*Kali Ma*», es decir, «Madre Kali». Los británicos se desesperaban casi al intentar comprender de dónde provenían el amor y la confianza en esta deidad innegablemente femenina que carecía de los atributos de la feminidad reconocibles por ellos y se diferenciaba profundamente de su virginal Madre de Dios. Más que las armas en las numerosas manos de Kali y la sangre que goteaba de la boca de la diosa, lo que extrañaba a los británicos era su desnudez explícita, su sexo expuesto y la relación con su esposo, Shiva. Tradicionalmente, Kali es representada de pie sobre Shiva o sentada sobre él durante el acto sexual: el dios yace de espaldas, relajado y pasivo, y sonríe a la activa diosa. Kali no sólo era la diosa de la anarquía y de la sexualidad agresiva sino por encima de todo una mujer que dominaba a su marido,[145] y, en correspondencia con esto, los informes que se transmitieron sobre ella en la Inglaterra metropolitana giraban como hipnotizados alrededor de su sexualidad «sin límites», de la que se derivaba una tendencia a más transgresiones. A Kali se le atribuyeron orgías sangrientas con sacrificios humanos, violencia mezclada con voluptuosidad y, como punto culminante del horror, una alegría no disimulada por disponer de sus propias fuerzas. Los thugs, miembros de las famosas y temidas bandas de ladrones de la India, fueron estilizados en discípulos de Kali, y sus incursiones, en misas negras para la diosa de las que, supuestamente, los participantes obtenían una especie de gratificación erótica perversa. «Esta deidad es la santa patrona declarada de las más horribles transgresiones contra la paz social»,[146] apuntó el misionero Caleb Wright en 1853.

Aunque el miedo fue el hilo conductor de las discusiones de la época sobre la diosa, espantosamente erótica, este temor estaba claramente imbuido de fascinación, ya que Kali encarnaba el Extremo Oriente, el Otro más extranjero, el «corazón más oscuro de la India»:[147] con el pretexto de la indignación moral, una sociedad satisfacía así sus deseos reprimidos. Al fin y al cabo, no es casuali-

Adoración del *yoni,* escultura en piedra del muro del templo de
los sesenta y cuatro yoguis en Bheragat, India, siglo XII

dad que en la fase álgida del colonialismo de ultramar de-
vorara tratados médicos como *Psychopathia sexualis,* de
Richard von Krafft-Ebing, con una excitación apenas e
insuficientemente disimulada y que el interés científico
en las perversiones sexuales haya alcanzado su pico. El
colonialismo era en sí mismo un *proyecto de género:* Occidente se concebía a sí mismo masculino, lógico y activo
al tiempo que imaginaba el Oriente como pasivo, irracional o peligroso y engañoso; en cualquier caso, como una
mujer que debía ser conquistada y poseída.

En consecuencia, las metáforas escogidas para referirse
a la incursión militar en países extranjeros giraban principalmente alrededor de la penetración y la violación, como
es práctica de los conquistadores con demasiada frecuencia. En estas metáforas, a Calcuta le correspondía –en

cuanto puerta de entrada de los ingleses en India– el papel del genital femenino. En palabras de la novelista estadounidense Poppy Z. Brite:

> Calcuta es el coño del mundo. El mundo se pone en cuclillas y abre las piernas y Calcuta es el sexo húmedo que se ve así revelado, húmedo y fragante [...]. Una fuente del disfrute más delicioso, una concentración de gérmenes para cada enfermedad imaginable.[148]

Para justificar el sojuzgamiento al que sometían a la población, los ingleses atribuyeron a los hindúes una «mentalidad de esclavos»[149] que anhelaba una mano fuerte «y encajaba suavemente cada nuevo golpe».[150] Las explicaciones dadas con el fin de argumentar esta justificación de sí mismos se volvían cada vez más espeluznantes. Así, en 1782 el historiador y «experto en India» Robert Orme responsabilizó de todo esto al clima:

> Por crecer en el más espléndido de los climas y padecer tan pocas privaciones que obtiene el lujo de otras naciones con una cantidad mínima de trabajo [...], el hindú se vuelve necesariamente el más débil y afeminado de los habitantes del planeta.[151]

Más habitualmente, sin embargo, a manera de justificación de la actuación propia se utilizaba la referencia al papel que jugaba la sexualidad en el hinduismo o, más concretamente, en el shaktismo, es decir, en los cultos que giraban en torno a la diosa y celebraban la sexualidad femenina activa como fuerza creativa. El teniente general Sir George Fletcher MacMunn, ignorando el verdadero significado ritual de la sexualidad en India, apuntó que «todo lo que tiene que ver con el sexo, la procreación, la unión y la pasión humanas, es adorado y glorificado».[152] En la imaginación de los británicos, el hindú era conducido por la mujer indígena al agotamiento en una especie de vampirismo sexual, una concepción similar a la noción medieval de que, al mantener relaciones sexuales, la mujer robaba al hombre el calor interno. «Cuando el anglosajón llega por primera vez a la plenitud de la virilidad»,[153] el hindú ya está completamente agotado, «pobre y enfermo, y sus manos están demasiado débiles para sostener las riendas del gobierno».[154] La intervención de los británicos era, por tanto, una obligación moral y estaba concebida sólo para bien de los hindúes, que debían ser protegidos de sí mismos pero especialmente de sus mujeres, que los ingleses imaginaban como una horda de pequeñas Kalis.

El subtexto inequívoco de deseo y anhelo de esta sexualidad volcánica y violenta sólo cambió con el movimiento de liberación hindú, que se unió bajo la bandera de Kali tras la división de Bengala en 1905. Al escoger a la diosa sangrienta y destructiva como símbolo de la Madre India, los revolucionarios de ese país pretendían golpear con sus propias armas a los británicos, que habían utilizado a Kali como excusa para la opresión, y al mismo tiempo recuperar simbólicamente a la diosa. Si en la mente de los ingleses Kali había sido hasta entonces la personificación de sus propias emociones reprimidas y un estorbo bienvenido para justificar el proyecto colonial, a partir de ese momento la diosa representaba un peligro real para ese mismo proyecto; más aún, para la totalidad del orden que subyacía a él. Para los británicos la unión de religión y política resultó casi tan horripilante como lo había sido antes la de religión y sexualidad; no porque en su propia cultura se procediera de una forma básicamente diferente, sino porque un mecanismo utilizado durante siglos se encargaba en ella de que estas líneas de unión permanecieran invisibles. La profundidad de la conmoción queda de manifiesto en las novelas sensacionalistas de este período, en las que Kali aparece como el símbolo último de todo lo oscuro y aterrador.[155] Una imagen que, puede decirse, ha perdurado hasta hoy en el cine, si se piensa en filmes como *Gunga Din, Help!* de los Beatles o *Indiana Jones y el templo maldito*, por nombrar sólo unos pocos.

La influencia de Kali sobre el inconsciente colectivo es imbatible. En 1984, Urvashi Butalia fundó junto a Ritu Menon la primera editorial feminista de India y la llamó Kali for Women. Butalia recuerda:

> Si he de ser sincera, y creo que después de veinte años puedo decir la verdad, di con el nombre un día que había bebido demasiada cerveza con unos amigos en un pub de Londres. Estaban hartos de que yo sólo hablara siempre de mi sueño de fundar una editorial y me dijeron: «Al menos deberías tener ya un nombre para ella.» Así que respondí: «Eh, ¿qué tal Kali?» Y me pareció una idea jodidamente buena, porque en Inglaterra Kali tiene significados muy diferentes. Es corto, es negro, es el nombre de una mujer, simbolizaba todas esas cosas.[156]

A finales del siglo XX Kali representaba todavía lo otro cultural, lo excluido y aterrador. De todas las diosas de la India era la única que no se dejaba atrapar en saris de seda. Butalia y Menon se enfrentaban con su editorial a una doble tarea. Debido a que en el ámbito de la creación de conocimiento y su preservación sólo unas pocas mujeres habían podido tomar la palabra, prácticamente no ha-

Kali, postal hindú contemporánea

bía textos de mujeres no europeas sobre India. Los libros sobre el papel social, histórico o intelectual de las mujeres hindúes eran producto, por regla general, de académicas y académicos europeos o de Norteamérica que viajaban a India y después de un par de meses de trabajo de campo entregaban un libro cuyos derechos Butalia tenía entonces que comprar por un montón de dinero.

Si yo, por contra, quisiera estudiar los hábitos de compra de las mujeres estadounidenses en los supermercados A o B de Austin, Texas, me tomarían por loca. Somos objetos de estudio interesantes mientras que ellas representan la norma, y la norma ni siquiera se estudia, el borde nunca penetra en el centro. Ésa fue la razón por la que consideramos importante contar con una editorial donde pudiera producirse conocimiento sobre las mujeres y sus voces fueran a ser escuchadas. Por ello al final elegimos el nombre también conscientemente, ya que Kali es la diosa del poder.[157]

La que probablemente sea la primera mención a Kali se encuentra en el *Devi Mahatmya*,[158] uno de los textos más importantes del hinduismo. Allí se narra cómo los dioses, al no poder imponerse ante una fuerza superior de *asuras* o demonios de la mitología india, llaman en su auxilio a Kali en su personificación como Durga. Cuando ve que los dioses están perdidos sin ella, Kali acepta, pero lo hace con la condición de que se le permita luchar conservando su avatar original y con la ayuda de las demás diosas.
A continuación, Sumbha, el líder de los demonios, lo intenta todo para quebrar la solidaridad de las mujeres y derrotar a Kali/Durga: le ofrece matrimonio, la amenaza con violarla, trata de dominarla brutalmente. Sin éxito.

Finalmente le grita: «¡Lucha como un hombre!»

Pero Kali/Durga no es un hombre, y no quiere serlo, de modo que, como en un nacimiento invertido, se introduce a las otras diosas en el cuerpo a través del órgano genital y esta alianza de poderes femeninos derrota a Sumbha. Aliviados, los dioses se lanzan a sus pies y quieren hacer de ella su soberana, pero la diosa no tiene ningún interés en gobiernos y sometimientos y sigue su propio camino.

Un aspecto que no debe faltar en ninguna representación de Kali es la larga lengua que asoma de su boca. En su libro de artículos de viajes *Sacar la lengua*, el premio Nobel de Literatura alemán Günter Grass lo interpretó como un gesto de vergüenza ante su salvajismo.[159] A pesar de ello, sin embargo, la lengua no representa principalmente el lenguaje, la elocuencia y la voz propia –piénsese en frases hechas como «una lengua afilada», «una lengua rápida» o la palabra inglesa *«mothertongue»* como sinónimo de lengua materna– sólo en la imaginación hindú.

«Zubaan» significa «lengua», pero en sentido metafórico. Además tiene un montón de otros significados. Significa lenguaje y capacidad de hablar. Significa voz, y, especialmente en India, cuando las mujeres reclaman una voz propia y comienzan a abrir la boca, la gente dice con desaprobación: *«un zubaan kulgi»*. Esto significa que su lengua se ha «abierto» y debe ser reprimida. Y –esto lo había olvidado por completo– el primer logo de Kali for Women consistía en el rostro de Kali con la lengua fuera. Nunca lo hemos utilizado, pero lo he encontrado hace poco entre mis papeles y me dije: Oh, tal vez deberíamos hacerlo,[160]

Mujer menstruando,
talla en madera
procedente del sur
de India

explica Butalia, actualmente editora de un sello filial de
Kali for Women que lleva el nombre de Zubaan. En virtud de la conexión descrita anteriormente entre la lengua
y los genitales, la lengua de Kali sería, pues, una referencia a
la vulva. Así lo ha interpretado la escritora *underground* estadounidense Poppy Z. Brite. Su galardonado relato corto
«Calcutta, Lord of Nerves» [Calcuta, el señor de los nervios] se lee como una parodia de las novelas sensacionalis-

tas victorianas con sus desenfrenos sexuales en el templo de Kali, sólo que la narradora en primera persona es consciente de sus emociones al ofrendar en el templo, como hipnotizada, flores e incluso algunas gotas de su propia sangre a la *Jagrata*, la estatua de Kali:

Oí un grito procedente del exterior y giré la cabeza por un instante. Cuando volví a mirar hacia atrás, los cuatro brazos parecían haberse entretejido en un nuevo patrón y daba la impresión de que la larga lengua colgaba un poco más afuera de la boca escarlata. Y en ese momento –ésta era una fantasía recurrente en mí– la amplia pelvis parecía estar inclinada hacia delante y ofrecerme una visión furtiva de la gloriosa y terrible hendidura adornada con pétalos de flores entre los muslos de la diosa.

Sonreí al rostro hermoso y astuto de las alturas. «Si sólo tuviera una lengua tan larga como la tuya, madre», murmuré. «Me arrodillaría frente a ti, y lamería los pliegues de tu santo coño hasta que gritaras de excitación.» La sonrisa llena de dientes pareció hacerse más amplia y más lasciva. Yo fantaseaba mucho en la presencia de Kali.[161]

Estas fantasías no son tan descabelladas como parecen a simple vista, ya que se basan en el culto de la adoración del *yoni*, un culto a la vulva muy extendido en India aún en nuestros días. El término «*yoni*» no tiene equivalente en las lenguas europeas porque en él el genital femenino no sólo es hecho visible y valorado positivamente, sino, por supuesto, también es dotado con todos los atributos que le fueron arrebatados en Occidente en el curso de siglos de represión. Lo más cercano a *yoni* es el significado original de la palabra indoeuropea *«cunt»,* que se deriva del título de Kali como *Cunti* o *Kunda.*

A modo de recordatorio de que mujeres y hombres debían convertirse en diosa y dios para el otro en la práctica del amor sexual, existía el antiguo ritual matrimonial hindú consistente en untar la vulva de la novia con miel para que su esposo pudiera arrodillarse ante ella y adorar su delicioso *yoni,* de allí la idea de *honeymoon* o luna de miel.[162] Pero la adoración del *yoni* no estaba limitada al ámbito privado, como explica el historiador del arte y director del Museo de Arte de Nueva Delhi Ajit Mookerjee:

> El *yoni* es alabado como un lugar sagrado, como un punto de transferencia de fuerzas sutiles, la puerta de entrada a los misterios cósmicos. En las esculturas, la diosa es representada yaciendo sobre su espalda, las piernas abiertas para el culto, o con los pies muy separados mientras su adorador bebe bajo el arco de sus piernas el *yoni-tattva,* la «esencia sagrada». En *yonitantra,* el *yoni* consta de diez partes, cada una de las cuales es una manifestación de la *devi* o diosa. En el *yoni-puja* o ritual de la vulva, la vulva de una mujer viviente o su representación en piedra, madera, pintura o metal son adorados como símbolo de la diosa.[163]

En analogía con el bautismo, aún existe en la actualidad un ritual en el que los creyentes pasan a través de un gigantesco *yoni;* tras esta iniciación son considerados «nacidos dos veces».[164] Por contra, el dogma cristiano no sólo demoniza la vulva y a la diosa sino que permite también la resurrección únicamente durante la parusía, es decir, en el Juicio Final. En el relato de Poppy Z. Brite, un locutor radiofónico de lengua inglesa anuncia: «Un himno evangéli-

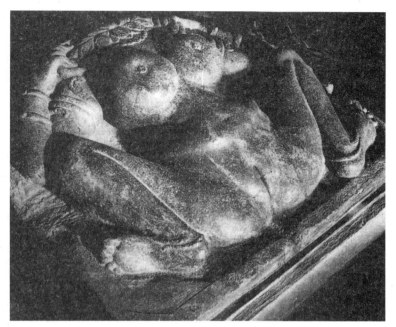

Altar de Devi, siglo XVIII, India, 100 cm × 90 cm

co prometió a Calcuta que sus muertos resucitarían en Jesús.»[165] Sin embargo, el hijo de una madre virgen y Dios
del Occidente cristiano no puede hacer nada por los muertos hindúes, de modo que en el relato de Brite los muertos
pueblan las calles de Calcuta y provocan caos y devastación con sus intentos desesperados de reencarnarse a través del sexo de la mujer:

> Si consiguen capturar a una mujer y dejarla fuera de
> combate, de manera que no pueda defenderse, se puede
> observar cómo los afortunados penetran entre sus pier-
> nas como el amante más entregado. No necesitan levan-
> tarse para respirar. He visto cómo se han abierto camino
> a mordiscones hasta la cavidad abdominal. Los órganos

internos femeninos parecían ser toda una exquisitez, ¿y por qué no? Son el caviar del cuerpo humano. Es muy decepcionante encontrarse con una mujer que yace en la cuneta con un bajo vientre desgarrado del que cuelga fuera el intestino.[166]

La imagen no cambia cuando los muertos tropiezan con un hombre. En ese caso, devoran el pene y los testículos. Lo que dejan detrás es como una parodia de Freud: un agujero rojo y sangriento. Sólo en la presencia de Kali, en el templo, los muertos se transforman en algo más que formas aterradoras procedentes de filmes de terror estadounidenses o japoneses: «Poco a poco, los muertos comenzaron a dirigirse hacia mí [...] Eran como agujeros en el tejido de la realidad, como conductos en un universo incompleto. El vacío en el que reinaba Kali. Y el único consuelo era la muerte»,[167] escribe Brite. En cuanto agujeros en el orden simbólico, sus muertos tienen el poder, la visión para penetrar en aquello que está más allá de la percepción, del mismo modo que el concepto original de la palabra «*Glück*» [suerte, fortuna], que viene del alto alemán medio «*g(e)lücke, ghelucke*» y hace referencia a los agujeros [«*Lücke*»] que deja el destino.

> A quien se atreve a amar la pena,
> y a abrazar la figura de la muerte
> bailando en la danza de la destrucción,
> a él viene la madre.[168]

El místico hindú más importante del siglo XIX, el sacerdote de Kali Vivekananda, cantaba esto frente a la misma estatua. Como en sus visiones, en las que la diosa descendía corpóreamente de su pedestal, la madre también viene a los muertos y a la narradora «en primera persona» y, con ello, a las lectoras y lectores del relato:

> Kali se movió bajo la luz temblorosa de las velas, que rebotaba contra los cuerpos de los muertos. La contracción de un dedo, un giro rápido de la muñeca. Al principio, los gestos eran tan pequeños que resultaban casi imperceptibles. Pero luego sus labios se abrieron en una sonrisa increíblemente amplia y su lengua se desenrolló hacia arriba. Trazó un círculo con las caderas y levantó su pierna izquierda en el aire. Su pie, que había pisado un millón de cadáveres, resultó tan grácil como el de una bailarina de puntillas. El movimiento abrió su sexo.[169]

Existe una versión patriarcalizada del mito de Kali en la que Shiva desafía a la diosa a un duelo de baile y la vence al lanzar una pierna al aire y tocar con ella su oreja. Kali no puede imitar este movimiento porque de esa forma mostraría su sexo y admite la derrota. La diosa de Brite no tiene este problema. Ésta realiza el acto de los actos deliberadamente y con regocijo. Su *yoni* abierto de esta manera, así como la propia Kali, escapan de este modo de cualquier intento de domesticarlos.

No era como la raja cubierta de pétalos como un mandala que yo había besado en mi imaginación un par de horas atrás. El coño de la diosa era un enorme agujero rojo que parecía conducir al centro de la tierra [...]. Dos de sus cuatro brazos me hicieron seña de que me acercara, de que entrara. Yo podría haber empujado dentro mi cabeza y luego los hombros, podría haber entrado a gatas en esa eternidad carmesí húmeda, y haber seguido gateando para siempre.[170]

Lo que sucede realmente durante el paso por el canal de nacimiento permanece en secreto, pero al final de la historia la narradora en primera persona es una «nacida dos veces», una iniciada en los primeros y últimos misterios, cuya guardiana es la diosa. El *yantra* de Kali es el triángulo de la vulva, rodeado a menudo por una flor de loto, símbolo de los genitales femeninos. El *yoni* de Kali es, como los de Isis, Ishtar, Inanna y Morrigan, como los de Baubo y Bebt y la vulva de Iambe, la puerta entre los mundos y los estados de conciencia. En su iconografía más conocida, Kali está de pie sobre su esposo Shiva, asesinado por ella. Ambos sonríen, a sabiendas de que, sin Kali, Shiva es *shava* —es decir, un cadáver—, ya que sólo a través de ella participa del ciclo de la vida y accede a una dimensión que trasciende la finitud.

Christian Ahlborn, *Kali Yantra*, 2008

El dios abstracto y monoteísta ya no necesitó más de una feminidad sagrada porque, al menos en teoría, él mismo podía cumplir todas sus funciones.[171] El padre de la Iglesia Ambrosio fue incluso tan lejos como para imaginar un «pecho nutriente de Cristo», lo que no es más absurdo que el pasaje del Génesis —palabra griega para «nacimiento»— en el que el padre de Cristo, cerniéndose sobre las aguas como un espíritu, crea toda la vida en la tierra y en el aire sólo con ayuda del lenguaje.[172] La figura del «asceta», el hombre que se libera de su dependencia de la mujer, contrastaba con la figura de la «gran ramera», la mujer que exhibe descaradamente su diferencia sexual.

Esto no sólo garantizó una posición de omnipotencia para Dios Padre y sus representantes en la Tierra; como siempre sucede en el cosmos de las oposiciones jerárquicas entre cielo e infierno, blanco y negro, bien y mal, también redujo la mitad *devaluada* de la dicotomía a la función de ser de cuyo fondo emergía la parte supuestamente *real* que se definía en ese proceso. Dado que el cuerpo perturbador le había sido asignado a la mujer, el hombre podía ocupar el ámbito de la cabeza como metonimia de la mente. Supuestamente, él era «racional» porque ella era «irracional», y la «cultura» necesitaba de la «naturaleza» para someterla. Así, en las alegorías de la Ilustración la naturaleza era representada a menudo como una joven que era descubierta por la ciencia, simbolizada por un hombre.[173]

El pensar en términos de antagonismos no cambiaba nada en la *percepción* de la diversidad contradictoria de la vida, que seguía allí, pero ya no la hacía comunicable. Ésta fue expulsada del ámbito de lo semiótico,[174] pero encontró su camino de regreso al orden simbólico a través de los sueños, las visiones, la locura y los éxtasis místicos o producto de la intoxicación, a través de la literatura y el arte.[175] Sobre todo, se transparentó una y otra vez en la danza desnudista o –para llamarla con su nombre más popular– en el *striptease*.

SALOMÉ CONTRA JUAN

Arquetipo y lugar común del *striptease* es la danza de los siete velos de Salomé, la princesa judía.[176] Mediante ella, Salomé se convirtió en una de las figuras centrales de la lucha simbólica entre el cristianismo y el paganismo, entre el espíritu y la carne, aunque no precisamente la Salomé real, sino la imagen que se hicieron de ella generaciones de escritoras, escritores, pintoras y pintores.[177] A finales del siglo XIX y principios del XX fue el símbolo de la *femme fatale* que atraía a los hombres al abismo al revelar su cuerpo. Gustave Flaubert, Stéphane Mallarmé y Guillaume Apollinaire, así como Djuna Barnes, José Ortega y Gasset y Oscar Wilde, escribieron sobre ella. Al tiempo que pintores de la alta cultura como Tiziano y Gustave Moreau, Edvard Munch, Aubrey Beardsley y Pablo Picasso se dejaron inspirar por ella, el personaje se convirtió en los escenarios de vodevil en un icono temprano de la cultura pop. En general se hablaba de «Salomé-manía». Mata Hari, acusada —es probable que erróneamente— de espionaje, era considerada la encarnación de Salomé, seguida de cerca por la bailarina Maud Allan, cuya *Visión de Salomé* se convertiría en su trabajo más importante.[178]

Al menos parcialmente, el personaje de Salomé está basado en testimonios históricos. En el Nuevo Testamento, Marcos y Mateo describen su baile, aunque sin mención de su nombre; éste y algunos datos biográficos fueron revelados por primera vez por el historiador judío del siglo I Tito Flavio Josefo. Según él, Salomé era hija de Herodías y nieta de Salomé I, hermana de Herodes I, aquel Herodes que dio la orden de asesinar a todos los varones recién nacidos con el fin de matar al «Rey de los Judíos», es decir, a Jesús. Salomé desposó primero al hijo de Herodes, Filipo, y más tarde a Aristóbulo de Calcis, y concibió a más de un niño, por lo que, al parecer, llegó a una edad avanzada. En la memoria colectiva permanece, sin embargo, como una joven que a instancias de su madre seduce al rey Herodes Antipas con su sensual baile y pide a cambio la cabeza de Juan el Bautista. La imagen de la mujer que besa los labios de la cabeza aún sangrante, apropiándose simbólicamente con ello de la cabeza/espíritu del hombre, recorrió el mundo pintada por Aubrey Beardsley, pero ¿qué había precedido a esta escena?

En la pieza teatral de Oscar Wilde *Salomé* —que no sólo fue ilustrada por Aubrey Beardsley, sino también musicalizada por Richard Strauss en su ópera más famosa, por lo que tiene un gran impacto en nuestra memoria cultural—, la princesa está fascinada por el extraño prisionero de su padrastro, al que los judíos llaman Juan el Bautista,

Maud Allan como Salomé, *c*. 1906, cortesía del Deutsches Tanz Archiv, Colonia

que proclama su fe a gritos noche y día desde la prisión. Salomé intenta hablar con él pero Juan rechaza su oferta de un diálogo: «¡Atrás! ¡Mujer de Babilonia! Por la mujer vino el pecado al mundo. No me hables. No te escucharé. Sólo escucho la voz del Señor Dios.»[179]

El Juan de Wilde utiliza los mismos argumentos contra el discurso femenino que empleara Pablo. Además, en su defensa resuena el temor de que la voz de la mujer pueda competir con la voz de Dios, una amenaza aún más tangible por cuanto la voz de Salomé no existe en la abstracción como la de Jehová, sino que está unida a este mundo por un cuerpo completamente real. Fatalmente, no sólo es visible sino que ella misma ve también, lo que es considerado una amenaza incluso en las culturas más distantes. La amenaza asociada a las mujeres de ojo avizor parece remontarse en su origen a la diosa egipcia Hathor, de la que proviene el *topos* del mal de ojo. Sin embargo, curiosamente, el *anj* o cruz egipcia que representa el ojo de Hathor trae buena suerte, y simboliza tanto la vida corporal como su continuación en el más allá, lo que señala que detrás de la diosa demonizada debe haber una capa más antigua y compleja.

La mirada de Salomé también es proscrita. «¿Quién es esa mujer que me está mirando? No quiero que me mire. ¿Por qué me mira con sus ojos de oro, por debajo de sus párpados dorados? No sé quién es»,[180] afirma Juan cuando Salomé se presenta frente a él por primera vez. Su reacción corresponde al estereotipo de una niña que se sonroja al notar sobre ella la mirada de un extraño, pero no al de un experimentado soldado de Dios que no teme a ningún rey ni ninguna cárcel y está dispuesto a morir por sus creencias. Esta inversión de papeles es producto del comportamiento de Salomé, inusual para su género, que provoca dolores físicos en los personajes que la rodean. El joven sirio le implora: «¡No mire a ese hombre, no lo mire! No le diga palabras semejantes. No puedo sufrirlas [...] Princesa, Princesa, no hable de esas cosas.»[181]

La princesa, sin embargo, hace caso omiso de sus súplicas, y él, desolado, se quita la vida y arroja su cuerpo exánime entre Salomé y Juan, en un último y desesperado intento de obstruir su mirada. En la lógica de los hombres presentes, se entrega de esa forma a una muerte de víctima y de mártir; con el fin de exonerarle, la culpan a ella de su muerte:

¡Hija del adulterio! Sólo uno puede salvarte, y en su nombre te hablo. Ve a buscarlo. Está en una barca en el mar de Galilea y habla con sus discípulos. Arrodíllate a la orilla del mar y llámalo por su nombre. Cuando vaya a ti, y va a todos los que lo llaman, arrójate a sus pies y pídele la remisión de tus pecados.[182]

Con estas palabras, Juan le exige, siguiendo el ejemplo del *noli me tangere* de la iconografía de Magdalena, que represente un papel femenino susceptible de ser relacionado culturalmente con la mujer, pero Salomé le responde, sin dejarse impresionar: «Déjame besar tu boca.»[183]

Así como anteriormente Juan había exclamado: «¡Hija de Sodoma, no te acerques a mí! Cubre tu rostro con un velo, derrama ceniza sobre tu cabeza [...]. ¡Atrás, hija de Sodoma! No me toques. No profanes el templo del Señor Dios»,[184] ahora la maldice. Su voluptuosidad, vinculada a la transgresión de los límites del género, la convierte automáticamente en una idólatra, aunque ella no se manifieste en absoluto sobre este punto. El pecado mortal de la lujuria sólo puede ser erradicado mediante la extinción del pecador; aunque es prisionero y carece de todo poder desde el punto de vista jurídico, Juan exige:

¡Ah, la perdida! ¡Ah, la ramera! ¡Ah, la hija de Babilonia con sus ojos de oro y sus párpados dorados! Así dice el Señor Dios. Que vaya contra ella una multitud de hombres. Que el pueblo tome piedras y la lapide [...]. ¡Que los caudillos de guerra la atraviesen con sus espadas, que la aplasten bajo sus escudos! [...] y todas las mujeres aprenderán a no imitar sus abominaciones.[185]

En un programa de preguntas y respuestas, Juan hubiera obtenido cero puntos por esta respuesta a una pregunta sobre intimidad corporal. En la pieza, Herodes, el padrastro de Salomé, hace ejecutar a pies juntillas la orden de Juan, pero, hasta que esto sucede, Herodes sigue fascinado por la muy visible presencia de Salomé. Más aún, desea una visión muy específica: «Danza para mí, Salomé [...]. Te ordeno que dances, Salomé.»[186] Como éste es un ámbito que está más allá de su poder, no sirven las órdenes sino sólo los ruegos, con todas sus asociaciones etimológicas a la oración y al rezo:

Salomé, Salomé, danza para mí. Te ruego que dances para mí. [...] Si danzas para mí, puedes pedirme lo que quieras, y yo te lo daré, aunque sea la mitad de mi reino. [...] Lo juro, Salomé. [...] Por mi vida, por mi corona, por mis dioses. Cualquier cosa que me pidas te la daré, aunque sea la mitad de mi reino, con tal de que dances para mí. ¡Oh, Salomé, Salomé! ¡Danza para mí![187]

En la obra de Wilde toda la tensión se agudiza en este momento; cinco páginas después cae el telón. En sus instrucciones para la puesta en escena, el propio Wilde no da más información sobre la danza que: «Salomé baila la danza de los siete velos.»[188] Pero la declaración previa de Salomé de que iba a bailar con los pies descalzos en combinación con la referencia a los siete velos de Ishtar eran completamente suficientes para el público del cambio de siglo. En el ámbito anglosajón hay una canción de cuna que da en el clavo:

Salomey was a dancer,
she did the hootchie kootch,
And when she did the hootchie kootch,
she didn't wear very much.

[Salomé era una bailarina
que bailaba el *hootchi kootch*.
Y cuando bailaba el *hootchi kootch*,
no iba demasiado vestida.][189]

Hootchie kootch o *hootchie cootchie* era el nombre que se le dio a la danza del vientre de la bailarina Farida Mazar Spyropoulos, apodada «Pequeña Egipto», en la Exposición Mundial de Chicago de 1893 y desde entonces ha sido utilizado como sinónimo de baile erótico y exótico, así como de la danza de los siete velos. Bailarinas descalzas, es decir, mujeres que hicieron estallar el corsé del ballet clásico, ya eran famosas en aquella época. En la novela de Heinrich Mann *El profesor Unrat o el fin de un tirano*, adaptada al cine con el título de *El ángel azul*, es una bailarina descalza, encarnada por Marlene Dietrich, la que hunde al profesor del título en la miseria: «La artista Fröhlich había aparecido en el periódico [...]. Toda la ciudad sabía de ella, excepto el profesor Unrat [...]. "Descalza", repitió el zapatero. "¡O-o-oh! Así lo hacían también las mujeres de los amalecitas que bailaban ante un ídolo."»[190] De bailar desnuda a la idolatría y la destrucción de los hombres había una línea recta en la imaginación popular, y la esencia o el emblema de esta concepción era Salomé, que exige la cabeza de Juan el Bautista como precio por su cuerpo. En la pieza de Wilde, ella dice:

No querías tener nada conmigo, Jokanaán. Me rechazaste. Dijiste palabras perversas contra mí. Me trataste de ramera, de perdida, a mí, a Salomé, hija de Herodías, Princesa de Judea. ¡Bueno, Jokanaán, yo estoy viva aún, pero tú, tú estás muerto, y tu cabeza me pertenece! Puedo hacer con ella lo que quiera.[191]

La mirada que Juan le negó parece la misma mirada que obliga a Herodes a concederle su deseo aunque crea, con razón, que su reino será destruido y que él morirá si hace decapitar al predicador judío. En presencia de Salo-

110

mé tiene lugar la negociación de un cambio de paradigma. Mirarla significa para Juan mucho más que reconocer su existencia; debe admitir que ella no se deja conjurar por su mirada escrutadora. La suya es una realidad diferente, y esto significa que hay más de una realidad, más de una verdad y más de una interpretación del mundo. Puesto que Juan no la reconoce como mediadora entre el cuerpo terrenal y su dimensión sagrada, tras su muerte ritual sólo le queda la resurrección durante el Día del Juicio, y no la renovación cíclica que promete la diosa.

Detrás de tus manos y de tus maldiciones escondiste tu rostro. Pusiste sobre tus ojos la venda del que desea ver a Dios. Bien, tú has visto a tu Dios, Jokanaán, pero a mí, a mí, nunca me has visto. [...] ¡Ah! ¡Ah! ¿Por qué no me miraste, Jokanaán? Si me hubieras mirado me hubieras amado. Sé bien que me hubieras amado, y el misterio del amor es mayor que el misterio de la muerte,[192]

dice Salomé a la cabeza sangrante en su mano. Herodes exclama: «Tu hija es un monstruo, un verdadero monstruo»[193] y huye, pero su esposa Herodías le grita: «Yo estoy de acuerdo con lo que ha hecho mi hija, y ahora me quedaré aquí.»[194]

Con la decapitación, las relaciones de poder en palacio se invierten a favor de las mujeres. La única alternativa que le queda a Herodes es actuar con violencia contra este sistema matrilineal. La última frase que es pronunciada en el escenario es la orden del rey de matar a su hijastra.

Cuando la ópera de Richard Strauss basada en la obra de Oscar Wilde se estrenó en el Metropolitan Opera, en 1907, sus patrocinadores –J. P. Morgan, W. K. Vanderbilt y August Belmont– sintieron el mismo espanto que Herodes diecinueve siglos atrás. La danza exhibicionista que se insinuaba y la vehemencia con la que la cantante que interpretaba a la princesa besaba la boca de la cabeza cortada les revolvió «literalmente el estómago» e insistieron en que *Salomé* se retirara inmediatamente.[195] No obstante, con ello no pudieron impedir que la bailarina de ballet Ida Rubinstein se desnudara completamente durante la representación de *Salomé* sólo dos años más tarde y los escenarios crujieran bajo los pies descalzos de las imitadoras de Salomé por todas partes. El espíritu de la época extrajo la justificación de la «Salomé-manía» de dos ciencias jóvenes, el psicoanálisis y la investigación sexual, que explicaban la fiebre por la danza apelando al espíritu nervioso de la mujer y a su sexualidad inestable. Así, en su libro *Hombre y mujer* el sexólogo Havelock Ellis informó a una fascinada opinión pública de que las mujeres disfrutaban tanto bailando porque de esa manera daban expresión a su irritabilidad neuromuscular –en otras palabras, a su propensión a la histeria– sin producir mayores daños.[196]

La escritora canadiense Margaret Atwood comenta:

> Salomé es un personaje en el que se reúnen la *femme fatale* y la artista femenina [...]. Al final –al menos en Wilde y Strauss– es destruida por encarnar algo tan perverso, o porque ha dejado caer el séptimo velo, jamás se sabrá con seguridad.[197]

Al comienzo de sus estudios, en los primeros años de la década de 1960, Atwood trabajó como redactora literaria del diario de su colegio y apuntó con sorpresa cuántos

112

poemas sobre Salomé recibían, y que todos esos poemas habían sido escritos por mujeres. Atwood especuló:

> El miedo parece ser que tu confrontación con el arte produzca un efecto mortal en cada hombre que tenga la desgracia de cruzarse en tu camino sexual, como si fueras a despertarte una mañana y encontrarte su cabeza en una bandeja. Es un enfoque un tanto freudiano, supongo: las mujeres que son demasiado activas o demasiado inteligentes no deben además desnudarse porque si lo hacen los hombres pierden partes de su cuerpo.[198]

Por entonces Irving Layton acababa de publicar su influyente colección *A Red Carpet for the Sun* [Una alfombra roja para el sol], en el que alertaba a sus lectores sobre las mujeres trabajadoras en general y las escritoras en particular:

> Veo a las mujeres modernas en el papel de Furias que se proponen castrar a los hombres; sus esfuerzos son apoyados por las insidiosas fuerzas de una civilización que considera que el papel del hombre como creador y productor de conocimiento es superfluo o incluso una amenaza a la industria y una molestia general. Somos afeminados y proletarizados al mismo tiempo.[199]

Más allá de la misoginia evidente de su encendido discurso, en realidad sólo hay una cosa que destacar en él en nuestros días, como señala Atwood: a saber, el hecho de que las Furias de la mitología griega y romana con las que Layton compara a la mujer castradora sólo castigaban a los hombres por un pecado muy específico: el asesinato de la madre.

113

El desnudo, y sobre todo el desnudo femenino, ha sido siempre parte central de un discurso que ha ido contra el orden imperante. A mediados del siglo XVII los disidentes ingleses pronunciaban incendiarios discursos, desnudos, en las plazas del mercado, y fueron brutalmente reprimidos por ello.[200] El grado de exhibición de los pechos de las Marianne francesas era buen indicador de cuán libres o cuán poco libres eran las leyes en ese momento en general.[201] A finales del siglo XIX las mujeres pudieron aparecer desnudas en los escenarios norteamericanos y europeos a condición de que permanecieran inmóviles y sin vida, de modo que –con su ingenio característico– se convertían en estatuas de mármol con vida, los así llamados *tableaux vivants*, que reproducían *topoi* antiguos, principalmente diosas, santas y otras personificaciones de la autoridad femenina que habían puesto de cabeza las relaciones de poder terrenales con su desnudo.

Olga Desmond, *Estatua viviente*, cortesía del Deutsches Tanz Archiv, Colonia

Sin embargo, la tentadora equiparación de desnudez con resistencia nunca se produjo. Tan pronto como Europa comenzó a prepararse para la Primera Guerra Mundial, los cuerpos desnudos de las bailarinas del Folies Bergère de París se convirtieron en un símbolo de todo aquello por lo que luchaban los soldados: la entrada de Italia en la guerra fue saludada con un desfile de veinte mujeres en uniforme, cada una de las cuales descubría un pecho,[202] y en la Segunda Guerra Mundial las *pin ups* adornaban incluso los morros de los bombarderos estadounidenses, como si las guerras trataran de *cunt* y *country* y no de beneficio económico y ansia de poder.

Ante el cuerpo femenino eran confrontadas diferentes visiones del mundo, de allí que su desnudez podía resultar, dependiendo del contexto, subversiva o estabilizadora del sistema, y también ambas cosas al mismo tiempo, como muestra el uso de la danza desnudista en la República de Weimar, cuando Berlín se convirtió durante un momento histórico en el ombligo y la Babel del mundo.

Si durante la Primera Guerra Mundial había reinado la prohibición del baile por razones religiosas, la metrópolis cayó en aquella época en un frenesí de baile casi extático. «Berlín, tu bailarina es la muerte» era el lema estampado en todas las vallas publicitarias, que acertaba a dar cuenta del hambre desesperada de vida y el trauma profundo de la población. El escritor Stefan Zweig observó: «Todos los valores habían cambiado, y no sólo los materiales; y las disposiciones del Estado eran ridiculizadas y ni modales ni moral respetados.»[203] En 1919 se produjo una huelga general. «¡Ésta es la revolución! El viejo mundo está podrido y todas sus articulaciones crujen. Quiero ayudar a destruirlo», celebró la bailarina de pantomima Valeska Gert. «Como no me gustaba el burgués, yo interpretaba en el baile a aquellos que él despreciaba: prostitutas, proxenetas, marginados y depravados.»[204] A la primera actuación de Gert en el Kammerspielen [teatro de cámara] de Múnich

115

asistió Bertolt Brecht. Ella recuerda: «Le pregunté: "¿Qué es el teatro *éppico* (él lo pronunciaba así)?" "Lo que usted hace"»,[205] respondió Brecht.

En su danza más famosa, *Canaille*, Valeska Gert interpretaba a una prostituta en el ejercicio de su profesión. «Nunca había entendido tan claramente que el placer y el dolor provienen del mismo sitio»,[206] comentó Kurt Tucholsky. En la danza, Gert ni siquiera se desnudaba. Sólo se movía como si estuviera desnuda, adelantaba las caderas, levantaba la falda corta y dejaba que la vulva se adivinara debajo. Su colega Anita Berber no se conformó con insinuaciones de este tipo.

«Anita Berber —el rostro congelado en una máscara chillona bajo los rizos espantosos del peinado— baila el coito»,[207] describió Klaus Mann, primero escandalizado pero después francamente fascinado por las actuaciones en las que la bailarina pelirroja se arrancaba la ropa del cuerpo. «Era famosa sólo desde hacía dos o tres años pero ya se había convertido en un símbolo. Las muchachas burguesas descarriadas imitaban a la Berber, las prostitutas pretenciosas querían parecerse a ella. Erotismo de posguerra, cocaína, Salomé, la última perversidad: estos conceptos formaban el halo de su gloria»,[208] según Mann. Durante una de sus actuaciones, el actor Aribert Wascher estaba tan fascinado por los gestos obscenos de Anita Berber que le gritó: «¡Grandísima cerda!» La historia se difundió por Berlín esa misma noche, y «grandísima cerda» se convirtió en una expresión popular. Los emigrantes alemanes debieron de llevarla consigo en la década de 1930 a Estados Unidos, ya que en ese país todavía se utiliza como *top pig*».[209]

Sin embargo, la «grandísima cerda» fue venerada como una diosa por la bohemia berlinesa. Incluso su pareja de baile, Sebastian Droste, le cantó explícitamente, en un poe-

Anita Berber, fotografía tomada durante la interpretación de
Danzas modernas, Viena, 1923

ma que lleva su nombre, identificándola con Astarté. «Su
cuerpo era tan perfecto que su desnudez nunca resultaba
obscena. A menudo la había observado durante los ensayos y me sabía cada paso, cada movimiento. Cuando estaba sola, trataba de imitar sus bailes»,[210] recuerda en sus memorias Leni Riefenstahl, que fue primero bailarina y más
tarde propagandista cinematográfica.

Sin embargo, pese a tanta adoración, es difícil imagi-
narse qué efecto debió provocar en el público de la década
de 1920 Anita Berber, que daba a sus excesivos poemas
bailados nombres como *Cocaína, Morfina, Casa de locos* o
Suicidas. Prefería actuar en el Pyramide, un club ilegal de
mujeres en el que no se permitía entrar a los hombres,
porque allí podía tener la expectativa de ser tomada en serio como artista: en otros lugares brincaba a menudo sobre
mesas y bancos para lanzarse con una botella de champán

117

sobre los clientes que se apresuraban a gritarle que se quitara la ropa. El periodista Fred Hildenbrandt, que la entrevistó tras una de sus famosas riñas, observó sorprendido: «Así que esta bailarina desnudista bailó un programa serio acerca de los temas más horribles [...] exigiendo que un público que quería divertirse eróticamente lo entendiera. [...] Era la criatura más notable que yo había encontrado jamás en el inframundo de las rarezas sexuales.»[211]

Cuando la euforia del período de posguerra derivó finalmente en vértigo por la pérdida general de control, la adoración por Anita Berber se convirtió en desprecio. A los ciudadanos de la República de Weimar la liberación del dinero durante el curso de la inflación les pareció un reflejo de sus propios cuerpos desatados, en concordancia con el lema: el que siembra exceso cosechará exceso. Y así, la exclusión de la bailarina anarquista se puso en práctica como si se tratara de un exorcismo:

> Se puso de pie envuelta en su leyenda, en medio de una terrible soledad. A su alrededor el aire era frío como el hielo. A fin de no congelarse, lo hacía cada vez más radicalmente. Todo se convertía en escándalo a su alrededor. En la calle casi le arranca el dedo de un mordisco a una dama que la había señalado. La gente la señalaba con el dedo. Ella era libre como un pájaro. La miraban con ligero horror sobre el escenario del cabaret, pero por lo demás fue proscrita,[212]

según Klaus Mann, que permaneció vinculado a la proscrita en un tiempo en que se le hacía cada vez más difícil actuar. Para disgusto de su padre, Thomas Mann, el joven Klaus –que entonces tenía dieciocho años de edad– compraba filetes para Anita y su marido, Henri Chatin-Hofmann, con el poco dinero que tenía, pues la pareja estaba en la miseria, y sólo por compasión se les permitía seguir en su hotel. En 1925 Otto Dix pintó a Anita Berber con un vestido color sangre sobre un fondo rojo encendido, más vieja de lo que iba a ser nunca. En 1928 murió de una tisis galopante; una alegoría, en la vida como en la muerte, de la República de Weimar, cuyas aspiraciones de emancipación eran ahogadas en el mismo momento por los decretos y la derogación de las instituciones elegidas democráticamente. Klaus Mann señaló: «Nunca hacía las cosas a medias, su caída rápida y catastrófica parece magníficamente estilizada, reforzada melodramáticamente, como antes lo fue su triunfo.»[213]

En su lugar, la bailarina La Jana, cuyo verdadero nombre era Henny Hiebel y que más tarde sería cortejada tanto por el príncipe heredero Guillermo de Prusia como por Joseph Goebbels, rompió todos los registros de público como estrella de revistas y filmes tales como la limpia épica nudista *Wege zur Kraft und Schönheit* [Caminos a la fuerza y la belleza]. Con la llegada del nacionalsocialismo, la desnudez no fue prohibida sino simplemente redefinida: el nuevo «arte de la danza alemán» se caracterizó por el fortalecimiento y la celebración de cuerpos «sanos», y lo que debía ser considerado sano fue poco más tarde determinado por las leyes morales y raciales del nacionalsocialismo. Más que en el del hombre, la constitución del «cuerpo del pueblo» tuvo lugar en el cuerpo femenino.[214] Incluso la célebre bailarina libre Mary Wigman —en realidad Marie Wiegmann de Hannover— creía percibir el «destino común de una raza» y «la llamada de la sangre» en la danza. La judía de izquierdas Valeska Gert, quien mientras tanto era vapuleada por la crítica, que la calificaba como «la más horrible [...] mujer que ha bailado y cantado y salpicado su odio de la Galitzia oriental contra todo lo alemán»,[215] comentó:

> Una representación de danza debe oler a sudor agrio, ser ética, confusa y aburrida. La genialidad es menos deseable que la solidez. Debido a que el alemán medio no tiene confianza en sí mismo, sólo considera gran arte aquel que no entiende y le aburre. Mary Wigman es la única bailarina que satisface todas estas necesidades del ciudadano medio educado en Alemania y por lo tanto se ha convertido en la bailarina nacional.[216]

Durante la ceremonia inaugural de los Juegos Olímpicos de Berlín de 1936, Wigman bailó el momento culminante de una pieza en la que más de dos mil niñas alemanas representaron «gracia» y «maternidad». Valeska Gert huyó a Nueva York a través de Francia e Inglaterra y allí pudo comprobar que los nazis no eran el único grupo que utilizaba la lucha contra el desnudo femenino «malo» y a favor del «bueno» para imponer sus objetivos políticos. El alcalde de Nueva York Fiorello LaGuardia, un manifiesto opositor a Hitler, sólo quería expulsar al crimen organizado de la ciudad y mejorar las condiciones de vida de los ciudadanos, pero, al asumir su cargo en 1933, tuvo que ver cómo las reformas sociales del New Deal, con las que debía mitigarse la suerte de las masas empobrecidas, eran derogadas parcialmente en ese mismo momento, y la detención del jefe mafioso Lucky Luciano no le llevó a estar más cerca de su objetivo sino a meterse en la boca del lobo. Presionado por la corrupta administración de la ciudad, decidió, como último recurso, realizar acciones con gran resonancia en los medios de comunicación para inclinar la opinión pública en su favor: en el marco de una campaña contra los juegos de azar hizo confiscar miles de máquinas tragaperras y hundirlas en el puerto ante la prensa reunida; pero, sobre todo, en 1934 LaGuardia declaró la guerra al *burlesque.*

El *burlesque* se había desarrollado a partir del vodevil estadounidense o espectáculo de variedades y era una especie de teatro popular indecente que ofrecía como atracción principal, junto con los actos cómicos, los primeros espectáculos de *striptease.* En un Estados Unidos gris y sacudido por la Depresión, las bailarinas de *striptease* y *teasers,* que se dedicaban a quitarse una capa tras otra de sus brillantes trajes de fantasía, parecían seres fabulosos a los ojos de los atónitos y entusiasmados espectadores de todas las clases sociales. A pesar de que estos actos habían sido importados de Inglaterra en la década de 1860 por la bailarina Lydia Thompson con su mordaz *crossdressing,* el *burlesque* se había convertido en muy poco tiempo en la más estadounidense de las formas artísticas, el sueño americano en formato teatral. Las jóvenes de clase baja y de clase media baja podían transformarse en estrellas sobre los escenarios de *burlesque* y romper con los roles de género que se les ofrecían. Las artistas del *burlesque* eran diosas, amazonas, *blonde bombshells* [bombas rubias], *femmes fatales, vamps,* pero de ninguna forma *little women* [mujercitas] o *happy housewives* [amas de casa felices]. En consecuencia, había algo peligroso y rebelde que se les pegaba. «Pero no era sólo el atractivo sexual de las bailarinas lo que rebasaba los límites», destaca la investigadora del *burlesque* Jacki Willson, «sino, aún más provocativa, la capacidad de las intérpretes para sonreír, responder a la mirada del público y dirigirse a él directamente».[217] A partir de Lydia Thompson todas pasaron a ser consideradas «bellezas horrorosas», rebeldes, groseras, independientes e irre-

121

sistibles. El autor William Dean Howells explicó en una crítica: «La misión del *burlesque* es volver ridículos a dioses y hombres, satirizar a todos y a cada uno; poner en cuestión con la risa y el desprecio todo lo que es venerado y respetado.»[218]

Mientras que la descripción de Howells recuerda a Baubo, en su poema más importante, *The Bridge*, el poeta Hart Crane vio a las bailarinas de *burlesque* como María Magdalenas que mataban ritualmente a los espectadores en su papel de diosas cíclicas y los devolvían a una vida nueva con la ayuda de sus hipnóticos genitales:

> Yet to the empty trapeze of your flesh
> O Magdalene, each comes back to die alone
> Then you, the burlesque of our lust – and faith,
> Lug us back lifewards – bone by infant bone.[219]

> [Pero al trapecio vacío de tu carne,
> oh, Magdalena, cada uno regresa a morir solo
> y entonces tú, cabaret de nuestro deseo y fe,
> nos devuelves a la vida, hueso a hueso infantil.][220]

El intento de LaGuardia de proceder limpiamente contra estos espectáculos y retirar la licencia sólo a los teatros en los que tuvieran lugar representaciones obscenas condujo paradójicamente a que el aspecto emancipatorio del *burlesque* fuera asfixiado y se restablecieran los límites de clase, ya que los censores medían con diferentes raseros. La revista *Billboard* criticó: «En los clubs nocturnos de la parte alta de la ciudad, en los que hombres y mujeres pagan hasta veinte dólares por sus asientos y se ofrecen espectáculos similares, la desnudez ya no se considera inmoral.»[221] Un agravante adicional para las bailarinas de la clase obrera fue que sus mejores empleadores, los hermanos Minsky, habían conseguido ascender con sus producciones de *burlesque* desde el Lower East Side hasta el centro de Manhattan, y los propietarios y productores de musicales de Broadway y revistas de variedades aprovecharon la oportunidad de aliarse a la Iglesia, la policía y el poder judicial a fin de eliminar la competencia no deseada.

A pesar de estas y muchas otras formas de represión, el *burlesque* siguió siendo una vena vital de la imaginación estadounidense y aún hoy domina la imagen que la nación tiene de sí misma en el marco de la cultura pop. Iconos que van de Jayne Mansfield a Madonna deben al *burlesque* su puesta en escena o, como en el caso de Mae West, provienen incluso directamente de sus escenarios. Más aún: Marilyn Monroe tuvo —como testimonio viviente de la historia de amor de los estadounidenses con ella— su propia doble en el *burlesque*, Dixie Evans, quien entre 1951 y 1959 fue celebrada solamente porque en sus presentaciones representaba eventos de la vida de la diosa de Hollywood. Esto, sin embargo, no era difícil para Evans, ya que Monroe, por su parte, había modelado su personalidad cinematográfica basándose en la diosa del *burlesque* Lily St. Cyr, e incluso imitaba su forma de caminar frente a la cámara.

Lily St. Cyr, Fanny Brice, Ann Corio, Dixie Evans, Margie Hart, Sally Rand, Georgia Sothern, Tempest Storm y las otras reinas del *burlesque* estaban lejos de ser la escoria de la cultura estadounidense del entretenimiento; de hecho, influyeron directamente en el ámbito *mainstream*, en particular Gypsy Rose Lee.

«Éste es el mundo del espectáculo, esto es América [...] ésta es Gypsy Rose Lee.»[222] Así resumió Tennessee Williams la influencia universal de la artista. Lee, que nació el 9 de febrero de 1911 como Rose Louise Hovick, era lo contrario de una *blonde bombshell*: cuando actuaba de niña en espectáculos de variedades junto a su delicada hermana June, a la Gypsy mayor –que, según los criterios de la época, ni siquiera era bonita– sólo le quedaban los papeles de niño. Durante toda su vida mantuvo la forma de andar masculina y a grandes zancadas que aprendió en aquel entonces, y, por lo demás, no mostró poseer ninguna de las cualidades que normalmente ayudaban a las mujeres a tener éxito en el escenario. «En sus memorias, Morton Minsky la describe como "delgada y de pecho plano, pero [...]". Y este "pero" hacía toda la diferencia»,[223] cuenta Lucinda Jarrett en su historia del *striptease*. Sin embargo, ¿cuál era el «pero» de esta bailarina que –según sus propias declaraciones– no podía bailar, una cantante que no podía cantar y una actriz que no podía actuar?

El periodista Abel Green, que trabajaba para *Variety*, la revista de la industria del entretenimiento, y estaba acostumbrado a resumir situaciones en eslóganes, lo expresó así: «Gypsy Rose Lee [...] pone el énfasis en su IQ [coeficiente intelectual] tanto como en su SA [*sex appeal*].»[224] Claro que ésta era –al menos para las décadas de 1930 y 1940– una paradoja incomprensible e irresistible, de manera que fue necesario encontrarle de inmediato una etiqueta, «*striptease intelectual*», como si fuera una maravilla que una mujer desnuda también pudiera hablar. Las actuaciones de Lee tenían todo el potencial para convertirse en espectáculos *freak*, pero ella no se dejaba catalogar y era

Gypsy Rose Lee, fotografía publicitaria para la revista musical *Ziegfeld Follies* y portada de su autobiografía. Fotógrafo: Maurice Seymour

una campeona a la hora de comprender cuáles eran las expectativas del público e infiltrarlas. El periodista John Richmond, quien acuñó el término *«striptease intelectual»*, pregonó: «A pesar de que Gypsy necesita sólo siete minutos para su aclamado *striptease*, ha admitido que le ha costado siete semanas abrirse paso a través de *El capital* de Karl Marx.»[225] Puesto que siete semanas es un tiempo relativamente corto para dar cuenta de la obra más importante del filósofo alemán –algo que Lee, que realmente había leído *El capital* y había apoyado la alianza del Frente Popular durante la guerra civil española, tenía completamente claro–, su «confesión» suponía una doble deconstrucción. «Sus enfrentamientos públicos con aquellos que ponían en duda su inteligencia revelaban siempre el esnobismo norteamericano de su atacante. Y aun cuando no conseguía convencer a los escépticos [...] obtenía al menos publicidad, lo que en su caso era casi igual de bueno»,[226] comenta Rachel Shteir en el epílogo de la primera novela de Lee.

Si Lee –que había comenzado a actuar a los cinco años y cuyo único título era el de «doctora en *striptease*», que le había sido otorgado por seis profesores de la Universidad de Nueva York como truco publicitario– hubiera venido al mundo en otras circunstancias, se habría unido inevitablemente a la bohemia literaria de izquierdas. Sin embargo, tal como estaban las cosas, en ese momento la separaban mundos de los intelectuales que por entonces comenzaban a descubrir la fascinación del *burlesque* y acudían cada vez más a sus espectáculos, así que Lee se propuso reunir ambos mundos. A medias con un guiño y a medias en serio, les daba a sus actuaciones nombres como *No puedo desnudarme con Brahms* y *De Stravinsky a Minsky* y era, tanto dentro como fuera del escenario, tan «lista como por lo general sólo lo son las chicas feas», como expresó el pintor y artista gráfico húngaro Marcel Vértes. A Lee le molestó el sexismo implícito de la observación supuestamente humorística, y Vértes, que la admiraba sinceramente, juró que el *faux pas* se debía sólo a su miserable inglés, y que aprendería el idioma sólo por ella.[227] La prensa sensacionalista, fascinada también por la mezcla de sentido y sensibilidad de Lee, tuvo menos escrúpulos. Un periodista bromeó: «Se dice que discutiría con Joyce y Santayana en cualquier ocasión, pero me pregunto con quién discutirían estos colegas en Minsky's.»[228] Al parecer, el hombre estaba tan fascinado por los movimientos ágiles con los que Lee quitaba los alfileres que mantenían unido su traje y los lanzaba con un golpe de dedo al interior de una tuba, que no consiguió escuchar cómo durante el número ella dejaba caer opiniones sobre el arte y la literatura tanto como impertinencias y *bawdy jokes*, lo que literalmente significa «chistes sucios» y se remonta etimológicamente a Baubo y a sus bromas sexuales.

La especialidad de Lee eran los juegos de palabras y los dobles sentidos; después de ser detenida en una ocasión por la brigada contra el vicio explicó, por ejemplo: «No estaba desnuda, estaba envuelta de pies a cabeza en luz azul de proyector.»[229] Su fina sensibilidad por el lenguaje la había adquirido, por partes iguales, de escuchar en la calle y de décadas de estudios autodidactas, pese a que los libros siempre habían representado un problema durante su infancia. Aunque Rose, su madre, no censuraba la voracidad lectora de Gypsy, pesaba los libros que ésta adquiría en anticuarios y tiendas de baratijas. Después de que el fondo de la maleta que Gypsy y June compartían se hubiera roto varias veces, Rose limitó el número de libros que podían salir de gira con ellas, así que, por cada nuevo ejemplar que adquiría, Gypsy debía regalar uno antiguo. Una escena clave de las memorias de Lee tuvo lugar en el Seven Arts Book Store de Detroit, al que la joven de por entonces casi trece años, que se encontraba en la ciudad para una aparición especial, solía ir todos los días para escuchar las conversaciones de los jóvenes que discutían sobre literatura en las mesas iluminadas por velas. Mientras Gypsy se preguntaba aún cuál de los libros con descuento compraría, el «encargado» de la tienda le extendió un ejemplar delgado con los sonetos de Shakespeare; en realidad se trataba de un estudiante empleado temporalmente llamado George Davis a quien Gore Vidal calificó después como el único redactor de los Estados Unidos que respondía al universo de la literatura, por lo que los intelectuales del país lo hubieran seguido incluso hasta el *Reader's Digest*. Lee no estaba interesada especialmente en poemas isabelinos, y, sobre todo, no podía pagarlos, pero estaba tan conmovida por el gesto de Davis al tratarla como si ella perteneciera a ese ambiente que compró los sonetos y se introdujo a hurtadillas en la mesa de los jóvenes intelectuales con el libro en la mano como si éste fuera una entrada:

Fingí leer a la luz de la vela, y sostuve el libro de tal forma que el tema fuera visible. Las voces continuaron, y yo me acerqué más. «Cualquiera puede escribir», dijo una de ellas. «¿A quién pertenece la frase de que todo el mundo tiene un libro en su interior?» El elástico de mis bragas se soltó. Podía sentir cómo serpenteaba bajando por mis piernas pero no me tomé la molestia de tirar de él. Llevaba demasiada prisa. Con mi libro de sonetos apretado contra mí, salí corriendo de la tienda y llegué al vestíbulo del hotel. Podía recordar que había sitios donde escribir en un nicho detrás de los ascensores, y, mientras corría, tenía la esperanza de que estuvieran libres. Uno de los nichos estaba vacío. Encendí la luz sobre la mesa más próxima y saqué de su gaveta el papel de correspondencia del hotel. Antes de que la inspiración me abandonara, rápidamente, mojé la pluma en el tintero y la dejé allí mientras pensaba en mis palabras de apertura. La pluma arañó el papel cuando escribí: «Página uno. Escena uno.» Me detuve por un momento, y entonces agregué: «Entro en escena.»[230]

La iniciación de Gypsy Rose Lee como escritora es un reflejo de su iniciación como bailarina de *striptease*, al menos del modo en que ella eligió dejarla por escrito, y eso es lo único que importa. «Apuesto a que algo de todo ello es incluso verdad, y, si no, entonces lo es ahora»,[231] afirmó John Steinbeck acerca de sus memorias. No obstante, iban a pasar casi dos décadas hasta que Lee escribiera realmente su primera novela. Y George Davis desempeñó una vez más un papel central en ello. Lee ya era famosa cuando tropezó con él en Nueva York en 1937 y lo reconoció de inmediato como el «encargado» de la tienda Seven Arts Book Store; de ese encuentro surgió una estrecha amistad. Gypsy, que aún valoraba muchísimo el hecho de que George hubiera entendido que por entonces ella no buscaba sólo un libro sino un estilo de vida, fascinó al melancólico escritor en plena crisis creativa con su capacidad para entusiasmarse, y pronto Lee no sólo entretenía con sus anécdotas acerca de la subcultura de la industria del espectáculo a Davis, sino también a sus compañeros de piso en la casa del número 7 de Middagh Street. Carson McCullers, que era adicta a las historias de Lee, le propuso finalmente que hiciera un libro con ellas, pero Lee tenía claro que sólo podía llevar a cabo esta empresa en la atmósfera apropiada, así que hizo la genial contrapropuesta de mudarse ella también a la comunidad que Davis compartía con McCullers, W. H. Auden y Benjamin Britten. Klaus Mann, que ya había sido admirador de Anita Berber, pasaba gran parte de su tiempo en aquella comuna artística, así como también su hermana, Erika Mann, que pudo escapar de la Alemania nazi gracias a que W. H. Auden –que nunca la había visto– se casó con ella para que obtuviera un visado. A ellos se unían habitualmente invitados como Annemarie Schwarzenbach, Janet Flanner, Louis McNeice, Chester Kallman,

Oliver Smith, Salvador Dalí, Richard Wright y Solita Solano, que convirtieron la casa de Middagh Street en el centro de la producción cultural estadounidense durante el período en el que Lee escribía su novela.

The G-String Murders [Los asesinatos del tanga] fue publicado en 1941 y sacudió el mercado editorial como una bomba. La prensa, sorprendida, encontró particularmente sensacional que fueran precisamente las mujeres quienes compraran la novela policíaca e hicieran colas de varias manzanas para hacerla firmar por su autora. Esto pudo deberse, entre otras cosas, a que los personajes principales del libro eran mujeres –un elenco de *burlesque*– y a que las amistades entre las artistas constituían una parte importante de la trama. Por encima de todo, sin embargo, llamaba la atención que las bailarinas de *striptease* que aparecía en el libro fueran personas reales y no «chicas fáciles» o «mujeres descarriadas»; hasta entonces siempre habían sido descritas desde el punto de vista de alguien ajeno a esa actividad y *The G-String Murders* era literalmente el primer libro sobre el *burlesque* escrito desde dentro.

Desde que la escritora y periodista Janet Flanner recomendó la novela policíaca a su editor, allanándole así el camino al *mainstream* –en 1941 *The G-String Murders* sólo fue superada por *El hombre delgado* de Dashiell Hammett en la carrera por el título de la novela policíaca más vendida de todos los tiempos–, se instaló pese a todo el rumor de que Lee no era la *verdadera* autora; como *ghostwriter* [«negro»] se mencionó a George Davis, Craig Rice, Lee Wright, e incluso al poeta W. H. Auden, que no escribía novelas. Detrás de las difamaciones –sobre las que aún se discute, por ejemplo en la Wikipedia– se escondía la idea de que una bailarina de *striptease* no podía además escribir. Las mujeres que se desnudaban mostraban públicamente que en realidad tenían cuerpo pero no cabeza. Lee respondió a estas acusaciones con su típica capacidad de réplica, y planeó escribir una obra teatral autobiográfica titulada *The Ghost in the Woodpile* [El fantasma en la pila de leña], un juego de palabras con la frase racista «*the nigger in the woodpile*» [El negro en la pila de leña] en el que el *ghost* ocupaba el lugar del *ghostwriter*, pero finalmente se dejó persuadir para titularla *The Naked Genius* [El genio desnudo].

Los títulos de Lee tuvieron por lo general una gran fuerza: al escoger una expresión como «tanga» como título y arma criminal de su primera novela, la autora ponía visiblemente en la portada de su libro la vulva o aquello que se podía mostrar de ella. Aunque los tangas se llevaban ya en los espectáculos más arriesgados del Broadway de la era del jazz, la palabra apareció impresa por primera vez a finales de la década de 1930 en la revista *Variety*. En las décadas de 1930 y 1940 los espectáculos se distinguían entre aquellos en los que las bailarinas se quitaban hasta el tanga y aquellos en los que no. En los espectáculos «fuertes» lo hacían, mientras que en los «débiles» o «bonitos» las bailarinas tenían que llevar unas bragas de red porque la policía podía aparecer en cualquier momento. La campaña contra el *burlesque* iniciada por LaGuardia expulsó de este tipo de espectáculo en primer lugar los tangas;[232] por esa razón, la elección del título por parte de Lee fue también una decisión política. Lee escribió incluso a la editorial Simon & Schuster, y propuso:

¿Qué tal suena para la sobrecubierta la fotografía de cuerpo entero de una bailarina de *striptease?* Medio desnuda. El tanga está hecho de lentejuelas plateadas. (Bastante barato, esto de las lentejuelas.) Sobre ella se pega una falda compuesta por un trozo de papel aparte, ya sabe, como en las tarjetas de cumpleaños. Y cuando los compradores levantan la falda, el tanga les encandila.[233]

El editor no se atrevió a ir tan lejos, pero sí mantuvo el título *The G-String Murders*, lo que en cualquier caso fue una muestra de coraje. Cuando el libro fue adaptado al cine, en 1943, con Barbara Stanwyck en el papel principal, los productores reemplazaron el escandaloso título por el de *Lady of Burlesque* [*La estrella de variedades*, en España].

Superficialmente, el libro trata de un elenco de *burlesque* cuya estrella es asesinada. Detrás del crimen se halla una amenaza para toda la profesión, ya que cualquier indicio de criminalidad en ella implica el riesgo de perder el permiso para practicarla y con él los medios de subsistencia. Dolly Baxter, una de las bailarinas, explica a Gypsy, que aparece en la novela con su propio nombre:

> Este nuevo jefe de la oficina de Inspección tiene fichada al Old Opera [alias Minsky's] desde que ocupa el puesto. Programa de reforma o algo así. Todo lo que necesita es un veredicto de culpabilidad y revocará la licencia. ¿Por qué crees que Moss [alias Morton Minsky] suelta una pasta para que le avisen cuando los censores llegan al cobertizo? ¿Crees que unta a todos los policías de patrulla porque quiere que ellos también conozcan el lado soleado de la vida?[234]

A las intérpretes no les queda más que continuar pese al *Stripperstrangler* [estrangulador de desnudistas], pese a la represión y —como en el caso de Dolly— pese a las ya nu-

Here's the scene in Flatbush Court at the "striptease" arraignment. (1) Attorney Weintraub... (2) Helen Greene, 23...(3) Mildred Clarke, 24...(4) Billie Holmes, 23... and (5) Evelyn Gunderson, 20.
Other Photos, Pages 5, 8 and 16.

'Strippers' Bailed THE "striptease" question comes to Flatbush Court with the arraignment of these four burlesque girls, among the 11 "strippers" arrested in Brooklyn raids. They were held in $500 bail each, for further hearing.

Recorte de periódico, *c.* 1932, Billy Rose Theatre Collection

merosas detenciones: «La última vez me dijeron que debía irme de la ciudad y no volver jamás. ¿Irme de la ciudad? Maldita sea, tengo que vivir de algo. ¿Adónde voy a ir? En la cadena de Moss ya he actuado, y en el Oeste no me conoce ni Cristo.»[235] Gypsy, que como superviviente de la Gran Depresión nunca perdió completamente su temor a la pobreza, pone de manifiesto la amenaza del desempleo bajo el efecto de la crisis de la economía mundial, tan universal que ni siquiera la cárcel y los trabajos forzados eran suficiente como elemento disuasorio. Dolly continúa:

«Cuando dicen "trabajos forzados" no bromean. [...] A mí me metieron en la lavandería. Durante diez días estuve de pie sobre una tina y fregué sábanas grandes y ropa sucia. Me dieron un jabón que era tan jodidamente fuerte que me corroyó toda la piel de las ma-

133

nos, cuando comenzaron a sangrar la celadora me dio algo para ponerme encima. Dios mío, cómo dolían. Casi me destrocé la espalda de tanto agacharme, y por estar plantada de pie de seis a seis en un charco sucio me pillé la neuritis que todavía me da quebraderos de cabeza.» Se rió, era una risa sin alegría. «Dolly Baxter», dijo. «Pila ocho, jabón estadounidense para el hogar.» Fue algo así como una señal para entrar en acción.[236]

Pero Gypsy y las otras bailarinas en *The G-String Murders* no son en absoluto víctimas indefensas. Son glamurosas, graciosas, listas y, sobre todo, dan mucha guerra. Dado que sus adversarios, «Censura *versus Burlesque*», deben convencer al jurado de la opinión pública, de lo que se trata aquí sobre todo es de una cuestión de representación. Tras una redada, la compañía de Gypsy no es trasladada a la cárcel en el coche de la policía sino en un Cadillac alquilado, y convierte la detención en un espectáculo de *striptease* en plena calle.

El policía nos ordenó bajar del coche y seguirle, mientras que otro policía conducía hasta la parte trasera. Jannine y Sandra bajaron del automóvil y sonrieron cuando dispararon las cámaras. Sandra se levantó ligeramente la falda mientras subía las escaleras, se volvió y le guiñó el ojo a uno de los fotógrafos. «La fotografía la utilizan seguro», le dijo a Jannine mientras pasaban por entre las lámparas verdes.[237]

Esta y otras escenas se basan en la espectacular redada que tuvo lugar durante el estreno de un nuevo número de Lee, *Ilusión*. Además, también confluyeron en el libro las experiencias de sus compañeras de elenco, por ejemplo la vista judicial en la que la bailarina exótica Nudina metió a su serpiente en la sala de la audiencia, a consecuencia de lo cual dos espectadores se desmayaron y los rostros de los jurados se tiñeron de verde, pero Nudina fue absuelta. El modelo para todos estos informes era la historia de Friné ante los jueces, legendaria en los círculos de bailarinas desnudistas. Friné fue una hetera griega del siglo IV antes de nuestra era. Ateneo de Náucratis narra en su obra *El banquete de los eruditos* cómo después de la destrucción de los muros de Tebas ella ofreció reconstruirlos si, a cambio, los tebanos ponían en ellos la inscripción: «Alejandro las destruyó y fueron reconstruidas por la prostituta Friné».[238] Huelga decir que los tebanos rechazaron la propuesta, indignados. La hetera de lengua afilada era considerada la mujer más bella de su tiempo; en los rituales en honor de Afrodita, ella encarnaba a la diosa y gozaba por esta razón de gran popularidad. William Sanger escribe, en su historia de la prostitución:

En un determinado momento de la ceremonia [...] ella aparecía en la escalinata del templo junto a la orilla con sus vestidos ordinarios y comenzaba a desnudarse lentamente ante los ojos de la multitud. A continuación, se dirigía al agua, se zambullía en las olas y realizaba su ofrenda. [...] Regresaba como una sirena, se secaba el cabello, del que caía el agua sobre sus exquisitos miembros, y se detenía un momento en esa posición. La multitud aplaudía frenética de excitación cuando la bella sacerdotisa desaparecía en una celda del templo.[239]

Nickie Roberts, antigua bailarina de *striptease* y autora de libros sobre la industria del sexo, escribe también, en su historia de la prostitución:

Sanger (él mismo «frenético de excitación» aparentemente) describe la representación ritual del nacimiento de Afrodita de las olas. Para los ciudadanos de Atenas, el *striptease* ceremonial de Friné la convertía en la viva encarnación de la diosa y, como tal, en la destinataria de un enorme respeto.[240]

Sin embargo, esto no libró a Friné de ser acusada de *«asebeia»* –es decir, blasfema– por exhibirse desnuda en público y de tener que defenderse ante un tribunal de ciudadanos, el así llamado *«Areópago»*. El juicio fue mal desde el primer momento: los jueces eran parciales y el ambiente, de hostilidad. «Ella era una prostituta y vivía con un esplendor opulento; era educada e independiente. En una frase, era lo opuesto a la ateniense modelo, que debía ser sumisa e invisible»,[241] resume el problema Nickie Roberts.

Pero Friné, cuya carrera meteórica se parece a la de Lee, sabía qué hacer. Se soltó el cabello, se quitó el manto y presentó su cuerpo al tribunal como «prueba» de su inocencia. Según la leyenda, en la sala de la audiencia se extendió un terror sagrado porque los jueces –como la multitud que se encontraba fuera del templo– vieron en el cuerpo desnudo de Friné a la diosa Afrodita: una diosa estaba por encima de las leyes humanas, y la hetera fue absuelta por unanimidad.

El dramático desnudo de Friné encontró lugar en los ámbitos más diversos de la producción artística. En el de la pintura debe mencionarse en primer lugar el cuadro de Jean-Léon Gérôme *Friné ante los jueces*, de 1861. No obstante, Gérôme se basa en una versión posterior según la cual el defensor de Friné fue Hipérides, quien, con las palabras «Tanta belleza no puede ser una blasfemia», le arrancó la ropa. Mientras que la Friné histórica había con-

136

seguido mediante su desnudo una victoria de la subjetividad femenina autodeterminada, la Friné de Gérôme es presentada en actitud pasiva ante los jueces y especialmente, a través de un hábil giro del cuerpo, ante el espectador, imaginado como hombre. Con el fin de subrayar que ella es la que es observada y no la que observa, se cubre la cara con los brazos.

En 1922, la bailarina desnudista alemana Lola Bach, que más tarde inspiraría la *Lolita* de Nabokov, consiguió convertir una pena de cárcel que parecía segura en una de libertad condicional con la «táctica Friné».[242] En 1925, una colega de Lee, Mademoiselle Fifi, incluso obtuvo en Estados Unidos una sentencia absolutoria reproduciendo su baile desnudista ante la corte.[243]

En 1926, la actriz, guionista y directora cinematográfica Mae West trató de continuar la estela de estos éxitos e insistió en presentar en la corte para su aprobación las escenas censuradas por obscenas de la primera pieza teatral escrita y producida por ella misma, *Sexo*. A diferencia de Friné, West fue condenada a pagar quinientos dólares de multa y tuvo que cumplir una breve pena de prisión en Devil's Island. El proceso en su contra tuvo dos consecuencias; por un lado, West estudió la homosexualidad en prisión y sobre ella escribió posteriormente su segunda obra, *El travestido*.[244] Por otro lado, en el baile reproducido ante la corte, el *shimmy* —el cual, según la escritora y antropóloga afroamericana Zora Neale Hurston, tenía una mayor semejanza con el de los locales donde los negros bebían aguardiente destilado por ellos mismos que con el de los burdeles de blancos—,[245] West unificó los actos de *strip* y de *tease*, que hasta entonces habían estado separados, y contribuyó así de forma significativa al desarrollo del *striptease*.

La primera parte de esta palabra compuesta inglesa significa «quitarse», «arrojar», «desnudarse». Aunque *strip* es utilizado a menudo como metonimia, el desnudarse a secas no es ningún *striptease*. Gypsy Rose Lee explicó: «Una mujer no se quita la ropa como si fueran las pieles de una cebolla. Eso me haría llorar.»[246]

Sin embargo, es lo que sucedía en el *stripact* clásico: Anne Toebe, considerada la primera bailarina de *striptease*, celebró grandes éxitos en Minsky's durante la década de 1920 con su rutina de baño. El número comenzaba con una fila de coristas en albornoces de baño largos hasta el suelo. Cada una de ellas cantaba una línea del éxito del *burlesque* «*Do you want to see a little more of me?*» [¿Quieres ver un poco más de mí?] y a continuación se abría el albornoz, bajo el cual no llevaba más que un traje de baño. En el momento culminante de la canción entraba en escena Toebe, pero ella no llevaba traje de baño bajo su albornoz sino un traje de color carne que le cubría todo el cuerpo y que había sido impuesto por la censura pero que, con la iluminación adecuada, creaba la ilusión de desnudez total. El público casi se rompía los brazos aplaudiendo.[247]

Por contra, la primera *teaserin* fue Carrie Finnel, más conocida como «la chica con las piernas de cien mil dólares». Ella también fue una de las estrellas de Minsky's en la década de 1920, ella también se desnudaba, aunque más lentamente, abandonaba el escenario después de quitarse todas las prendas o paseaba por la pasarela construida especialmente en medio de la audiencia y conversaba con los espectadores. La diferencia entre *stripping* y *teasing* se basaba en el objetivo de la actuación: desnudarse o provocar. Cuando se hizo de ambas una única *performance* y se creó el neologismo *striptease*, la profesión de *teaserin* desapareció de la memoria colectiva. Sin importar cuánto deseaban *teasen* [excitar], las bailarinas eran llamadas *strippers* [desnudistas] de todas formas.

Por esa razón Georgia Sothern, la mejor amiga y colega de Lee –que aparece en *The G-String Murders* y en *Mother Finds a Body* [Mamá encuentra un cadáver, o un cuerpo], la siguiente novela policíaca de Lee, como Gee Gee Graham–, escribió una carta a Henry Louis Mencken en 1940 y le rogó que encontrara un nuevo nombre para su profesión. Al igual que muchas otras bailarinas, Sothern atribuía las restricciones cada vez más estrictas de LaGuardia al concepto de *stripper*, que negaba el poder comunicativo del *teasing* y reducía a las artistas a desnudistas. Para sorpresa de Sothern, Mencken, por entonces el periodista más influyente de los Estados Unidos, le respondió:

> Entiendo la urgencia de su situación. Tal vez sería una buena idea asociar el acto del *striptease* al fenómeno zoológico de la muda del plumaje o de la piel [...]. Cuando sus cuerpos crecen, langostas, cangrejos, serpientes y lagartos pierden la capa externa de su piel. El término técnico para este proceso es *ecdisis*, una palabra griega que significa «perder» o «deshacerse». [...] Esto da como resultado... *ekdysiasta*.[248]

Georgia Sothern quedó muy agradecida a H. L. Mencken y fundó la Society of Ecdysiasts, un sindicato de *strippers*, que, al ser prohibido finalmente el *burlesque* en Nueva York en 1941, dirigió una petición a Lord Chamberlain para levantar la prohibición de actuar a cambio de que las *strippers* se hicieran llamar *ekdysiastas*. La petición fue desestimada sin comentario.

Gypsy Rose Lee no fue miembro de la Society of Ecdysiasts pese a que en principio apoyaba a las organizaciones
de artistas de izquierdas. Esto se debió, por una parte, al
hecho de que ya era miembro destacado del antiguo sindicato Burlesque Artists Association, y, por otra, a sus problemas con la propuesta de Mencken. En una palabra como
striptease Lee veía su «autenticidad como artista»[249] y no
quería que la comparasen con langostas y cangrejos, que
llevan a cabo un proceso biológico, como si ella digiriera o
defecara en público sobre un escenario. «¡Me llama "ekdy-
siasta"! Este hombre es un campesino intelectual. Lo ha
sacado de un libro. ¡De un diccionario! Nosotras no tenemos plumas que perdamos luego en la muda»,[250] explicó
en una entrevista el 2 de mayo de 1940, aludiendo a las
acusaciones que tenía que escuchar cada vez que utilizaba
una palabra de más de dos sílabas en el escenario, es decir,
siempre.

Su número más famoso fue *La educación de una stripper,* con la que se presentó hasta su muerte prematura a
los cincuenta y ocho años; era una muestra representativa
de la historia del arte y de la literatura y ubicaba el acto
del *striptease* al mismo nivel que el resto de las producciones culturales de Occidente. En el filme *Tres días de amor
y de fe* de 1943, en el que realizó una aparición breve con
La educación de una stripper, uno puede observar con qué
soberanía lograba Lee exponer su cuerpo como una pintura y hojearlo como las páginas de un libro, de modo
que se hiciera imposible consumirlo sin tener en cuenta a
la persona que lo habitaba. Al hacerlo, cantaba versos
como:

When I lower my gown a fraction,
And expose a patch of shoulder,
I am not interested in your reaction,
Or in the bareness of that shoulder.
I am thinking of some paintings,
By van Gogh, or by Cézanne
Or the charm I had reading, Lady Windemere's Fan
[...] And though my thighs I have revealed
And just a bit of me remains concealed
I'm thinking of the life of Duse
Or the third chapter of The Rise and Fall of the Roman
     Empire.

[Cuando bajo mi vestido una fracción,
y expongo una parte del hombro,
no estoy interesada en tu reacción,
o en la desnudez de ese hombro,
estoy pensando en algunas pinturas,
de Van Gogh o de Cézanne
o el placer que sentí leyendo *El abanico de Lady Windemere*
[...] Y a pesar de que mis muslos he revelado
y poco de mí permanece tapado
estoy pensando en la vida de Duse
o en el capítulo tercero de *Historia de la decadencia y la
caída del Imperio romano.*][251]

Variaba el texto dependiendo de aquello de lo que se ocupaba en ese momento, pero la pieza siempre terminaba con la pregunta: «¿Cree usted que estaba pensando en el sexo?»[252] Después de todas aquellas referencias a la alta cultura, la respuesta era, en un giro típico de Gypsy: «Por supuesto que sí.»[253]

«[El *burlesque*] era su forma de quemar el sujetador»,[254] destaca la artista de *Neo Burlesque* Lindzey Martucci, y subraya cuán importante fue la contribución de bailarinas como Gypsy Rose Lee al proclamar el derecho a la libre determinación sobre sus cuerpos y mentes con las herramientas del *burlesque*, es decir, traduciéndolo en parodia, provocación, exageración, pastiche, grotesco. Y éste es precisamente el punto que retoma el movimiento de *Neo* o *New Burlesque*, en auge en Inglaterra, Estados Unidos y Australia desde mediados de la década de 1990.

> Las *ladies* del *burlesque* –desde Lydia Thompson en la década de 1860 hasta Dixie Evans [...] y sus colegas que presenciaron su fin en la década de 1960– usaron el *burlesque* a la manera de un comentario sobre su tiempo. Ahora el *New Burlesque* también está influenciado por nuestro tiempo y es su espejo,[255]

proclamó Michelle Baldwin en su libro *Burlesque (and the new bump-n-grind)* [El *burlesque* (y el nuevo baile de tipo *bump-n-grind*)]. «Debido a que el *burlesque* debe ser más grande y dos veces más estentóreo que la vida real, en él, las mujeres pueden hablar sin reservas. No sólo revelan sus cuerpos sino también sus ideas sobre la vida.»[256] Un ejemplo de ello es la bailarina Julie Atlas Muz, quien se centró en las restricciones a los derechos civiles después del 11 de septiembre de 2001 en actuaciones en las que ingresaba en escena atada y con los ojos vendados y se desnudaba quitándose cuerda tras cuerda. Al igual que en el caso de las Wau Wau Sisters, que se enfrentan a la censura con carteles de gran tamaño con la palabra *«Bleep»* sobre los pe-

142

chos, su crítica busca la complicidad del espectador y es subversiva de manera mordaz. Siguiendo el modelo del cabaret de la República de Weimar, el *New Burlesque* envuelve los contenidos políticos en boas de plumas y música y celebra en todas sus formas el deseo propio junto a las leyendas del viejo *burlesque*. Iconos como Tempest Storm y Dixie Evans, quien ahora dirige el museo del *burlesque* Exotic World, actúan regularmente en festivales como el Tease-O-Rama y son veneradas como heroínas por las nuevas artistas. Pero no sólo ellas, que superan los setenta años, sacuden de forma eficaz los estereotipos acerca de qué merece ser considerado bello y sexy. La Fat Bottom Revue de California, por ejemplo, se compone de intérpretes con sobrepeso que pese a ello presentan sus cuerpos como eróticos y deseables. Heather MacAllister, su estrella, muerta el 13 de febrero de 2007 a la edad de treinta años, explicó: «Siempre que una persona gorda sobre el escenario no es motivo de chiste, es una cuestión política. Si se le añade movimiento corporal, la danza, y finalmente la sexualidad, entonces es revolucionario.»[257] En consonancia con esto, MacAllister se hacía llamar en el escenario «Reva Lucian». Michelle Baldwin, conocida en los círculos del *Neo Burlesque* con el nombre artístico de Vivienne VaVoom, confirma:

El *burlesque* celebra a mujeres de cualquier peso, altura y color. Fortalece a las mujeres que vienen a ver estos espectáculos porque se dan cuenta de que el público valora especialmente a una persona que es bastante parecida a ellas mismas.[258]

Las mujeres reconocen esto tácitamente al representar hasta un setenta y cinco por ciento de la audiencia. A me-

Cartel del Va Va Voom Room de Nueva York que se inspira
en las representaciones de Kali

nudo, incluso, Baldwin, alias VaVoom, sólo permite el acceso de hombres a sus espectáculos con la condición de que vengan acompañados de alguna mujer, y nombra a Anita Berber y a Gypsy Rose Lee como sus modelos porque también pusieron el énfasis siempre en lo importante que eran para ellas las otras mujeres, en el escenario y entre el público. Que VaVoom se defina explícitamente como feminista es más que una declaración política, es un ataque frontal, ya que desde el comienzo del *boom* del *burlesque* se discute en los medios si las mujeres que se desnudan en público pueden llamarse feministas o no. Como si se tratara de un viaje en el tiempo al debate sobre el *striptease intelectual* en torno a Gypsy Rose Lee, las mujeres aún deben decidir si se desnudan y quieren ser una mujer o un hombre honorífico al que se le permite tener una cabeza pero no un cuerpo (femenino). Las artistas del *New Burlesque* quieren ambas cosas: vulva y raciocinio, sexo y política, pero sobre todo quieren devolver una vez más el *tease* dentro del *strip*[259] bailando.

¿EL SEXO INVISIBLE E INAUDIBLE?

Por contra, el *Moderne Lexikon der Erotik* [Enciclopedia Moderna de la Erótica] describe el *striptease* como si Anita Berber, Mae West y Gypsy Rose Lee no hubieran existido nunca:

> El *striptease* comienza generalmente con una joven que camina a grandes pasos sobre el escenario al ritmo de una marcha y pasa revista. De esta manera es representado el encarcelamiento que simboliza el animal caído en la trampa, y las miradas del «espectador» representan los barrotes de la jaula.[260]

De esta forma, a la artista de *striptease* se le niega toda voluntad de creación artística y, más todavía, se la despoja de toda voluntad. El hombre asume el papel activo como *voyeur* y la mujer, pese a llevar a cabo la verdadera acción, el pasivo, y nada de lo que haga o deje de hacer puede cambiar algo al respecto. Si bien el *Moderne Lexikon der Erotik* de 1968 ya no es tan moderno, poco ha cambiado a día de hoy en el imaginario cultural del *voyeur* masculino y de su víctima femenina.

En el cine, por ejemplo, el *voyeurismo* de hombres y mujeres se escenifica por lo general de forma antagónica.[261] En la pantalla, *La mujer junto al ojo de la cerradura*, como se titula un estudio, es impotente: carece de la autoridad para retener el control de una situación con la mirada. Esto llega tan lejos que los filmes eróticos de mujeres cineastas, por ejemplo *Beau Travail* de Sam Tayler-Woods y Claire Denis, son percibidos por la crítica como homoeróticos, como si una mirada femenina de deseo fuera impensable. En los estudios culturales se utiliza la expresión «*to-be-looked-at-ness*»[262] [la condición de ser mirado] para referirse a la situación de la mujer: ella es la que es observada, no la que observa. Reducido a una fórmula simple, el discurso occidental sobre la mirada viene a decir que –como el falo– el ojo penetra en lo que observa como en una vagina, o, en palabras de Jean-Paul Sartre, que: «Ver significa desflorar»;[263] como la mujer no tiene un pene para la penetración, carece también de poder para definir lo que ve.

Sartre es todavía más explícito: «El investigador es el cazador que sorprende una desnudez blanca y la viola con su mirada»,[264] escribe en su obra filosófica más importante, *El ser y la nada*, en la que la mirada es un instrumento de autoridad, y al objeto observado, lleno de angustiada vergüenza, no le queda más remedio que dejarse someter. Una tradición ininterrumpida se remonta desde Sartre hasta Hegel y describe la lucha por la violencia de la mirada como una lucha desesperada por la transformación en sujeto y la subjetividad, por la dominación y el sometimiento.[265] «El sujeto crea su propio "tú" (o "no yo", como se lee en Fichte) a través de la mirada, al que nada puede replicársele»,[266] explica la filósofa Christina von Braun. «En cierto modo, se podría decir que la diferencia entre el ver y el ser visto se ha superpuesto a las diferencias de género e incluso tal vez las ha usurpado. La masculinidad es definida por el ver, la feminidad por el ser visto.»[267]

¿Qué hay para ver, entonces, si el genital de la mujer, en cuanto metonimia del sexo femenino, sólo simboliza la ausencia de algo? Esto es más que una paradoja, es un paradigma, en el que Roland Barthes profundiza al referirse al *striptease:*

> El *striptease* [...] se encuentra atrapado en una contradicción: quitarle significado sexual a la mujer en el momento en que se desnuda. [...] [L]a mujer desnuda misma [permanece] irreal, lisa y cerrada como un hermoso objeto brillante que, precisamente por su extravagancia, es sustraído al alcance humano.[268]

Como esto no explica por qué masas de seres humanos contemplan a estas mujeres desnudas y despojadas de su sexualidad, Barthes llega a la sorprendente conclusión de que el objeto de estas representaciones sería «vacunar al público con una pizca de mal para poder arrojarlo enseguida [...] inmunizado».[269] Sorprendente, por supuesto, sólo si no se ha leído con la Biblia en la mano *Mitologías*, en el que se encuentra el pequeño ensayo sobre el *striptease*, ya que el mal tiene un nombre en Barthes y, de hecho, es el mismo que en la historia de la Creación: se trata del genital femenino. Y aquello que lo hace tan malo es que amenaza al espectador masculino con la posibilidad de la castración, aunque no a través de un acto específico, como la *vagina dentata*, sino siendo lo que supuestamente es: la falta, el lugar vacío, la nada. De ahí que la tarea del *voyeur* en este antiespectáculo es hacer con su mirada que el peligroso genital se convierta en piedra. Barthes habla de la «minuciosa conjuración del sexo».[270] Esto es aún más importante por cuanto la amenaza de castración siempre es también –puesto que sólo puede ver quien tiene un pene– la amenaza de la pérdida de la vista.

Ya en el mundo árabe existía la idea de que la vagina podía arrancar de un mordisco los ojos del hombre que fuera tan valiente o tan tonto como para mirar en ella: Catherine Blackledge menciona la historia del sultán de Damasco, que perdió la vista de este modo y para su curación tuvo que peregrinar hasta la estatua milagrosa de la Virgen en Cerdeña, «cuya vagina, por supuesto, está cubierta por su himen imperecedero».[271] En la mitología antigua, Erimanto fue cegado por Afrodita en venganza por haberla espiado durante su baño. En la mitología cristiana, el niño que vio a Santa Inés, que había sido desnudada a la fuerza, perdió la vista, así como los cincuenta y tres espectadores del martirio de la santa desnuda Epistene. Y en Suabia aún existe un dicho según el cual un muchacho puede quedarse ciego si se recuesta en un árbol cuando hay una chica encaramada a una de sus ramas.[272]

Probablemente la versión más conocida de este mito

148

popular se encuentre en la historia de Lady Godiva, que desde el siglo XVI ha sido enriquecida con un episodio en el que *peeping* Tom [Tom, el mirón] echa una mirada a través de un agujero en la pared, ve a la amazona desnuda y a continuación, literalmente, los ojos se le caen de la cabeza. Sigmund Freud tomó la difusión de leyendas de este tipo como una prueba de su tesis de las «molestias visuales psicogénicas». Freud explicó:

> En cuanto al ojo, solemos traducir del siguiente modo los oscuros procesos psíquicos que sobrevienen a raíz de la represión del placer sexual de ver y de la génesis de la perturbación psicógena de la visión. Es como si en el individuo se elevara una voz castigadora que dijese: «Puesto que quieres abusar de tu órgano de la vista para un maligno placer sensual, te está bien empleado que no veas nada más», aprobando así el desenlace del proceso. Ahí está implícita la idea del talión, y en verdad explicamos la perturbación psicógena de la visión de un modo coincidente con la saga, el mito, la leyenda.[273]

El recurso por parte de Freud a leyendas supuestas o reales resulta del hecho de que a comienzos del siglo pasado ya no había nadie que pudiera afirmar en serio que los genitales femeninos reales eran un agujero negro, una mandíbula dentada o la garganta del infierno. El sexo femenino *imaginario*, por contra, era en gran parte *terra incognita*, y, por tanto, libremente definible. Basándose en Freud o en Jacques Lacan, quien a su vez se basó en Freud, esta tradición es continuada especialmente por los representantes de la tendencia psicoanalítica entre los posmodernistas. Así, Jean Baudrillard, el colega de Roland Barthes, está convencido también de que el sexo femenino no puede ser hecho visible porque en el acto de *desvestirlo* sería *revestido* con un «arsenal de signos y marcas».[274] Al mismo tiempo, su ensayo «El *striptease*» comienza supuestamente como un reconocimiento al ritual del desnudamiento realizado tradicionalmente por las mujeres:

> La bailarina de *striptease* es una diosa [...] y la prohibición lanzada sobre ella, la que ella traza a su alrededor, no significa que no se le pueda *tomar* nada (no poder pasar al *acting-out* sexual: esa situación represiva es la del mal *strip*), sino que no se le puede *dar* nada, porque ella se lo da todo a sí misma, y de allí proviene esa lograda trascendencia que constituye su fascinación.[275]

Así como Umberto Eco habla de la «teología» del *striptease*, de las «tablas mágicas» y de la «reunión religiosa» que se dispensaría a los espectadores de este espectáculo,[276] y Jean Cocteau interpretó el ansia de grandes iconos del *strip* en la década de 1930 como un signo de que el público quería ver a una diosa, Baudrillard también reconoce rudimentos del *striptease* mítico en el espectáculo que tiene lugar sobre el escenario. Además, señala incluso que el destinatario del ritual es, en realidad, una mujer: la bailarina misma, sus acompañantes y las potenciales espectadoras, una afirmación que puede volver a encontrarse no sólo en Gypsy Rose Lee y Vivienne VaVoom, sino en casi todos los relatos autobiográficos de bailarinas de *striptease*.[277]

Después de estas observaciones se necesita una habilidad retórica particular para meter a presión a las bailarinas en un sistema de definición según el cual no pueden actuar de forma independiente, ni ver, y además su sexo no existe. Baudrillard lo hace así:

La lentitud de los gestos es la del sacerdocio y la transustanciación. No la del pan y el vino, en este caso, sino la del cuerpo en falo. Cada prenda que cae no acerca el desnudo a la «verdad» desnuda del sexo [...]; al caer cada prenda designa como falo aquello que desnuda; a una prenda sigue otra y el juego se profundiza a medida que, al ritmo del *strip*, el cuerpo emerge cada vez más como imagen fálica.[278]

A través de un simple encadenamiento de asociaciones, Baudrillard transforma a la diosa arcaica del principio de su excurso primero en un sacerdote cristiano y después en el falo, y, con ello, convierte el *striptease* de comunicación ritual femenina a cifra de una lingüística definida por los hombres. Pero también el uso del término «falo» oscila en Baudrillard de lo metafórico a lo concreto; así, falo bien puede significar simplemente pene, como aclara el autor una página después: «El cuerpo ideal que este estatuto dibuja es el de la maniquí. La maniquí ofrece el modelo de toda esta instrumentación fálica del cuerpo. La palabra lo dice: *manne-ken*, "pequeño hombre", niño o pene.»[279] En palabras del éxito del *burlesque* «*A pretty girl is like a melody*» [Una chica bonita es como una melodía], se trataría de: *A pretty girl is like a penis* [Una chica bonita es como un pene].

Sin embargo, en el orden dominado por el genital masculino, por más que Baudrillard quiera caracterizar a la mujer como falo, finalmente ésta seguirá siendo la falta, el «sitio vertiginoso»,[280] el baldío. Baudrillard llega a la conclusión de que:

La fascinación del *striptease* como espectáculo de la castración provendría, por lo tanto, de la inminencia de

151

descubrir, o más bien de buscar y jamás lograr descubrir, o mejor aún, de buscar por todos los medios y no descubrir, que no hay nada que encontrar.[281]

¿Un gran esfuerzo para un resultado modesto? No, en absoluto. Luce Irigaray, quien fue la alumna favorita de Jacques Lacan hasta que allanó la mirada al sexo femenino con su tesis doctoral *Spekulum* [Espejo], comentó:

> El psicoanálisis monopoliza el discurso de la verdad sobre la sexualidad femenina. Un discurso que dice la verdad sobre la lógica de esa verdad: precisamente, que lo femenino sólo tiene lugar en el interior de modelos y leyes que han sido promulgados por sujetos masculinos. Lo que implica que no existen realmente dos sexos sino sólo uno. Una sola práctica y representación de lo sexual. Con su historia, sus necesidades, sus reversos, sus carencias, su negativo o negativos [...] cuyo soporte es el sexo femenino.[282]

Si se piensa en ello de forma consecuente, se trata de una versión moderna del Génesis en la que la mujer proviene del hombre, aunque no de su costilla sino de su falo. Y en lugar de Dios, quien asume el trabajo de la Creación en lugar de la mujer y recibe el crédito correspondiente es «el padre», el creador y guardián del orden simbólico según esta escuela, como explica Irigaray:

> En efecto, la mujer jamás saldría del complejo de Edipo. Ella siempre permanecería obsesionada por el deseo del padre, sometida al padre y a su ley por miedo a perder su amor: lo único que estaría en condiciones de otorgarle a ella algún tipo de valor.[283]

152

Para ir aún más lejos, de lo que se trata aquí es de la transformación del falo en la vulva, y, por lo tanto, es lógico que el genital femenino se haga invisible, ya que, con ello, la usurpación de todas sus cualidades resulta menos llamativa. Finalmente, el hecho doloroso y difícil de ignorar de que son las mujeres las que *dan a luz* a los hijos nunca puede ser negado por completo haciendo referencia a la capacidad creadora del genital masculino, pero sí puede ser reinterpretado, como hace Irigaray:

> Además, la mujer sólo se completaría a sí misma en la maternidad, en el traer al mundo un niño que sea «sustituto del pene» y, si la suerte es completa, sea él mismo el poseedor de uno. La realización perfecta del convertirse en mujer consistiría, según Freud, en reproducir el sexo masculino desatendiendo el propio.[284]

Puesto que, según esta lógica, la añoranza del falo por parte de la mujer jamás puede ser satisfecha del todo —ya que se trata de ocultar con todas las fuerzas que aquello que ella anhela es en realidad la vulva—, la sugerencia constante de que ella anhela algo tiene el efecto de poner aún más de manifiesto su carencia, establecida por definición. También la repetición insistente de que el sexo femenino es un baldío empieza aquí, al fin, a tener sentido. Mejor dicho: es la motivación detrás de la atribución la que se revela sin ambages. Con la no existencia imaginaria del genital femenino se abordan en realidad otras no existencias. Jacques Lacan escribe:

> La mujer sólo existe excluida de la naturaleza de las cosas que es la de las palabras, y hay que decirlo: si de algo se quejan actualmente las mujeres es justamente de

eso, sólo que no saben lo que dicen, y allí reside la diferencia entre ellas y yo.[285]

En pocas palabras: como la mujer no tiene genital no puede hablar «con sensatez».

TEXTO Y TEXTIL

Puesto que a la mujer se le niega el derecho a la producción autónoma de sentido, parece casi un sarcasmo que Roland Barthes compare el acto de escribir con el del *striptease*:[286] en este sentido escribir se entiende como una revelación o un desnudo, como revelación de uno mismo y nuevo envoltorio, claro que sólo si se tiene algo que pueda ser revelado, es decir, un falo, que es a la vez ojo y boca. Si se considera con más detenimiento, la elección del *striptease* para dar cuenta de este tipo de procedimiento de exclusión no es realmente muy feliz, ya que en la palabra se oculta, como un recuerdo, otra historia diferente.

Si *stripping* significa «desnudar», *teasing* significa «tomar el pelo», «burlarse» y «bromear», y corresponde a la palabra alemana —ya obsoleta— «*schäkern*» [bromear]. «*Schäkern*» es sinónimo también de «*scherzen*» [hacer bromas] y de «*Schalk treiben*» [hacerse el gracioso] y proviene del yiddish «*chek*», que puede ser traducido como «seno» o «regazo femenino». Al menos a este nivel, el pubis femenino está, pues, completamente incorporado en el *striptease*, y es, de hecho, un pubis bromista y burlón. Pero eso no es todo.

En la mitología, el hablar en público y la escritura tienen también una tradición femenina incluida a su vez en la palabra «*teasing*». Así, el diccionario *Langendscheidt* de inglés ofrece como primer significado para «*tease*» –antes de «flirtear» y «tomar el pelo»– «peinar la lana» y «rastrillar el lino», actividades que, en el marco de la división sexual del trabajo, fueron realizadas principalmente por mujeres y con mujeres. El lino no sólo era la materia prima con la que fueron confeccionados los lienzos de las grandes pinturas del arte occidental; en las culturas árabes sobre todo servía también para la fabricación del papel, que fue inventado en China hace alrededor de dos mil años. Los chinos utilizaban para ello trapos, bambú y viejas redes de pesca. En Egipto se tomó como base material el papiro indígena, del que proviene la palabra «papel», y en Europa los trapos sólo fueron sustituidos por fibras de madera a partir del siglo XIX. Textos y textiles siguen estando tan estrechamente vinculados como en el pasado. La literatura se compone todavía de materia, y las historias son tejidas como redes. Quien pierde el hilo debe retomarlo aunque esté embrollado. Las texturas de las telas hiladas eran utilizadas como medio de comunicación y repositorio de información mucho antes de que algo se pusiera por escrito, y los patrones de color y estructura más antiguos que fueron tejidos en las telas, rayas y cuadrados seguidos de cerca por rombos y diamantes rodeados habitualmente de pequeñas rúbricas, representaban gráficamente –aunque fuera de forma esquemática– la vulva de la mujer.[287]

En su libro *Ceros + unos*, Sadie Plant explora la historia del procesamiento de palabras y, al hacerlo, regresa una y otra vez al tratamiento de los textiles.

La producción textil fomentaba el trabajo comunitario y la sociabilidad. El tejer ya era multimedia: cuando las hilanderas, las tejedoras y las costureras cantaban, tarareaban una melodía o contaban una historia mientras trabajaban, [...] eran también, y realmente, productoras de redes.[288]

Así describe la autora la forma de trabajo que dio forma a la tradición oral y aún se deja apreciar en las gaélicas *Waulking Songs*. Las *Waulking Songs* –llamadas así por el amasado o triturado de la lana con las manos o los pies *(walking)* [caminar]–, con sus muy antiguas melodías y ritmos, no tienen textos preestablecidos: cada cantante puede decidir qué información desea transmitir o qué historia quiere contar, después de lo cual entra la siguiente cantante, que continúa hilando y entreteje su propio hilo argumental con los anteriores.

La palabra *«ogham»*, que designa los pictogramas gaélicos, se refiere también a la estrecha relación existente entre escribir/leer y el tejido. Así, Karl Gottlieb Küttner, tras su viaje a Irlanda a mediados del siglo XVIII, informó de lo siguiente:

> Es conocido que Minerva, la diosa de la sabiduría, era llamada por los egipcios Ogga [...] pero es mucho más llamativo que la palabra irlandesa *oighe* signifique guerrero, héroe o caballero y a la vez también silla de tejedor, de modo que en esta única palabra son comprendidas dos clases de las que Minerva era la responsable. Luciano dice que los galos llamaban a Hércules Ogmion, que él se sorprendió por este sobrenombre y que un druida instruido le dijo que entre los galos Hércules no personificaba la fuerza física, como entre los griegos, sino la «fuerza en la elocuencia».[289]

Nuestro procesamiento moderno de los textos, incluso, tiene lugar en máquinas que han evolucionado a partir de telares automáticos. En el siglo XIX, cuando los médicos diagnosticaban cada peculiaridad de las mujeres como histeria —una enfermedad que era atribuida a disfunciones del útero, *hystera* en griego—, Ada Lovelace, hija del poeta inglés Lord Byron, decidió que ya tenía suficiente de las «curas» ginecológicas y, en su lugar, tomó la decisión de tratarse con matemáticas; junto con el ingeniero Charles Babbage trabajó en una *máquina analítica* cuyo modelo era el artefacto más avanzado de su tiempo: el telar de Jacquard. Las limitaciones tecnológicas de aquel entonces impidieron que Babbage pudiera completar su máquina. Durante la Segunda Guerra Mundial los cálculos de Lovelace fueron el requisito previo para que Alan Turing construyera el primer ordenador capaz de funcionar. Y así, el programa que Ada Lovelace había escrito cien años antes comenzó a correr en los ordenadores del siglo XX.

Si bien la máquina que ha evolucionado a partir de un telar en la actualidad ha sido catalogada erróneamente como masculina —al hablarse de «el ordenador»—, en la *Canción de la lanza* escandinava el telar pertenecía a las valquirias, mujeres terribles que utilizaban las cabezas cortadas como pesos, las flechas como lanzaderas y las vísceras como hilos. Lo que tejían era nada menos que la vida misma. En la Grecia antigua, el hilo de la vida estaba en manos de las tres diosas del destino, las Moiras, que lo tensaban, lo medían y lo cortaban. Entre los romanos, ésta era tarea de las Parcas —de *parere*, «dar a luz»—, entre los germanos, de las Nornas. Las leyendas y los cuentos de Europa están simplemente llenos de husos cuya punzada sume en un sueño de siglos, vestidos mágicos que matan o hacen invisibles a quienes los visten y tareas mágicas de hilado o tejido para las vírgenes. Heinrich Heine se basó en el contenido mágico asociado a esta actividad al hacer cantar mostrando los dientes a los tejedores de Silesia del poema homónimo: «Alemania, tejemos tu mortaja / le entretejemos una triple maldición.»[290] Su contemporáneo, el *poeta laureate* victoriano Alfred Tennyson construyó su poema más famoso, *La dama de Shalott,* alrededor de la figura de una mujer que entreteje, en una isla sagrada, el amor y la muerte, el pasado, el presente y el futuro. Sin embargo, a diferencia de las Moiras, su dama de Shalott ya no puede ejercer directamente su influencia; de hecho, ni siquiera puede verla de forma directa. Su ojo está sometido a una prohibición de mirar, de manera que la mujer sólo percibe los destinos del mundo como sombras en un espejo mientras ella, como persona, permanece invisible e inadvertida. Sólo con su muerte la mujer, descrita como un hada, consigue ser vista en el castillo de Camelot por los caballeros cristianos, aunque ya es demasiado tarde. Así participa de la tradición del «cadáver hermoso» de la mujer que, gracias a la pasividad última de la muerte, ya no es una amenaza y puede ser acogida sin resistencia.[291] No obstante, la dama de Shalott consigue realizar un último acto de habla simbólico al escribir su nombre en la proa de la embarcación que lleva su cuerpo moribundo a Camelot. Este nombre no sólo es la última palabra que se pronuncia en el poema, sino también una especie de hilo conductor que se extiende de regreso desde Camelot, representación del poder terrenal, a la isla de la dama de Shalott, que representa una forma mágica de poder.

En Inglaterra la magia todavía es tejida: «*to weave a spell*» [tejer un hechizo], lo que trae a colación que el *spell* [hechizo] de la (palabra) mágica es el mismo *spell* que el del deletrear, el mismo de la escritura —ortográficamente correcta— y de la construcción de palabras, así como el del estar hechizado y de la atracción sexual. También el «*gla-mour*» de las bailarinas de *striptease* significa «mágico», «sobrenatural», de la raíz escocesa *glamorous* y *glamer*, es decir, la magia que hace irresistible. ¿Y qué se necesita para preparar una poción con un hechizo?

> *Round about the caldron go;*
> *In the poison'd entrails throw.—*
> *Toad, that under cold stone,*
> *Days and nights has thirty-one*
> *Swelter'd venom sleeping got,*
> *Boil thou first i' the charmed pot!*

[Demos vueltas alrededor de la caldera y echemos en ella las hediondas entrañas del sapo que dormía en las frías piedras y que por espacio de un mes ha estado destilando su veneno. [...] hierva la caldera],[292]

hace declamar Shakespeare en *Macbeth*, significativamente, a las tres célebres brujas –como las tres Parcas–, a las que hace repetir hasta el *crescendo:* «Aumente el trabajo, crezca la labor, hierva la caldera»[293] o, de modo más onomatopéyico en el original: «*Double, double, toil and trouble; / Fire, burn; and caldron, bubble.*»[294] El significado de estas palabras se encuentra sumergido, al igual que los ingredientes en el caldo ardiente, de modo que, para los espectadores del siglo XXI, las «*wyrd sisters*»[295] sólo murmuran cosas incomprensibles. De igual modo, parece extraño desde la distancia histórica que la palabra griega para «sapo», *phryne*, fuera un título honorario y le fuera otorgado a raíz de su atractivo erótico a la bella hetera que reveló su sexo de forma tan espectacular ante el tribunal de los ciudadanos. El nombre original de Friné era Mnésareté, en español «conmemoradora de la virtud». Sin embargo, como momento cumbre de las rarezas en torno al tema aparece la versión cristianizada del mito de Baubo, en el que el sapo tiene un papel central. En ella, es la Virgen María quien yerra enlutada por el país en lugar de Deméter; en vez de a su hija, María busca a su hijo y, en lugar de encontrarse con Baubo, se encuentra con un sapo que le habla de sus hijos. A la vista de la bestia agazapada, María rompe en una carcajada atronadora.[296]

Sólo con la información adicional de que el sapo es un animal mágico[297] y de que, directa o indirectamente, hace referencia a la vulva[298] adquieren sentido el hechizo, el nombre y la leyenda. Las tribus de las edades del Bronce y del Hierro que en la actualidad son caracterizadas bajo el nombre colectivo de celtas conocían a la *Señora de los sapos de Maissau*, de la que conservamos un sapo de terracota con rostro humano, pechos y vulva abierta realizado en el siglo XI antes de nuestra era por la cultura de las urnas de la Baja Austria. Y todavía hoy se encuentran tortugas votivas con vulvas grabadas en el culto mariano de Baviera y Austria; su función es aliviar los dolores uterinos.[299] Es ésa la razón, también, por la que la reina sin hijos del cuento de hadas de la Bella Durmiente se dirige a un sapo, para dar a luz nueve meses más tarde a una niña. Ya la primera historia que fue recogida por los hermanos Grimm en sus *Cuentos para la infancia y el hogar* tiene sus raíces en la sexualidad femenina: *El rey rana* comienza con una princesa que está jugando con su pelota de oro, que no por casualidad recuerda el clítoris. La caída de la pelota en el pozo señala la transición de la masturbación a la penetración, que es percibida por la princesa como espantosa e intimidatoria. Sólo la rana –que es utilizada de forma análoga al sapo en cuentos y mitos– puede ayudar a la princesa a recuperar su deseo sexual y a recoger el balón de oro del pozo. Sin embargo, para ello, la princesa debe aceptar primero a la rana y, así, a su vulva, lo que en el relato de Jacob y Wilhelm Grimm sólo sucede por orden del padre y aun así, en el mejor de los casos, con poco entusiasmo. El misterioso final de la historia –la princesa arroja a la rana contra la pared, tras lo cual ésta, en un giro poco típico en los cuentos de hadas, se convierte en un príncipe al que la princesa besa en lugar de al rey de las ranas en prácticamente todas las ilustraciones– señala que aquí se superponen dos historias: la del héroe que es muerto por la diosa –lanzado contra la pared– y despertado de nuevo por ella –transformado en un príncipe– y el de la princesa que acepta como parte de su personalidad a *«die Fretsche»*, como es llamada la rana en los cuentos de hadas, para que su libido y su espíritu de contradicción –*«fretsche»* significa «desvergonzado» en el dialecto de Hesse– puedan vivir.

Sin embargo, ya en la Antigüedad clásica comenzó la pérdida de prestigio de la rana. Si el nombre Friné era relacionado todavía con la sensualidad de la famosa hetera, ya Aristófanes lo utilizó para designar a una prostituta fea y con una enfermedad (venérea). En general, se creía que el contacto con sapos debía causar verrugas y producir deformaciones y, a través de los siglos, éstos se convirtieron en portadores de malas noticias –*«Unkenrufe»* [expresiones de mal agüero]– y en animal heráldico del diablo. En el lenguaje coloquial alemán son sinónimo de ancianas cachondas, *«Unken»* [sapos], o de jóvenes poco atractivas hambrientas de sexo, *«freche Kröten»* [sapos frescos].

Regresando al *striptease*, tras este excurso sobre el sexo supuestamente invisible e inaudible, sobre la conexión entre tejido y relato y sobre los telares y los sapos en los cuentos de hadas: la ausencia de simbolizaciones positivas e in-

Portada del libro
Erotische Märchen
[Cuentos de hadas
eróticos], editado por
Peter Schalk

cluso de aceptación general del genital femenino significa
que su presentación –como texto o cuerpo textual– es, en
los hechos, un trabajo complejo. No porque la vulva sería
revestida con un «arsenal de signos y marcas»[300] en el acto
de desnudarse, sino porque su revelación, en el caso de ser
subversiva, también es siempre un desenmascaramiento de
atribuciones y tergiversaciones, un reconquistar y redefinir
la vulva y la mirada, como enfatiza la artista de *performan-*
ce Joanna Frueh: «El erotismo requiere una conexión en la
que la mirada del otro es y a la vez no es esencialmente alie-
nante.»[301] Se trata de «amor a uno mismo y autoestima»,[302]
pero sobre todo de disfrutar del ver y ser visto.

162

DESNUDO Y ACTO

En el arte producido en Occidente, el genital femenino es «señalado» principalmente con el gesto púdico de cubrir la vulva con la mano. Esto conduce a la paradójica situación de que, de la *Afrodita* de Praxíteles a *El nacimiento de Venus* de Botticelli —en realidad, la personificación del tipo ideal de la mujer de su tiempo—, las *veneri pudicae* o Venus púdicas, al llevar una mano ante el pubis como si se tratara de un tachón en la pintura, recuerdan que tienen algo que esconder que es mejor que no salga a la luz. Al estudiar la postura corporal de diferentes estatuas de Afrodita tomando en consideración la fisonomía antigua, la historiadora del arte Wiltrud Neumer-Pfau llegó a la conclusión de que ésta no es una interpretación moder-

Sandro Botticelli,
El nacimiento de Venus
(fragmento), 1485

na incorrecta, sino que el gesto expresa realmente debilidad de carácter. *Pudica* –del latín *pudere*, «avergonzarse»– personificaba en la antigua Grecia la virtud de la modestia, es decir, *aidos*. Pero *aidos* significaba tanto «vergüenza» como «aquello que causa vergüenza». Neumer-Pfau sostiene que, al poner sus manos ante lo que provoca vergüenza, las representaciones de la diosa del amor hechas en piedra señalan simultáneamente que poseen algo vergonzoso y que ellas mismas lo son en última instancia: «Esto significa que la vergüenza femenina está indisolublemente vinculada en el fondo con el comportamiento desvergonzado y la debilidad de carácter.»[303] Una interpretación que era muy conocida entre los antiguos griegos. Heródoto dice:

> Allí donde Sesostris encontraba durante sus campañas militares pueblos que eran valientes en la lucha, colocaba columnas con inscripciones [...]. Por contra, donde vencía sin resistencia, dibujaba en las columnas, junto a esta inscripción, el miembro de una mujer, para manifestar así que esos pueblos eran cobardes en la batalla.[304]

En Sicilia existen regiones donde la palabra *fesso*, que por lo demás significa «grieta» o «vulva», designa aún hoy el actuar con debilidad y de forma deshonrosa.[305] Pero nada en la vida es inequívoco: de hecho, la palabra italiana *figa* –de la misma raíz que «coño»– tiene connotaciones principalmente positivas. *Che figa* significa: «qué suerte», y algo realmente excelente es *figata*. También la frase en español «como comerle el coño a bocaos» [*sic*] expresa el mayor encanto.

Puesto que en nuestro idioma no existe una denominación amable y honrosa para la representación del sexo femenino, sugiero *vulva figata* para describir aquellas estrategias con las que artistas, escritoras y músicas violentan el gesto púdico.

EL PENE Y OTROS PINCELES

«Vuelve al cuerpo, ése es el sitio en el que se origina la mayor parte de las incoherencias de la cultura occidental»,[306] aconsejó Carolee Schneemann al invitar en 1963 a artistas y críticos de arte al estreno de su *performance Eye/ Body* en su apartamento. Así, Schneemann transformaba el ámbito privado en el sitio en el que el arte *sucedía*, lo que en sí no era nada extraordinario, aunque la artista fue una de las primeras estadounidenses en involucrar su propio cuerpo desnudo en ese proceso. Schneemann recuerda:

> Llevé la serie de fotografías [la documentación de *Eye/Body*] a Alan Solomon, que iba a ser el próximo director del Museo Judío y a organizar allí las cosas más salvajes, y recuerdo que dijo: «Si quieres pintar, pinta. Pero si lo que quieres es andar desnuda, entonces no perteneces al mundo del arte.»[307]

Ante la violencia del rechazo, Schneemann juzgó que había tocado un nervio social. «Sabía que estaba sobre la pista de algo, sólo que no sabía de qué, pero para mí estaba claro que se trataba de algo realmente importante»,[308] señaló, decidida a explorar ese territorio desconocido.

La dramatización de su cuerpo desnudo era un argumento contra el hecho de que, en cuanto artista femenina, se encontraba con limitaciones totalmente diferentes a las de sus colegas masculinos, los que la tomaban menos en serio a causa de su género. Schneemann sólo era tolerada en los círculos de *fluxus* y *happenings* –dominados por hombres– como una suerte de «mujer coartada», una *«cunt mascot»* [mascota coño], como decía ella. En su libro *More Than Meat Joy* [Más que placer carnal] comenta: «Utilizar en 1963 mi cuerpo como una extensión de mis materiales de pintura significaba interrogar y poner en peligro las líneas de demarcación mentales que limitaban la entrada de las mujeres en el Art Stud Club.»[309] George Maciunas, el fundador de *Fluxus*, fue de la misma opinión, y expulsó a Schneemann del Art Stud Club de inmediato.

De todas maneras, en la década de 1960 sus trabajos eran escasamente valorados. Allí donde eran reseñados y no se los rechazaba por considerárselos obscenos, la atención se centraba en la belleza de la artista, en su cuerpo curvilíneo y en sus implicaciones sexuales. Significativamente, los mismos críticos que únicamente se referían a la *persona* de la artista y a su *biografía* rechazaban el contenido de su trabajo por ser demasiado *narcisista* y *autobiográfico*. «Como si yo me hubiera exhibido desnuda delante de trescientas personas porque quería que me follaran»,[310] se mofó Schneemann. La autora y curadora Lucy Lippard observó:

> Los hombres pueden utilizar a mujeres bellas y eróticas como objetos o superficies neutrales, pero cuando las mujeres utilizan sus propios rostros o sus cuerpos son acusadas automáticamente de narcisismo [...], como las mujeres son percibidas como objetos sexuales se supone que cualquier mujer que exhiba su cuerpo desnudo lo hace sólo porque piensa que es hermosa.[311]

Schneemann contraatacó en 1975 con una *performance* que pasaría a los anales del arte feminista: *Interior Scroll*.

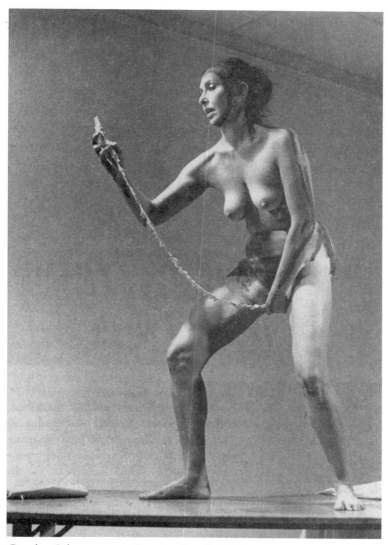

Carolee Schneemann, *Interior Scroll*, 1975

La artista comenzó con un *striptease* en cuyo transcurso señalizó con barro aquellas partes de su controvertido cuerpo desnudo que la identificaban como mujer, leyó de su libro *Cezanne, She Was a Great Painter* [Cézanne fue una gran pintora] (1974) y finalmente se llevó la mano a la vagina y extrajo de ella algo que a simple vista parecía un cordón umbilical pero que resultó ser un largo pedazo de papel enrollado, leyendo del cual Schneemann pronunció un monólogo furioso:

> Conocí a un hombre feliz,
> un director de cine estructuralista...
> Dijo: Nos gustas
> eres encantadora
> pero no nos pidas
> que veamos tus filmes
> no podemos ver algo así
> *la crisis personal*
> *la persistente sensación*
> *la sensibilidad hecha a mano.*[312]

Schneemann se hacía eco así casi textualmente de las frases hechas con las que fue descalificada durante un largo tiempo su colega Hannah Wilke, que también utilizaba su cuerpo como punto de partida para su arte y a la que la crítica consideraba maravillosa de contemplar, pero narcisista e irrelevante desde el punto de vista artístico, hasta que en la década de 1990 la artista utilizó el mismo cuerpo, ya marcado por el cáncer y abotargado por la quimioterapia, con idéntico propósito. Wilke recibió post mórtem el reconocimiento que le fue negado durante toda su vida.

Hasta ese momento había resultado escandaloso que en sus *performances* Wilke repartiera chicles que, una vez bien salivados y masticados, le eran devueltos para que modelase con ellos pequeñas vulvas y cubriese con ellas su cuerpo como con un arsenal de cicatrices rituales –como documenta en su *S.O.S. Starification Series*–, o que en *Interior Scroll* Schneemann diera la palabra a su genital, es decir, que situara en el centro de su producción aquella parte de su cuerpo que supuestamente le impedía producir arte *auténtico*. Schneemann afirmó:

> Si las tradiciones del patriarcado escinden lo femenino en inferior/glorificado, antiséptico/sangriento y santa/prostituta, y su cuerpo en partes aisladas, ¿cómo puede existir la vulva en el territorio soberano del hombre de otra forma que no sea «neutralizada»... «castrada»?[313]

Schneemann y Wilke representaron, pues, la vulva como cualquier cosa menos neutral. Wilke explicó: «Quiero crear una imagen positiva de la vulva y echar por tierra los prejuicios, las agresiones y el miedo que están conectados con *pussy* [coño], *cunt*, *büchse* [bote].»[314] En la serie basada en *Starification, Needed Erase-Her*, la artista utilizó gomas de borrar del tipo *kneaded eraser* en lugar de chicle para borrar las marcas restrictivas de la feminidad y sobrescribirlas con sus propias marcas, es decir, la vulva.

A la manera de la década de 1970, Schneemann y Wilke sacudieron con todo ello los cimientos de la producción artística y cultural que asignaban a la obra un valor objetivo e inherente. Esta idea se remonta a la doctrina de Immanuel Kant del «placer desinteresado»,[315] que tenía por contenido que «lo bello» debe ser reconocido exclusivamente con el espíritu –y de ninguna manera con las

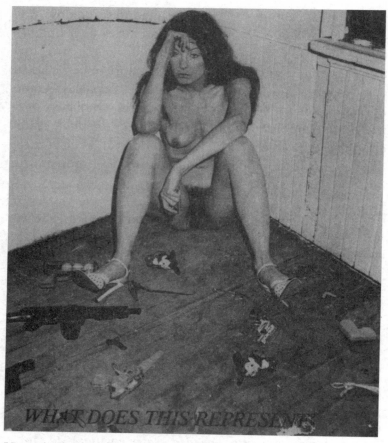

WHAT DOES THIS REPRESENT

Hannah Wilke, *What does this represent/What do you represent?*, de la serie «So Help me Hannah», 1974-1984, 60 × 40 pulgadas, b/n

percepciones sensoriales del cuerpo– y está fijado absolutamente y de forma inmanente a su esencia. Según esto, una obra de arte no tendría ni condiciones de producción ni contexto, y no habría diferentes opiniones o interpretaciones sino sólo la «verdad, la bondad, la belleza». Se trata de un enfoque que funcionó sin dificultades durante el tiempo en que los que producían arte y lo evaluaban pudieron remitirse a las mismas condiciones previas, es decir, mientras fueron prioritariamente hombres, blancos y pertenecientes a la clase media alta. Schneemann y Wilke representaban un riesgo para ese discurso dominante por su propia existencia, al igual, por ejemplo, que las artistas y los artistas de color, que también tuvieron que enfrentarse a procedimientos estructurales de exclusión. Sin embargo, que no sólo fueran reconociblemente mujeres y, con ello, el «Otro», sino también que usaran de forma agresiva esa otredad como medio para transmitir sus contenidos provocó una gran excitación en el mundo del arte, por lo general acorazado contra las conmociones.

Nadie se alteró ni tan siquiera de forma parecida [...] cuando Vito Acconci se quemó el vello del pecho, «se lo masajeó para suavizarlo y hacerlo más blando; un intento de desarrollar un pecho», después se pegó el pene entre las piernas para «continuar la transformación de género» y finalmente «alcanzó una personalidad femenina» al hacer que una mujer se arrodillara detrás de él e hiciera «desaparecer» su pene en la boca.[316]

Lucy Lippard, la principal defensora del movimiento artístico feminista en la década de 1970, hace referencia con estas afirmaciones a la actitud —en absoluto remilgada— hacia las experiencias físicas fronterizas en las que también el cuerpo de la mujer tuvo un lugar mientras se encontró bajo el control de un hombre. En la tradición del *grand art* de la Academia de París de finales del siglo XIX, el desnudo era una prerrogativa masculina; las pintoras, a las que por lo demás sólo se les permitió estudiar arte en la Academia a partir de 1897, debían contentarse con las naturalezas muertas a raíz de que supuestamente poseían un mejor ojo para los detalles –tal vez porque eran capaces de distinguir la diferencia entre una vulva y un abdomen masculino sin pene– y debido a vagas justificaciones morales. La principal diferencia entre ellas y Schneemann y Wilke consistió en que, con sus experiencias de exclusión, estas últimas ya no estaban aisladas; en las décadas de 1960 y 1970 las mujeres jóvenes se abrían paso en la escena artística con más fuerza que nunca sólo para comprobar que el sitio previsto para ellas en esa escena se encontraba todavía detrás y no delante del telón: como modelos, musas y amigas de pintores. En consecuencia, las artistas del período pusieron en el centro de su producción, aumentándola, la piedra del escándalo, que no era otra que su cuerpo «inapropiado».

En 1968 Valie Export hizo historia en las calles de Viena con su *Tapp- und Tastkino* [Cine para rozar y tocar]. El «cine» era una caja que Export se había atado al torso desnudo y el «filme» consistía en invitar a los transeúntes a tocar sus pechos. Al hacerlo, la artista mantenía todo el tiempo contacto visual con la persona que la tocaba, pero los «espectadores» reaccionaban con un fuerte malestar a su mirada fija y la primera exhibición del *Tastkino* terminó en una pelea callejera. Con su acción, Export se remitía a la *cut piece* de Yoko Ono de 1964, sólo que Ono había hecho visible y tangible la violencia contenida en la forma de mirar en Occidente entregando a los espectadores unas tijeras afiladas e invitándoles a cortar pedazos de su vestido. El efecto psicológico sobre el público había sido enorme. Las representaciones de Ono también corrían siempre el peligro de degenerar en intrusiones violentas mientras la artista permanecía sentada sobre el escenario con el rostro petrificado hasta que quedaba completamente desnuda.

Al tiempo que estas obras eran principalmente contra-artísticas —en el sentido de que se volvían *contra* los estereotipos, *contra* las estructuras y *contra* las dicotomías—, Shigeko Kubota sentó una simple señal afirmativa con su *Vagina Painting* del *Perpetual Fluxfest* de Nueva York de 1965. El título debía ser entendido literalmente: Kubota se introdujo un pincel en la vagina y, encaramada sobre una hoja de papel extendida sobre el suelo, pintó rayas rojas con sangre menstrual. Como era de esperar, *Vagina Painting* fue casi unánimemente rechazada por los críticos.

Cinco años atrás, sin embargo, la *performance* de Yves Klein *Anthropometries*, para la que instruyó a mujeres desnudas para que se untaran con YKB —azul de Yves Klein— y rodaran sobre rollos de papel ordenados por él, había sido celebrada ruidosamente. Yves Klein, que estaba de pie junto a la pieza en un impecable traje negro y dirigía a sus modelos, había señalado con entusiasmo:

A una orden mía, la carne trasladó el color a la superficie, y esto de forma absolutamente exacta. Pude permanecer a una distancia precisa de mi creación y sin embargo controlar su ejecución. De este modo ni siquiera me ensucié los dedos. El trabajo se resolvió por sí mismo frente a mis ojos gracias a la completa cooperación de las modelos. Y yo pude saludar su nacimiento al mundo material de manera adecuada, en traje.[317]

En muchos aspectos, *Anthropometries* fue una demarcación del tropo acerca de Jackson Pollock como un genio artístico que eyaculaba color sobre una tela horizontal que se le oponía y al mismo tiempo se encontraba indiscutiblemente en una tradición. El artista o creador también era para Klein —aunque éste expresase cierta aflicción iró-

173

nica– exclusivamente masculino y centrado en sí mismo, lo que resulta sorprendente ya que la madre de Klein, Marie Raymond, era ella misma una artista de éxito. La mujer era aceptada como pincel del artista, como su fantasía y su creación. El pincel que cogía él mismo un pincel, como en el caso de Kubota, parecía afectado, monstruoso e incluso herético. Finalmente, las imágenes de Pollock representaban los rastros de la inspiración divina convertidos en color, de una inspiración que –puesto que no sólo había concebido al arte sino también al conjunto de la humanidad– era naturalmente la simiente divina. Al emplear como instrumento de su propia creación su sexo –el que, según todas las reglas del arte, debía simbolizar su carencia y su impotencia y excluirla para siempre del proceso creativo–, Kubota se opuso a la equiparación dominante de pincel y pene[318] y, en un sentido amplio, de *pen = penis*, es decir, la pluma igual al pene.[319]

Sin embargo, el pene no sólo representaba el medio prioritario para la creación artística sino también el molde para su creación. Dicho de forma más banal, el artista no sólo debía ser un hombre, sino que sus cuadros debían tener también cualidades fálicas. Para el desnudo femenino esto significaba que sólo era aceptable como fetiche o falo, pero no como una expresión de la subjetividad desviada.

La fuerza normativa de esta postura tácita puede ser comprendida de forma ejemplar a través de la discusión alrededor de las obras de Judy Chicago. Si se examinan hoy en día las piezas producidas por la artista a comienzos de la década de 1960, que muestran círculos abstractos y agujeros, éstas parecen mucho menos explícitas que, por ejemplo, la Virgen de la Misericordia. Sin embargo, provocaron resistencias similares a las que enfrentó Kubota con su *Vagina Painting*. Chicago recuerda en su autobiografía:

> Cuando enseñé las imágenes a los dos docentes de la comisión examinadora, éstos se enfurecieron e hicieron objeciones irracionales a las obras. Aparentemente yo comprendía su agitación tan poco como ellos mismos. Amenazaron con retirarme su apoyo si continuaba trabajando en esa dirección. Uno de ellos murmuró enojado algo acerca de que él no podía mostrar esas imágenes a su familia. [...] Yo transmitía algo en mis trabajos que no debía estar allí. Me lo pensé y recordé una vez más los comentarios de los profesores a mis obras anteriores, dibujos y bocetos con formas esquemáticas del cuerpo femenino. «Puaj», dijo uno de esos hombres, «esto parece el pubis de una mujer.»[320]

Para comprobar si el problema era realmente las asociaciones con la vulva que producía su trabajo, Chicago realizó en la misma técnica una serie de imágenes con formas centrales erigidas que parecían un cruce entre penes y signos de exclamación, y recibió repentinamente el reconocimiento de los docentes que hasta entonces apenas habían tomado en serio su pintura. Un amigo le dio un consejo bienintencionado: «Judy, tienes que decidir si deseas ser una mujer o una artista.»[321]

Chicago no encontró tan bueno el consejo y llegó a la conclusión de que a partir de ese momento debía crear sus declaraciones visuales con mayor claridad para que sus críticos tuvieran que expresarse también de manera explícita y pública contra la representación del sexo femenino. Su obra más conocida es la polémica –hasta hoy– *Dinner Party* [La cena] de 1979: una mesa triangular dispuesta en la que están servidos tres veces trece cubiertos para treinta y nueve mujeres de la mitología y la Historia y los platos y manteles representan el genital femenino en diferentes técnicas e ilustraciones. En ella, la artista extraía, en una especie de arqueología cultural, modelos a imitar ya olvidados como Trótula de Salerno (desconocido, 1097), la primera ginecóloga del mundo, y transmitía su vida y obra con un idioma visual de imágenes a ser interpretadas de forma inequívoca como femeninas. El éxito de *Dinner Party* fue tan rompedor que hizo imposible continuar ignorando a Chicago como artista. A cambio, se la acusó de cierto esencialismo femenino que simplemente sustituía el falo por la vulva. Estas acusaciones pueden no carecer plenamente de base en todos sus aspectos, pero dicen más acerca de la atención acrecentada en paranoia con la que se siguen determinados temas que sobre la posición de Chicago en torno a la dualidad de feminidad y masculinidad. Es precisamente la seriedad y el carácter unívoco que pueden echársele en cara a las obras de Chicago los que en realidad hicieron comprensible en primer lugar sus intervenciones en el sistema artístico de la década de 1970 y tuvieron un efecto increíblemente liberador en, al menos, una generación de artistas plásticas, escritoras y mujeres activas en el periodismo. Al recordar su iniciación en el movimiento feminista, Gloria Steinem escribió:

> Esos primeros años de los descubrimientos están representados para mí por recuerdos sensoriales, como por ejemplo mi visita a la *Women House* [casa de mujeres] de Judy Chicago en Los Ángeles, donde cada habitación había sido diseñada por una artista diferente, y donde

descubrí por primera vez símbolos femeninos en mi propia cultura. (Por ejemplo, la forma que llamamos corazón –que en su simetría se parece mucho más a la vulva que al órgano asimétrico cuyo nombre lleva– es probablemente un símbolo remanente del genital femenino. Siglos de dominación masculina lo han despojado de su poder y reducido al romanticismo.)[322]

El corazón, que en las representaciones marianas de la Edad Media devolvía a María su genital –desvinculado de su función– e incluso fue adorado directamente a partir de 1170, fue considerado una obscenidad hasta finales del siglo XIX. Así, la bailarina de cancán Louise Weber, más conocida como *La Goulue* de las pinturas de Henri de Toulouse-Lautrec, llevaba un corazón rojo bordado en su ropa interior negra, que descubría cada vez que lanzaba sus piernas al aire arrojando a los espectadores a un éxtasis erótico. La censura lo intentó todo para prohibir no el arrojar la pierna al aire, sino aquel corazón obsceno, e insistió en que la ropa interior fuera totalmente negra. La imagen ampliamente difundida del corazón atravesado por una flecha no aludía originalmente al primer enamoramiento sino al coito.

En un mundo en el que supuestamente no existía ninguna imagen para representar el genital femenino, el redescubrimiento de estos símbolos fue para las artistas plásticas una fuente de increíble energía e inspiración. Los corazones, los círculos, las espirales, los laberintos, las flores –especialmente las rosas– y las formas genitales relacionadas caracterizan la pintura, la escultura e incluso la arquitectura y el diseño de las décadas de 1960 y 1970. Este redescubrimiento se produjo junto con una reevaluación feminista de la escultora Barbara Hepworth, que hacía agujeros en casi todas sus esculturas, así como de la pintora Georgia O'Keeffe, con sus imágenes de flores semejantes a vulvas. Bajo la inspiración de ambas artistas, Yayoi Kusama comenzó a cubrir cada superficie posible con manchas circulares, los así llamados lunares, que se convirtieron en su emblema; Ana Mendieta disolvió el contorno de su cuerpo en el paisaje rodeándolo de terraplenes semejantes a labios y haciendo derramarse de él pintura roja como si fuera sangre menstrual, mientras que Valie Export utilizó su género como un reto a la sociedad y posó, ametralladora en mano, con las piernas abiertas después de haber cortado el trozo de tela que debía tapar su «vergüenza» en su *Aktionshose Genitalpanik* [Pantalones acción pánico genital].

Si bien todas estas artistas abrieron puertas donde antes había paredes e incluso consiguieron ingresar en el canon —aunque en un porcentaje relativamente bajo en los museos—, Winifred Milius Lubell debió reconocer dos décadas más tarde, durante las exposiciones de sus esculturas con forma de vulva, que:

> Aunque basadas en nuestros documentos históricos y arqueológicos, estas representaciones se encontraban más allá de las experiencias culturales de mi público, les resultaban ajenas de una manera que iba en contra de mis intenciones. Era evidente que incluso los más ilustrados visualmente de entre los asistentes necesitaban ayuda para asimilar este idioma visual femenino largo tiempo olvidado.[323]

Lubell hace referencia aquí a interpretaciones de Baubo, Isis, Kali Kunda, *Sheela-Na-Gigs* y sirenas que mues-

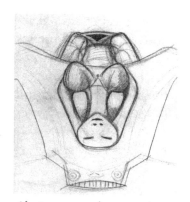

Alerón trasero de un arpón con mujer que exhibe su vulva, ajuar funerario, Siberia, siglos I-II d. C.

tran la vulva –por ejemplo, sobre la entrada principal de la Catedral de San Miguel en Lucca, Italia–, así como de la Venus de Galgenberg. Cuando esta figura de sólo 7,2 centímetros de altura que representa a una mujer bailando y posee una vagina cuidadosamente perforada en el pubis fue descubierta en 1988, superó a su célebre hermana, la Venus de Willendorf, como la escultura antropomorfa más antigua del mundo. Fascinada por los pechos grandes y las amplias caderas de la Venus de Willendorf y por la Venus de Galgenberg, decorada de forma más bien rudimentaria con excepción de los genitales, Lubell comenzó a preguntarse cómo sus descubridores habían dado con la idea de bautizarlas con el nombre de la diosa romana del amor erótico, y objeta:

> La designación casual y arbitraria de estas figuras como «Venus» o «diosa de la fertilidad» me incomoda. En el marco de nuestra herencia cultural occidental, el título de «Venus» supone un tipo de identidad sexual bien determinado [...]. La diosa romana Venus era el *alter ego* de la diosa griega Afrodita. Ambas fueron amadas y temidas por una forma muy específica de poder sexual que era definido desde una perspectiva masculina. El título de «diosa» designa a una inmortal, por lo general a la esposa de un dios, una mujer que obtiene su poder de ese dios.[324]

Históricamente, sin embargo, parece haber sido al revés, y que las diosas vinieron antes que los dioses al menos en la voluntad creadora de los humanos. Así, los hallazgos más antiguos de estatuas masculinas tienen sólo unos siete mil años, en contraste con los aproximadamente treinta mil años de la figura de Galgenberg.

PIRATAS PUNK Y «RIOT GRRRLS»

El sacar a la luz estas raíces sepultadas proveyó de oxígeno vital no sólo a las artistas visuales de las décadas de 1960 y 1970, cuyo trabajo parecía encontrarse en una habitación sin aire. También otras mujeres productoras de cultura obtuvieron con ello un contexto y una justificación; sobre todo, sus trabajos pudieron comenzar a ser «leídos», aunque con dificultades, como antes; lo que demuestra una vez más que la valoración de una obra no sólo es inmanente y objetiva, sino que también debe ser aprendida, como todas las otras técnicas culturales. La escritora Kathy Acker explicó que el encuentro con Carolee Schneemann puso fin a su aislamiento y le dio permiso «para crear una obra cuyo objetivo fuera descubrir lo que significaba ser un coño».[325] No sólo a raíz del apoyo de Schneemann, Acker –quien, debido a la sexualidad femenina explícita de sus textos, era considerada por los lectores obscena, impublicable e incluso loca–[326] se decidió contra la adaptación y a favor de un «continuar consecuente en esa dirección, yo quería realizar una labor pionera [...], lo que significaba que iba a ser una perdedora absoluta o alcanzaría realmente algo».[327]

Después de una década y media como «pirata de la literatura», como se llamó a sí misma, Acker consiguió convencer finalmente en 1984 a la influyente editorial alternativa Grove Press de publicar su texto experimental *Blood and Guts in High School* [Sangre y vísceras en el instituto]. Así, Acker pasó de la noche a la mañana de ser una punk anónima a ser considerada la más popular y controvertida de las escritoras posmodernas de su tiempo. Que integrara dibujos de la vulva en el libro –cuyo único parecido con una novela radicaba en que sus páginas también estaban numeradas– polarizó la controversia ya de por sí altamente emocional sobre su prosa. El poeta Kevin Killian recuerda: «Después de haber leído sus libros tenía miedo de ella. Tenía miedo de su sexualidad y de su inteligencia.»[328] Sin ser especialmente original, Killian concluye: «La sexualidad femenina es un tema aterrador para la mayoría de los hombres porque evoca temores de castración.»[329]

En los hechos, el estímulo inicial para escribir fue para la autora otra supuesta representación de la castración: el *striptease*. En entrevistas siempre sacaba a colación que tras la universidad había trabajado por un tiempo como bailarina desnudista:

> Por entonces había tres de esos clubs en San Diego y te llevaban en un Cadillac rosa de un club a otro. Eran locales de *striptease* anticuados, tú tenías tu acto pero no tenías que servir tragos o hablar con los clientes. Sólo tenías que bailar, bajar del escenario y subirte al Cadillac rosa y te conducían al siguiente club. Una hacía así sus rondas toda la noche y pasaba todo el tiempo con las otras chicas [...], esas mujeres podían contar las historias más fantásticas, las más inverosímiles [...]. Así que yo puse por escrito esas historias. Pero como no quería actuar como una socióloga, las narré en primera persona y

181

las mezclé con mis propios sueños. Todo el texto consistía en esas historias grandiosas.[330]

Hasta *Pussy, King of the Pirates* [Pussy, rey de los piratas], su última novela, la representación de la sexualidad femenina y el tejido de esas historias permanecieron como la preocupación central de su trabajo.[331] Junto a la banda británica The Mekons, Acker registró una adaptación en disco compacto de *Pussy* cuya finalidad era hacer la polifonía de la obra directamente perceptible de manera física, y salió de gira con los músicos apenas dos meses antes de su muerte prematura en 1997. Noche tras noche, Acker subía al escenario, miraba hacia abajo a los punks entre el público y comenzaba el concierto como un cuento de hadas o como una novela de Charles Dickens:

> Mi nombre es O. Había una vez una niña llamada Ange que a nada en el mundo podía llamar propio, como yo. Así que se fue en busca de tesoros enterrados. Yo soy la mejor amiga de Ange. Juntas revolvimos la basura en busca de tesoros enterrados. Así llegamos a Londres.[332]

Superficialmente, la búsqueda de las dos niñas se parece a la de lo que comúnmente es descrito como «la identidad». Sin embargo, Acker –que siempre se negaba a interpretar una identidad plausible de ser integrada socialmente– era muy consciente del carácter de cabeza de Jano de esta construcción. En muchos de sus libros, especialmente en *My Mother, Demonology* [Mi madre, demonología], la autora se ocupa de las obras de escritoras del siglo XIX como Charlotte y Emily Brontë o Jane Austen, para las cuales el hablar por sí mismas y en general poder decir «yo/nosotras» para, de esa manera, ser consideradas un grupo social con derechos sociales, fue una batalla central que libraron al mismo tiempo que experimentaban la idea romántica de una «identidad» inmanente al ser, que podía ser buscada y encontrada en algún sitio, como un obstáculo para el conocimiento que impedía el desarrollo de sus personajes con mecanismos similares a los de las atribuciones anteriores. En concordancia con esto, Kathy Acker no dirigió la búsqueda de O y Ange a la postulación de un «yo» tan estable e inamovible que pone en riesgo incluso la dinámica y la evolución del mundo a su alrededor, sino a la de su propia voz, para dar cuenta de su subjetividad en todos los estadios de su transformación y su desarrollo. Para ello, sin embargo, primero tuvo que ayudar a la vulva a convertirse en una voz, como contrapeso al falo elocuente que en los hombres responde claramente a la pregunta: «¿Quién soy yo?»

Hasta más allá de la primera mitad del siglo pasado la opinión era que las mujeres no sólo eran el sexo opuesto, sino que también estaban increíblemente habitadas por ese «otro», es decir, por su sexo; o bien adolecían supuestamente de un útero que merodeaba por su cuerpo y se convertían por esa razón en histéricas, o bien su espíritu se perdía en la confusa geografía de colinas, pliegues de la piel y agujeros del cuerpo. El hombre era autodeterminado e idéntico a sí mismo; por contra, la mujer estaba alienada y jamás completamente «en sí misma».[333] Esta definición no sólo equiparaba el sexo con todos los otros aspectos de la personalidad, sino que justificaba al mismo tiempo la división del trabajo entre los sexos: «Por eso no podía disponer de sí misma de manera racional, y era simplemente lógico que, por su naturaleza, no se orientara a sí misma sino que estuviera hecha para otros: el marido, los niños.»[334]

La mujer que no se resignaba a ello excedía el orden simbólico y se convertía en una amenaza para éste. El filólogo y crítico literario Hans Mayer explicó que no importa si una *femme fatale* de ese tipo actúa bien o mal en el sentido de su contexto cultural respectivo, si es «inspirada por Dios»[335] o «impulsada por motivaciones viles»:[336] actúa «de una manera *que no es la de sus obligaciones y sexo. Su acto es "no femenino"».*[337] Kathy Acker convirtió a las mujeres fatales en piratas que toman al abordaje una visión del mundo heredada, de allí también su propia caracterización como pirata de la literatura. *Pussy, King of the Pirates* es también, estrictamente hablando, *Pussy, Queen of the Pirates,* y toda su tripulación está formada por mujeres.

O y Ange siguen su rastro desde Londres hasta las costas de Brighton, donde el viento tensa las velas de sus barcos como pechos henchidos que estuvieran amamantando. Allí son recogidas por Silver, que está basada libremente en Long John Silver de *La isla del tesoro,* del mismo modo en que Pussy lo está en la famosa novela de piratas de Robert Louis Stevenson. Las amigas encuentran finalmente a las piratas en el pub de Silver, en la parte antigua de Brighton, que no se llama The Spy-Glass como en Stevenson sino Bald Headed Pub [El pub de las cabezas rapadas]. El nombre del bar es programático: cuando Kathy Acker se afeitó la cabeza al inicio de su carrera como escritora, la calvicie era considerada la última frontera a traspasar por las mujeres, que no debían mostrar su sexo sino marcarlo mediante el cabello –largo–, ya que el sistema, que por una parte insistía en el hecho de que el género y la identidad de género son inequívocos y naturales, temía por otra parte no poder clasificar los géneros con claridad de otro modo. Por esa razón, la subcultura lésbica de los

Estados Unidos utilizó el afeitado del cabello como una señal del abandono de la heterosexualización forzosa, y la banda Team Dresch cantó a ese paso en su álbum debut de 1995 *Personal Best* con los versos:

Cuando tenía dieciséis, ella me dijo
que yo estaba poseída por demonios.
Dije: ¿qué coño significa eso?
Ella dijo que no podía ser mi amiga.
Éstos fueron los peores días de mi vida.
Y a todos los chicos enfermos les encantaba atormentarme.
Así que saqué a relucir mi odio como bandera.
Mi madre lloró cuando me afeité la cabeza.[338]

Acorde con esto, también en el Bald Headed Pub las experiencias de exclusión son transformadas en armas. Morgane, la diosa Morrigan que exhibe su vulva, es una de las piratas; como Antígona, quien, en la versión de Acker del drama, no se sometió al dogma según el cual sólo una mujer muerta es una mujer buena, sino que escapó de la fosa en la que fue enterrada viva y se alejó de allí con la mejor motocicleta. En la atmósfera húmeda y oscura del pub, Antígona cuenta su historia. Sin embargo, en contraste con la versión de Sófocles, Creonte, el rey usurpador, sólo desempeña en ella un papel menor, ya que en la Antígona de Acker se aborda un conflicto más importante. Antígona declara que se volvió «salvaje» —con todas las connotaciones de la semiótica, de lo socialmente indecible, de la locura y la visión— porque Edipo estaba ciego y por lo tanto se negaba a ver a Antígona como una persona, al igual que Juan se negaría más tarde a ver a Salomé. Su canción se titula «*Antigone speaks about herself*» [Antígona habla de sí misma]:

Conozco la vida y la muerte,
ahora debo encontrar otra cosa [...]
Algo se apoderó de mí,
que no sabía si veía.
Algo se apoderó de mí,
que no sabe si ve:
Antígona se volvió salvaje
porque Edipo estaba ciego
al hecho de que mi coño se sale,
a que mi coño se vuelve salvaje.[339]

El hecho de que las novelas intertextuales de Acker distorsionaban los clásicos de la literatura mundial hasta la desfiguración le costó a su autora un procedimiento judicial por plagio. Entretanto, la técnica de *cut-up* con la que Acker arranca textos del canon y los reescribe es reconocida como la forma literaria de lo que en la música se denomina *samplig*. «A través de este procedimiento no sólo le era posible integrar su punto de vista femenino y su lenguaje, sino que al hacerlo forzaba a la "literatura masculina" a entrar en un contexto femenino»,[340] comenta la cineasta Barbara Caspar. «Ella se convirtió en *la* persona que cambió la forma en que hablamos sobre la literatura, el idioma e incluso nosotros mismos.»[341]

Si Acker había equiparado ya la vulva con la boca, a partir del canto de Antígona comenzó a reconquistar, arrebatándoselos al falocentrismo, los atributos del ojo. Para ello, las piratas llevan consigo a O y a Ange a su isla y les vendan los ojos. De la misma forma en que antes las amigas apenas vieron algo de Londres y sin embargo pudieron reconocer cómo debían orientarse, arrastrándose por la ciudad a cuatro patas, ahora apenas tienen una percepción visual de la isla del tesoro. Su iniciación consiste en superar la ceguera que resulta de la negación de la realidad vital y corporal femenina, o, en palabras de la banda Bikini Kill: «Si pudieras ver que aquello que ve, y que siempre te han contado, no existe. ¿Cómo se siente? Se siente ciego.»[342] La psicoanalista Harriet Lerner describió en un ensayo de 1974 los casos de pacientes mujeres que sufrían graves problemas de orientación. Sus dificultades para volver comprensible el mundo se correspondían con la incapacidad adquirida de explorar sus cuerpos y, por encima de todo, las partes en él que las distinguían de los hombres. Ann, una paciente de Lerner, explicó:

> Lo que yo tenía y era bueno al tacto no tenía nombre. No debía existir. Sólo los niños tenían algo afuera. Así que yo no podía tener mi clítoris y al mismo tiempo ser una niña. Nadie puede negar a un niño un pene. Nadie puede no darle un nombre o hacer un secreto de él. Tener un pene significa la licencia para tener lo que tienes.[343]

En 1974 Lerner señaló todavía tímidamente que:

> La incapacidad de Ana para comprender la «geografía» de sus genitales o su mundo exterior era en realidad una promesa a su madre de «no mirar». [...] Sin embargo, sospecho que, incluso en la mejor de las relaciones entre padres e hijo, la ausencia de un reconocimiento explícito de y de una denominación para los genitales externos de la niña, en particular el clítoris, debe tener consecuencias patógenas inevitablemente.[344]

Como en la mayoría de las historias clínicas del psicoanálisis, ésta también resulta un poco demasiado unívoca para el observador ajeno. Sin embargo, si la pérdida de orientación no se toma literalmente y, por el contrario, se lee como posible síntoma de la dificultad para situarse en el mundo, la historia es convincente de inmediato; finalmente, el cuerpo es el medio por el cual las personas están conectadas a su existencia terrenal. Las siguientes investigaciones de Lerner endurecieron sus posiciones y sacaron a la luz una sorprendente paradoja: no sólo Ann, la paciente, tenía dificultades para nombrar los órganos sexuales femeninos y así «entender», lo mismo les sucedía a aquellos que ayudaban profesionalmente a mujeres como ella. Así, según Jacques Lacan, los genitales femeninos no son otra cosa que «inconsistencias».[345] El falo es entendido a menudo como una forma completa, homogénea y sencilla, en contraste con el caos aterrador del genital femenino.[346] Monika Gsell comenta: «Es la cuestión de qué se ve en realidad cuando se ve un genital femenino. [...] La mirada que recae sobre las representaciones del genital femenino da bandazos inevitablemente.»[347] Los textos de Acker hicieron imposible apartar la mirada. Ella reinscribió vehementemente la vulva en el canon. Esto significó en primer término tiradas acusatorias llenas de rabia, como sucede con la mayoría de expediciones a un territorio literario relativamente nuevo. Así, la vulva era en sus primeros textos principalmente una herida, el lugar de la lesión y del abuso. Hasta Pussy, esta herida se transforma en una grieta en la imagen del mundo que rechaza su existencia a través de la negación y la desfiguración.

> La luna rompe
> mi coño
> y me arrastro
> a través de estos vidrios rotos.[348]

188

Con estos versos O describe la lucha por encontrar una patria en su cuerpo. Al quitarse la venda de los ojos se deshace también de las anteojeras culturales y puede ver a las piratas, que les muestran a Ange y a ella la vulva santa y sanadora. Más aún, las amigas reconocen en la isla el tesoro que buscan: la posibilidad de un mundo en el que personas como ellas tengan derecho a la existencia.

El genital femenino es el lugar de encuentro entre el interior y el exterior, donde el interior *se convierte* en exterior, el centro que no es ningún centro. En Acker, este hallazgo es presentado de manera similar al disfrute de la manzana del amor y la muerte de los mitos de creación precristianos. Así, el relato sonoro termina con las palabras de O:

Si me preguntas qué quiero, respondo
yo quiero: todo.
El mundo podrido todo tiene que derrumbarse
    sobre mí y romperse
mientras abro las piernas.[349]

La crítica se preguntó qué se suponía que significaba todo eso y rechazó mayoritariamente libro y disco compacto por considerarlos demasiado opacos y confusos. Como no había ninguna rúbrica para Kathy Acker y no encajaba en ningún cajón, siempre corrió el riesgo de desaparecer.[350] Como escritora de vanguardia éste no era un problema nuevo para ella.

Como su nombre indica, la vanguardia designa la lucha de una nueva generación por instalarse en la primera línea del proceso cultural. Sin embargo, esto requiere en primer término la conciencia de encontrarse de hecho en una continuidad a fin de ser capaz de defenderse contra ella. El lugar desde donde se habla es por lo tanto el centro del orden simbólico, la actitud de hablar pese a todo rechazo es una de afirmación. Para las mujeres, cuyo lugar en este orden debía ser el de la creación y no el de la creadora, esto representaba una paradoja prácticamente irresoluble. En sus manos, técnicas ya probadas de la vanguardia tales como el rechazo y la negativa se transformaron en herramientas del suicidio literario, debido a que el resultado obtenido, siempre con el ojo puesto en *quién* habla, apenas se diferenciaba de la mudez e invisibilidad tradicionales de la mujer. En otras palabras, si una mujer se movía más allá de las convenciones, en general no se interpretaba que ésta no *quería* cumplirlas sino que no *podía*.

En el marco de un experimento de los Social-Beat-Poets, un movimiento literario del *underground* alemán de la década de 1990, un autor y una autora participaron en noches diferentes de una lectura grupal sentándose en silencio frente a sus papeles. En la encuesta que se realizó entre el público al final del evento se puso de manifiesto una valoración del hecho llamativamente diferente: la mayoría de los espectadores y espectadoras tomó a la mujer silenciosa por la novia o la esposa de alguno de los hombres que leían o pensó que era demasiado insegura para presentar algo ella misma, mientras que el hombre silencioso fue percibido como una persona coherente y radical. Una reacción que se repitió con frecuencia fue que espectadoras y espectadores encontraron típico que los autores hubieran sentado con ellos en el escenario a una mujer silenciosa. Incluso la acción de estar sentada fue interpretada como un pasivo «ser colocada». Ninguno de los encuestados puso en entredicho, por el contrario, la decisión activa y la voluntad creadora del hombre silencioso.

No importa si a las mujeres les ha estado *prohibido* históricamente participar del proceso cultural debido a su

190

presunta disponibilidad para ser seducidas, si eran consideradas demasiado débiles, demasiado excitables, demasiado irracionales o por qué otros motivos *no* eran consideradas *capaces* para participar de este proceso: el mecanismo subyacente a la prohibición era que el hombre constituía la norma según la cual debía orientarse la expresión creativa de la mujer, del mismo modo que sus genitales fueron comparados durante siglos a los suyos. Una desviación era vista como un fracaso para alcanzar este objetivo, pero de ningún modo como una evolución de la norma artística. La filóloga Marlis Gerhardt formula esta situación de la siguiente manera: las vanguardias clásicas consisten en la revuelta de los hijos

> que se defienden de un exceso de tradición; la revolución estética [...] es una lucha colectiva de hordas de hermanos contra los órdenes simbólicos de los padres, contra sus imágenes, sus metáforas. [...] De esta revuelta no participa ninguna escritora de la modernidad a menos que se identifique con la perspectiva de los hijos. Básicamente, la escritora tiene otro problema. Ella no sufre de exceso de tradición, sino, por el contrario, de la falta de modelos, de la ausencia de tradición, de la carencia de imágenes.[351]

Sería más correcto decir que las tradiciones ciertamente existen pero que habitualmente han sido bloqueadas y negadas, de manera que para las escritoras, las artistas plásticas y las músicas es increíblemente difícil recurrir a ellas y comunicar al respecto, ya que los seres humanos no pueden prescindir, en cuanto seres sociales, de remitirse en gran medida a los códigos y a las representaciones disponibles.[352] Por ello la reapropiación de las propias tradiciones en el proceso cultural no es sólo un vínculo con el pasado sino también con el futuro.

La arqueología cultural de Kathy Acker, como la de las artistas de *body art* en las que ésta se basó, fue de un valor incalculable para el siguiente equipo de artistas revolucionarias. En un simposio celebrado a finales de la década de 1980, Kathleen Hanna, joven poeta de *Spoken Word*, se acercó a Kathy Acker como Acker lo había hecho veinte años antes a Carolee Schneemann. Hanna había escapado de sus seminarios en el Evergreen State College, donde estudiaba fotografía, para oír hablar a Acker porque ésta era «una enorme parte de mi cerebro».[353] En aquel momento, Hanna trabajaba como bailarina de *burlesque*, aconsejaba a mujeres violadas en una sala de urgencias y formaba parte de un proyecto de galeristas feministas. A la pregunta de Acker sobre por qué precisamente escribir era tan importante para ella, respondió: «Porque era como si nunca nadie me hubiera escuchado realmente, y porque tenía mucho que decir.»[354]

Kathy dio a Kathleen el consejo: «Si quieres que te escuchen, ¿por qué haces *Spoken Word?* Nadie va a eventos de *Spoken Word*. Tienes que meterte en una banda.»[355]

Hanna tomó el siguiente autobús Greyhound de regreso a Olimpia y formó allí su primera banda; de ella iba a surgir finalmente Bikini Kill, y de Bikini Kill las *Riot Grrrls*, un movimiento de músicas que a comienzos de la década de 1990 plantearon la cuestión de qué significaba crecer como una niña en una sociedad cuyos productos culturales estaban orientados principalmente a los hombres, y qué impacto tenía esto en las posibilidades y capacidades de articulación de las mujeres jóvenes.

192

«PORQUE nosotras, las chicas, ansiamos discos y libros y fanzines que nos hablen a NOSOTRAS y en los que NOSOTRAS nos sintamos incluidas y comprendidas.»[356] Así respondió Kathleen Hanna en el *Riot Grrrl Manifesto* a la pregunta sobre por qué reclamaba una *Revolution Riot Grrrl Style*. Con ello se ponía el estado de ánimo de las mujeres jóvenes prácticamente por primera vez en el centro de un interés público más amplio. «Si se exceptúa a Juana de Arco y Anne Frank, los pensamientos de las adolescentes rara vez se han tomado en serio»,[357] observó Ann Magnuson, de la banda Bongwater, la que, con su disco compacto *The Power of Pussy* [El poder del coño], fue tanto modelo como madrina del movimiento. En su prefacio a *A Girl's Guide to Taking Over The World* [Guía de una chica para conquistar el mundo], una colección de escritos del período más álgido de las *Riot Grrrls*, Magnuson explicó lo importante que hubiera sido para ella al comienzo de su carrera como música y artista la existencia de un movimiento que resaltara de forma similar la amistad entre chicas y hubiera concedido mayor importancia al hecho de que las artistas se apoyasen mutuamente. En palabras del manifiesto de las *Riot Grrrl:*

> PORQUE debe ser más fácil para nosotras, las chicas, ver o escuchar nuestros trabajos con el fin de compartir nuestras estrategias, y aplaudirnos y criticarnos unas a otras.
> PORQUE es importante ver conectado nuestro trabajo con la vida cotidiana de nuestras amigas si deseamos descubrir cómo queremos enfocar las cosas, reflejarlas, reforzarlas o cambiar el *statu quo*.[358]

¿Todo bien en la ciudad de las chicas? En absoluto. Hanna y sus coautoras de la banda Bratmobile veían críticamente las amistades clásicas entre chicas, que a menudo fortalecían aún más la presión social para adaptarse, y exigían repensar de modo radical la amistad. Una preocupación central de su manifiesto de sólo dos páginas era la defensa contra la «muerte del alma» tal como ésta es descrita por las psicólogas Carol Gilligan y Lyn Mikel Brown en su libro *La pérdida de la voz*. Gilligan y Brown investigan en él la discrepancia entre lo que se les permite decir a las niñas en la pubertad y lo que éstas piensan y sienten. La «muerte del alma» comienza en el momento en que aquello que no debe ser dicho también deja de ser pensado y sentido; de allí que Kathleen Hanna cantara en el primer álbum de Bikini Kill, de 1992: «Me defenderé con cada centímetro y con cada respiración, me defenderé contra esta muerte del alma.»[359] Y: «Lo siento si excluyo a algunos de vosotros / toda vuestra jodida cultura me excluye a mí.»[360] En sus actuaciones se escribía con bolígrafo o delineador de ojos *«slut»* o *«cunt»* sobre el vientre porque habitualmente era llamada «puta» o «pobre coño que estaría mejor muerto»[361] cuando, siendo aún una mujer joven, se aventuraba a pisar un escenario y exigir a los adolescentes que bailaban pogo en la primera fila que dejaran espacio a las jóvenes que se habían puesto a reparo de las duras botas militares y los hombros que las empujaban. «Me escupían, me manoseaban e incluso me golpeaban. Mi amiga Laura, que era *roadie* nuestra, me defendió una vez y fue golpeada por un hombre hasta quedar inconsciente»,[362] recuerda Hanna. «Una noche después estábamos tocando ante multitudes de chicas increíbles que podían cantar todas las letras y nos aplaudían después de cada canción.»[363]

La energía de aquellos conciertos era enorme. Éste era el lugar donde ocurría *eso*, sin importar cuánta resistencia provocaban. Por un corto tiempo, las luchas feministas no sólo parecían posibles sino también un *cutting edge* [vanguardia] de la producción artística.

«De un solo golpe, [este movimiento] se ha apropiado positivamente de tres términos devaluados: la "chica", la "arrastrada" y la "feminista". Y positivamente significa siempre: presentándolos como autodeterminados y dignos de credibilidad.»[364] Así describe la crítica de la cultura pop Kerstin Grether la atracción que ejercieron las muchachas furiosas mucho más allá del mercado de la música. A su entorno pertenecieron escritoras, organizadoras de conciertos, mujeres jóvenes que fundaron sellos discográficos alternativos y jóvenes que simplemente apreciaban la compañía de otras chicas. A manera del instrumento más importante para la creación de redes, las *Grrrls* utilizaron «*zines*» –una abreviatura de las palabras fanzine o *magazine* [revista]– producidos por ellas mismas, en los que podían expresar sus ideas y experiencias más allá de los medios de comunicación masiva. Un *zine* consistía generalmente en unas pocas hojas fotocopiadas que eran distribuidas entre un pequeño círculo de destinatarias. El *Riot Grrrl Manifesto* surgió por ejemplo de la idea de hacer un *zine* titulado *Riot Grrrl* para dirigirse y llegar a las jóvenes, que se cuentan tradicionalmente entre los grupos sociales peor conectados. El mensaje del movimiento era que cualquiera podía participar, *Do-it-yourself* [hágalo usted mismo]. Adecuadamente, los textos escritos a comienzos de la década de 1990 rebosaban de errores de mecanografía de fuerte evocación posmoderna, como el llamamiento del *Manifesto* «*we must take over the means of production in order to create our own moanings*»,[365] algo así como «tenemos que hacernos cargo de los medios de producción a fin de crear nuestros propios lamentos» [*moanings*] en vez de «sentidos» [*meanings*]; y las canciones tenían algo sin terminar, todo era jadeante y espontáneo. Kerstin Grether explica:

> En sus declaraciones y en sus canciones puede escucharse una premura que sugiere la urgencia de una acción inmediata e impostergable. Cultivan un *learning by doing* [aprender haciendo] y un *growing up in public* [creciendo en público], haciendo legible al mismo tiempo la tendencia. Fueron acaparadas desde el comienzo por los medios de comunicación y desde el principio se volvieron contra ese acaparamiento. [...] Finalmente, todo el mundo sabe que las imágenes significan poder y que precisamente en la era MTV es sobre todo la ruptura de los estereotipos de los medios de comunicación la que puede producir confusión y cambio. Justamente para las mujeres la participación en su explotación mediática es de la mayor importancia. Como sucede con todos los grupos sociales oprimidos y estereotipados por la cultura dominante, apenas se les permite crear bocetos hechos por ellas mismas, nuevas imágenes de la mujer.[366]

Por esta razón el mayor activo de las *Riot Grrrls* fue aquella invalorable moneda de la contracultura: la puesta en escena disidente, la elección y conformación de los códigos propios. Naturalmente, estas «nuevas imágenes de la mujer» no eran realmente tan nuevas. Las jóvenes se basaron en las estrategias corporales del movimiento punk, que a su vez estaba relacionado con los situacionistas, quienes por su parte habían echado mano de los dadaístas, y así sucesivamente. Sin embargo, el origen de la expresión «punk» no ha sido aún aclarado; aparece por primera vez en forma impresa en 1623, en *Medida por medida*, de Shakespeare, estrenada en 1604. Claro que *punk* era en tiempos

Anke Feuchtenberger, *Mutterkuchen* [placenta], portada del libro
del mismo nombre, Berlín, 1995

de Shakespeare un sinónimo de prostituta y por lo tanto tenía una connotación femenina. Las Riot Grrrls echaron atrás el cambio de género al irrumpir en el escenario con botas Doc Martens y *negligés* desgarrados. Con sus torpes y poco profesionales canciones *lo-fi* [de baja definición] sacudieron el mundo de la música tanto como con las cuestiones que trataban. La estrategia, procedente del movimiento *do-it-yourself*, de anteponer la diversión de hacer algo al virtuosismo y atreverse como los chicos a enfrentarse a un público o entrar en un estudio con los consabidos tres acordes, fue una patada en los testículos para la opinión dominante, la cual determinaba —como en el pasado— que las mujeres debían ser instrumentistas técnicamente perfectas o tener voces «bellas», y prefería la entonación correcta a la intensidad emocional para reprocharles a las músicas al mismo tiempo honestidad y falta de fuerza, de modo que quedasen excluidas de la creación de innovaciones reales. Las críticas de la cultura Joanne Gottlieb y Gayle Wald explican que las *Grrrls* hacían volar por los aires estas atribuciones ya con el nombre que eligieron para sí mismas; las tres erres del mismo hacían de la joven una combatiente y le devolvían su voz elevándola.

Una respuesta a las complejas contradicciones de la posición de la intérprete en el *rockbiz* es la estrategia del grito, que comienza con Yoko Ono y llega a Bikini Kill pasando por Tina Turner. [...] Aunque por lo general se relaciona con los momentos de mayor vulnerabilidad de la mujer, en la música punk el grito representa también la yuxtaposición chocante de sexo e ira, la conmoción cultural que se produce cuando las mujeres viven abiertamente su sexualidad y la cólera feminista alrededor del uso y el abuso de la sexualidad de cara a las mujeres. [...]

El grito sustituye de esa manera la emotividad dulce, melodiosa y en última instancia, mansa, que se asocia tradicionalmente con las cantantes. [...] Como forma de expresión, el grito, prohibido a las mujeres tanto en público («Una dama no grita») como en privado («Las mujeres son siempre tan emocionales»), en el punk se ha convertido en una protesta sin palabras contra la feminidad sobredeterminada, contra la que las mujeres intérpretes de punk levantan la voz con todas sus fuerzas para forzar estas estrecheces.[367]

El grito era doloroso principalmente porque señalaba que las mujeres eran excluidas estructuralmente no sólo de la corriente principal sino también de la contracultura y la subcultura. A pesar de ello, la subcultura masculina tampoco era un bloque unificado contra las *Riot Grrrls;* de hecho, hubo numerosas alianzas personales. Kurt Cobain, el ya fallecido cantante de la banda Nirvana, fue amigo íntimo de Kathleen Hanna –de la que obtuvo el título de su éxito mundial «Smells Like Teen Spirit»– y más tarde se casó con Courtney Love, cantante de la banda Hole. Sin embargo, el tenor general era relativizar la calidad de las músicas o querer convertirse en la mejor *Riot Grrrl,* como sostiene Kerstin Grether:

Esto no es una declaración acerca de los temores de castración sino sobre las motivaciones sociales. Mensajes que se castran a sí mismos ya hay suficientes en la música rock, a pesar de todas las suposiciones simplificadoras acerca de su carácter completamente fálico. Tómese simplemente como ejemplo al antiguo héroe *hardcore* Henry Rollins, que busca combatir al asesino y violador dentro de sí mismo duplicándolo en su música y diseña carteles en los que aconseja a las mujeres cortarle la polla a los hombres y enviársela a su dirección de correo.[368]

Lo que a simple vista podía parecer antipatriarcal, era parte en realidad de la tradición de negar a las mujeres una sexualidad –y una capacidad creativa– independientes. Esta mentalidad estaba basada en la concepción de acuerdo con la cual los «hombres» serían activos, sexualmente y en general –con el adjetivo «activo» potenciado aquí en agresivo u omnipotente–, en contraposición a las «mujeres» como víctimas pasivas. Más aún, ser mujer fue definido como ser víctima, lo que, al revés, significaba que cualquier mujer que no aceptase esta identidad no podía ser una mujer «real». En el mejor de los casos *todavía* no había sido violada y tenía que protegerse a sí misma de ese destino mediante una pasividad aún mayor, es decir, permaneciendo apartada del espacio público. Bajo esta premisa, la vulva pasó de ser el órgano sexual de la mujer a constituir la puerta de entrada del hombre, imaginado como delincuente. En *cunt: a declaration of independence*, Inga Muscio escribe:

> La Historia, los medios de comunicación y la estructura económica nos han hecho creer que una relación de amor con nuestros coños no nos lleva más lejos que a Toro Sentado, en el caso de que éste hubiera decidido iniciar un apasionado romance con el Séptimo de Caballería.
> Lo que, naturalmente, no hizo.
> ¿Por qué Toro Sentado tendría también que haber amado al Séptimo de Caballería? Al fin y al cabo, el Séptimo de Caballería representaba el sometimiento de su pueblo.

200

¿Por qué las mujeres deberían amar sus coños? Ellos también encarnan nuestra opresión y dominación. Por supuesto, la diferencia principal es que el Séptimo de Caballería no estaba entre las piernas de Toro Sentado.[369]

La escritora Pagan Kennedy, una de las pioneras del movimiento de revistas *zine*, publicó un cuento en el apogeo de las *Riot Grrrls* con el elocuente título de «*Stripping*» [Desnudándose], en el que se ocupaba extensivamente de este problema. En él, poco antes de morir, Nannie, su protagonista, intenta volver con su primo Henry a un sitio lleno de un recuerdo traumático de su juventud: en un granero demolido hace tiempo, a través de cuyas paredes de tabiques de madera se colaban tenues rayos de sol con partículas centelleantes de polvo, y en el que Jason, el hermano de Henry, ordenó a Nannie quitarse el vestido. El momento mismo de la revelación fue grandioso.

Ella esperó a que los ojos de él acariciaran sus pechos pálidos a través de cuya piel se vislumbraban las venas azules, a que él admirara la ola de sus caderas. Sin embargo, él sacudió en cambio la cabeza como si quisiera reír y soltó el aire por la nariz con desprecio; en ese momento ella reconoció cómo se veía verdaderamente su desnudez: pálida como un queso y sudorosa y fea como el pecado, un cuerpo malogrado de chico.[370]

Con su bufido, Jason rechazó mucho más que el cuerpo de trece años, preadolescente, de Nannie: se negó a establecer una comunicación en la que exhibir y mirar representasen actos de habla con los mismos derechos; con su mirada negó incluso el sexo de ella: el cuerpo de Nannie no es descrito como el de una mujer joven sino como el cuerpo de un muchacho que, de acuerdo con la teoría de Galeno, no ha desarrollado sus genitales hacia el exterior y se ha quedado así pecaminoso y deforme, un cuerpo con un defecto.

Puesto que Jason no la miró con la necesidad del reconocimiento, todo lo que sucedió a continuación resulta lógico. Pronunciar la palabra que designa este acto, violación, libera a Nannie en la misma medida en que la fija en el papel de la víctima y niega la existencia de la joven a la que le gustan los experimentos.

Finalmente ella era la chica que había permitido a Henry deslizar su ropa interior piernas abajo mientras sus dedos se demoraban un instante más de lo necesario en la piel suave de sus caderas. Ella era la chica que había estado de pie con toda su blanca desnudez en el granero oscuro y había pensado por un momento que la belleza de las cuevas bajo sus brazos y sus muslos como velas de cera iban a convertir a Jason en el más cariñoso y gentil de los jóvenes; la que había creído que su cuerpo poseía un poder como el de la luz, como el de los rayos que salían de las cabezas de los santos y como el del calor, que hace hincharse al maíz en el verano.[371]

El excurso sobre el carácter sagrado del cuerpo femenino desnudo ofrece a Nannie una tercera alternativa –junto con la represión y el reconocimiento de la lesión sufrida, que mete por la fuerza a la herida y al herido en una imagen que no les hace justicia–, a saber, la elección de una realidad diferente. De este modo, ella introduce a nivel individual lo que Adrienne Rich exige para la totalidad de los estudios culturales: «Re-visión, el acto de mirar atrás y ver con ojos nuevos, entrar en un viejo texto desde una nueva dirección crítica [...], es para las mujeres algo más que un capítulo en la historia cultural: es un acto de supervivencia.»[372]

Al final Nannie le cuenta su vida a Henry, pero se la cuenta un poco diferente de como ha sido: «Ella mintió, pero, en algunos aspectos, aquello era más verdadero que la verdad.»[373] Mientras comienza a enumerar los nombres de las mujeres que han desnudado su sexo en el mito y la Historia, y se remite así a un discurso que es más antiguo que el conflicto entre Jason y ella, Nannie completa una vez más el *striptease* en el plano idiomático, aunque esta vez como una actriz con iniciativa propia:

> Sería como una de esas mujeres despiadadas de la Biblia, Salomé o Jezabel, que destruyen la vida de los hombres con su belleza. [...] Por esa razón [...] se había desnudado frente a él. [...] «Lo he tentado como la esposa de Putifar, como Dalila, como Eva.» Mientras recitaba los nombres de las malas mujeres sentía cómo las conchas frágiles de las tazas de té, de los marcos de los cuadros y de las figurillas de porcelana, le quitaban el aire como una prenda demasiado ajustada. Y se preguntó en qué momento, cuando llegara el final, todas esas cosas se desprenderían de ella hasta estar tan desnuda y ser tan blanca nuevamente como la niña en el granero, aunque ya no siendo inocente sino dura y desgastada, hasta que no quedara nada más que una perla.[374]

En aquel tiempo grupos feministas de todo el mundo se esforzaban por reemplazar la denominación de «víctima» de violación o de abuso por la de «superviviente», de manera que la agresión provocada desde el exterior no fuera legitimada como una identidad.

Y es que ser una víctima significaba no sólo la pérdida de la capacidad de decisión sobre el propio cuerpo, sino también sobre el propio espíritu. Las mujeres que se atrevieron a superar el trauma de la violación y a disfrutar de su vida y su sexualidad, corrían el riesgo de ser apremiadas a situarse, en la percepción social, en el otro extremo de la dicotomía: es decir, pasar de ser la «dañada para siempre» a «todas las mujeres quieren ser violadas».

Para escapar de este sistema de pensamiento, las *Grrrls* dieron una gran importancia al hecho de hacer visibles las lesiones en sus textos y afirmar el propio poder sexual. No es casualidad que la cita más comúnmente utilizada en artículos y ensayos sobre las *Riot Grrrls* sea la de la frase cantada por Liz Phair en su primer álbum *Exile in Guyville* [Exilio en la ciudad de los tíos]: «*I fuck you till your dick is blue*» [Te follo hasta que la polla se te ponga azul].[375] Que con ello no sólo celebraban su sexualidad sino también su capacidad de acción como artistas es puesto de manifiesto por la definición de Kathleen Hanna acerca de lo que la autora entiende por una puesta en escena no jerárquica:

Las actuaciones en directo son algunos de los pocos lugares en los que podemos provocar placer y recibirlo (lo que es radical por una miríada de razones, sobre todo porque esto socava la idea de que la sexualidad y el placer sólo tienen lugar en las relaciones heterosexuales y monógamas y que no es nada que, en cuanto comunidad, podamos compartir a través de la música).[376]

Al igual que las feministas de las décadas de 1970 y 1980, las *Grrrls* de la década de 1990 exigieron que se les devolvieran la noche, los clubs y la calle.

«STRIP-SPEAK»

Sigmund Freud es icono al tiempo que cliché de la corriente de pensamiento que priva a las mujeres de una sexualidad determinada por ellas mismas y las despoja así de capacidad creativa; en el coro de las atribuciones y prejuicios sociales, su nombre es el estribillo que regresa una y otra vez. Esta trivialización de sus ideas tiene como consecuencia que éstas no actúan como tales en la conciencia colectiva sino que tienen vida propia. Enfrentarse a ellas es como luchar contra un monstruo, un mito que ha adquirido vida a través de tres palabras: envidia del pene.

Por esta razón, la artista de *performance* Karen Finley decidió que había llegado el momento de preguntarse de qué hablamos cuando hablamos de envidia del pene. Detrás de la tesis formulada por Freud por primera vez en 1908, una de las más famosas y tristemente célebres del psicoanálisis, está la idea –resumida brevemente– de que las niñas entre tres y cinco años descubren que no tienen pene y llegan por lo tanto a la conclusión de que alguien se lo ha cortado, es decir, que están castradas. A favor de Freud debe reconocerse que él no era el único que no podía pensar en el genital femenino como órgano sexual autónomo. Alrededor del penúltimo final de siglo, los términos «vulva», «clítoris» y «labios vaginales» no aparecían en el diccionario, del mismo modo que hasta hoy la única palabra que indica el diccionario Webster para los genitales femeninos es «vagina».[377]

205

Amuleto con forma de vulva de la sociedad secreta A∴A∴, 5,8 cm

Sin embargo, como ya ha señalado Luce Irigaray, Freud fue más lejos al sostener que, a partir de ese momento, el mayor deseo de toda niña y más tarde de toda mujer sería tener un pene tan maravilloso como el de los hombres que la rodean, y que ese deseo sólo podría ser reemplazado por el deseo de un bebé. En palabras del padre del psicoanálisis: «Esto significa que el bebé toma el lugar del pene de conformidad con una antigua equiparación simbólica.»[378] A qué equiparación simbólica antigua se refería es algo que Freud no reveló, pero sí afirmó que el interés de las mujeres en la sexualidad no tenía nada que ver con la sexualidad sino con el deseo bien de poseer incestuosamente al padre –o, por decirlo así, de adueñarse de su pene como sustituto–, bien de poseer de forma más general el pene de algún hombre. Ésta es la razón por la que, de acuerdo con Freud, las mujeres serían más celosas que los hombres: después de todo, tendrían más que perder.

Finley acosa al analista con una serie de *performances*, en primer lugar *The Constant State of Desire* [El estado constante de deseo], de 1987. Al igual que el psicoanálisis de Freud, la *performance* de Finley fue creada como una «cura narrativa»,[379] como una serie de monólogos cada vez más radicales que reconstruyen y deconstruyen sus famosos «casos». Como hija espiritual de Kathy Acker, sin la cual su arte –como ella dice– no sería posible,[380] Finley utiliza principalmente la mímesis como herramienta para traducir la metáfora freudiana al mundo concreto. El escenario se convierte en el famoso diván mientras ella se quita una a una las prendas en lugar de practicar un *striptease* «del alma» y –en lo que aparentemente es una asociación libre– describe una lavandería en la que ella, la «paciente», ha conocido a una madre joven. Basándose vagamente en la teoría de Freud sobre la transferencia y la contratransferencia, Finley arrastra a los espectadores en una narración similar a un trance, de modo que éstos puedan experimentarla físicamente:

> Cojo a esa mamá y la empujo contra la lavadora. Y tomo a su bebé, que aún no tiene pelo, y le echo jabón en polvo Downy en su cabeza calva. Entonces me pongo el bebé alrededor de la cintura hasta que es un bebé consolador. A continuación cojo al bebé, el consolador, y me follo con él a su propia mamá.[381]

Con su puesta en práctica de la envidia del pene en términos físicos, Karen Finley desató más resistencia que el padre del psicoanálisis con su teoría. Finley fue una de las «NEA four», cuatro artistas de *performance* a los que se les retiró la beca del National Endowment for the Arts por producir «arte obsceno».[382] En una entrevista con el *New York Times*, Finley reflexionaba: «Fui descrita por la mayoría de los periodistas como una mujerzuela histérica [...]. A menudo, cuando la gente, los periodistas, se reúnen conmigo, tienen miedo de mí. Asumen que los pondré en una situación incómoda. No tengo ni idea de lo que se imaginan. ¿No es como un arquetipo o la imagen de una vagina con dientes?»[383]

Con la equiparación de genitales femeninos y enfermedad mental, la crítica se encontraba en la mejor tradición freudiana, ya que Freud, en su caso probablemente más famoso, «Dora», describió la relación de las mujeres con su órgano sexual como histérica por definición:

> En nuestras mujeres, el orgullo por la conformación de sus genitales es una parte muy especial de su vanidad; y las afecciones de éstos, consideradas capaces de inspirar repugnancia o aun asco [se refiere a la secreción y eyaculación de Dora; *nota de la autora*], operan increíblemente a modo de afrentas: disminuyen el sentimiento de sí, provocan un estado de irritabilidad, susceptibilidad y desconfianza.[384]

En efecto, Ida Bauer, la joven que se esconde tras el seudónimo de «Dora», era tan desconfiada que, para consternación de Freud, interrumpió el análisis después de once semanas. Peor aún, la joven, de dieciocho años por entonces, se atrevió a contradecir sus interpretaciones.

Según Ida, el problema consistía en que su padre tenía una aventura amorosa con una mujer casada (Peppina Zellenka) y, en contrapartida, el marido de esa amante (Hans Zellenka) abusaba sexualmente de Ida desde hacía años, lo que el padre aprobaba como una especie de compensación por el adulterio.

Según Freud, el problema consistía en realidad en que la propia Ida quería tener relaciones sexuales con su padre.[385] El asco de la joven ante las aproximaciones físicas del señor Zellenka el analista lo encontraba «completa y totalmente histérico».[386] El hecho de que con quince años se hubiera dirigido finalmente a los padres en busca de ayuda era para él un signo de «una manía patológica de venganza. Una muchacha normal, pensaba yo, habría resuelto por sí sola unos asuntos de esa clase».[387] Sin siquiera considerar otro punto de vista, Freud concluyó que Ida padecía «los gérmenes infantiles de la perversión»[388] como la tendencia al incesto, a la masturbación y a la homosexualidad.[389]

En la confrontación con Ida Bauer surgió sin ningún tipo de ambigüedad la perfidia de la situación psicoanalítica, que otorgaba al analista todo poder de significación sobre la paciente: cada vez que ésta rechazaba su interpretación de sí misma, Freud invalidaba sus argumentos, llamándolos «Una manera muy frecuente de apartar de sí un conocimiento que emerge de lo reprimido».[390] Freud decidió que su «no» significaba el «sí» deseado.[391]

Ida comprendió las consecuencias de escapar del sistema que le negaba una voz propia. Después de todo, había comenzado el análisis, entre otras razones, porque sufría de disfonía y perdía la voz habitualmente. Su forma de caminar ofendía profundamente a Freud, quien sólo podía explicárselo como el producto de sus deseos de venganza[392] y escribió que la histérica sin voluntad de curación debía «ser tratada como una institutriz o una empleada».[393]

Un año y medio después, efectivamente, Ida se vengó. Visitó una vez más a Freud en su consulta y le informó de que en ese tiempo se había librado de sus síntomas por su cuenta enfrentándose al padre y a la familia Zellenka. Sólo tenía un problema: algo no estaba bien con sus músculos faciales porque todavía sonreía pese a que Freud acababa de ser nombrado profesor extraordinario.[394]

Sus alumnos nunca perdonaron esta afrenta. Más de cuatro décadas después, tras su funeral, el psicoanalista Felix Deutsch escribió:

Su muerte, por un cáncer intestinal que fue diagnosticado demasiado tarde como para poder ser operado con éxito, pareció una bendición para aquellos que tenían una relación estrecha con ella. Era, como expresó mi informante, «una de las histéricas más repugnantes» que jamás había conocido.[395]

Las *performances* de Karen Finley agotaban las numerosas combinaciones en las que se equiparaban las palabras «mujer», «sexualidad», «víctima» y «loca». Cuando en 1989 fue encontrado en una bolsa de basura el cuerpo desnudo de una mujer negra de dieciséis años untado con excrementos, y la prensa llegó a la brillante conclusión de que la joven lo había hecho ella misma y la declaró una perversa, Finley untó con chocolate su propio cuerpo, desnudo de pies a cabeza, y gritó al público, como recordatorio del famoso caso psicoanalítico: «¿Queréis histeria? Yo os doy histeria.» Si las obras de Finley ya eran consideradas pornográficas, la entrada en la escena artística de estrellas del porno como Annie Sprinkle, Veronica Vera, Scarlot O y Carol Leigh, alias Scarlot Harlot, provocó una desorientación total. La *performance Deep Inside Porn Stars* [Profundamente dentro de las estrellas del porno] del colectivo de artistas feministas Carnival Knowledge, que tuvo lugar en la Franklin Furnace Gallery de Nueva York en 1984, resultó decisiva para la instauración de esta tendencia.

«Nos congratulamos de esta oportunidad en la cual las mujeres se apoyan mutuamente más allá de sus respectivas profesiones»,[396] declaró la galería en un comunicado de prensa. La National Education Association no lo vio así y le dio una reprimenda, y varios patrocinadores retiraron su apoyo. Sin embargo, a pesar de los enfrentamientos a puñetazos, pese a las amenazas de muerte y a las acciones judiciales, el avance del *Post Porn Modernism* [Modernismo Posporno], como Annie Sprinkle, Verónica Vera, Candida Royalle y Frank Moore llamaron a su trabajo, ya no se pudo detener. Las *performances* de Annie Sprinkle destacaron por encima de todas las demás por una cualidad que hasta entonces había sido poco habitual en el mundo del arte: la de una exposición sexual absoluta. Mientras se había movido en el gueto del porno, como ella lo llamaba, esta exposición no le importó a nadie. Sin embargo, cuando Sprinkle hizo su entrada en la alta cultura a través de la galería y tuvo que ser tomada en serio, se produjo un proceso alquímico que no sólo transformó a Annie de una trabajadora sexual en una artista de *performance,* sino que potenció las reacciones de la audiencia. Sprinkle fue endiosada y demonizada; pero, sin importar bajo qué signo fueron reseñadas sus actuaciones, tanto los críticos como el público estuvieron de acuerdo en que nunca habían visto nada igual. A pesar de esta reacción, su obra más influyente, *Public Cervix Announcement* [Anuncio público de cuello uterino], que se estrenó en 1989 y hasta hoy llena teatros en todo el mundo, era sólo eso: una invitación al público a que examinara el cuello uterino de Sprinkle.

El escenario estaba decorado con utilería de su vida anterior como prostituta. La artista se sentaba en el centro de la escena y se introducía un espéculo mientras daba la bienvenida a los recién llegados con bromas y dobles sentidos, como Baubo. Pero su gracia tenía un doble filo, ya que, mientras reían, los espectadores tenían que considerar si se incorporaban a la fila —en la que una parte del público estaba esperando ya para mirar, a la vista de todos, en el espéculo— o si debían admitir públicamente que no se atrevían a hacer aquello para lo que habían pagado una entrada. «En realidad, el cuello uterino mismo no era el espectáculo, sino que el espectáculo era su exhibición, y

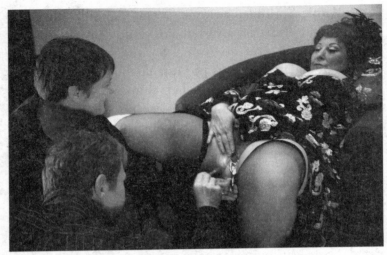

Annie Sprinkle, *Public Cervix Announcement*, Museum Kunstpalast Düsseldorf, 2008. Con la colaboración de Elizabeth Stephens (marco)

esta combinación de niveles de representación no dejaba a nadie en el teatro indiferente; todos nos convertíamos en cómplices.»[397] Así describió la profesora de arte teatral Rebecca Schneider el ambiente electrificado de la sala en la que presenció por primera vez el *Public Cervix Announcement* de Sprinkler. Asistía con muchas dudas, puesto que el deseo de una «buena» representación del cuerpo femenino en general y de su órgano sexual en concreto corría rápidamente el riesgo, tras su habilitación y su intensificación, de repetir los tópicos habituales; por decirlo así, de colocar junto a la vulva un cartel con la frase: Mire, éste es un objeto que debe ser convertido en sujeto, un punto ciego que debe ser puesto bajo la mirada «como si no poseyera ya esta facultad por sí mismo».[398]

Sin embargo, ante la presencia de Sprinkle, que Schneider sólo pudo describir como llena de amor, y su gozo in-

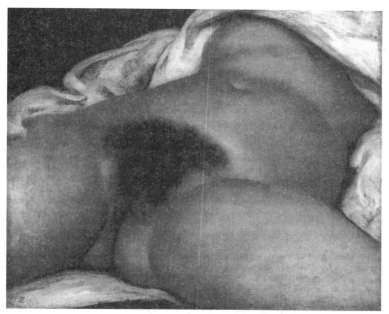

Gustave Courbet, *El origen del mundo*, 1866, óleo sobre lienzo

disimulado ante la belleza del cuello uterino, estas dudas se convirtieron en polvo, sólo para ser inmediatamente sustituidas por otras nuevas. La totalidad de la *performance* era una montaña rusa de emociones, y, aunque Schneider asistió a ella como experta —como escritora y académica—, tampoco ella pudo sustraerse de su dinámica, como tampoco podía hacerlo la multitud excitada que la rodeaba.

Yo fui la única de mis compañeras (dos mujeres) que decidió incorporarse a la cola. Mientras permanecía de pie en ella, sin embargo, estaba cada vez menos segura de mi elección. ¿Cómo debía enfocar mi punto de vista específico? ¿Quién sería yo cuando mirara? Y ¿en qué iba a diferenciarse mi mirada de la del hombre de la

213

gran cámara que estaba de pie frente a su estómago, a pocos pasos delante de mí, y que, en un estado de excitación, se descolgó con un: «Se ve igual que la punta de mi pene»? Estas preguntas no obtuvieron respuesta cuando vi que la persona encargada de guardar el orden me hacía una seña y me extendía una linterna. Estas preguntas tampoco obtuvieron respuesta cuando vi cómo Sprinkle me sonreía desde el escenario y, a la manera de una especie de sacerdote con una hostia en la mano, me hacía señas para que me acercara y mirara. Y tampoco obtuvieron respuesta cuando miré directamente el cérvix redondo y rosado. Tampoco cuando regresé a mi sitio. Realmente, tampoco hasta el día de hoy. Para ser más precisa, las preguntas siguen siendo, en toda su palpable viveza, el aspecto más fascinante de la *performance*.[399]

En el momento en que Schneider se colocó entre las piernas de Sprinkle pasó por sus ojos por un instante y se posó sobre el cuerpo de la artista, como una lámina, la pintura de Gustav Courbet *El origen del mundo*, de 1866, así como la instalación constructiva de Marcel Duchamp *Dados*, realizada entre 1946 y 1966. La pintura y la instalación muestran cada una de ellas el cuerpo desnudo de una mujer blanca joven en una pose casi idéntica y con un encuadre similar; puede verse un pecho desnudo, el suave abdomen y el sexo entreabierto entre las piernas extendidas, lo que resultaba tan amenazante para Jacques Lacan –que fue dueño de la pintura de Courbet por un tiempo– que el psicoanalista siempre la mantenía oculta tras un dispositivo especialmente diseñado para él por el pintor surrealista André Masson. La mayor diferencia entre los dos desnudos consiste en que la mujer de Courbet se deja entrever a través de una sábana o de un camisón, que la

Marcel Duchamp,
Dados, 1946-1966,
varias técnicas

referencia en el ámbito privado, mientras que, en la pintura de Duchamp, yace sobre ramas y brezos marchitos, y, por lo tanto, en el dominio público. Aunque Courbet idealiza el cuerpo femenino, donde Duchamp lo escenifica como el escenario de un crimen, el contacto a la altura de los ojos queda excluido por igual en los dos casos.

No ocurre lo mismo en el caso de Annie Sprinkle, cuyo pubis abierto le pareció a Rebecca Schneider la encarnación del lienzo y el cuero porque, a diferencia de las mujeres de estas obras artísticas, Sprinkle poseía una cabeza –propia– y, por lo tanto, ojos que devolvían la mirada, y una boca que podía anunciar públicamente la visibilidad del sexo invisible: *Public Cervix Announcement*, precisamente. A las preguntas que provocaba este cuello uterino, Schneider no obtuvo respuesta, pero el resultado fue un diálogo que condujo finalmente a la escritura del libro *The Explicit Body in Performance* [El cuerpo explícito en la *performance*], el que a su vez sentó las bases de la reputación académica de su autora y contribuyó decisivamente al reconocimiento del *body art* o arte corporal feminista.

Mediante la aceptación de estas prácticas en el ámbito artístico se puso en marcha una avalancha que a su vez tuvo efectos retroactivos en el enorme campo de lo pornográfico, de manera que en el transcurso de la década de 1990 éste pasó de ser un antitema –PorNO–[400] a ser un campo que, si bien es tan controvertido como en el pasado, al menos se ha transformado en un ámbito de discusión. Son sobre todo las feministas jóvenes las que descubren la pornografía como último territorio sin explorar en el mapa de la producción ideológica y argumentan que la representación de la sexualidad humana no se ocupa sólo de la explotación y la humillación, sino también del placer y de la alegría de vivir, y que ellas no quieren dejar este campo sólo a los hombres. En los *Ladyfests*, esos eventos culturales organizados de forma autónoma en torno a conferencias, conciertos y talleres que las ya adultas *Riot Grrrls* llevan a cabo en todo el mundo desde el comienzo del milenio,[401] tienen lugar regularmente talleres acerca de la pregunta sin respuesta aún del porno feminista. El porno *do-it-yourself*, en el que las mujeres –supuestamente y de hecho– representan su sexualidad y la celebran, florece en Internet,[402] y festivales como *rated x*, un festival alternativo de cine erótico en Ámsterdam, se acercan al tema desde un enfoque explícitamente feminista.

De allí que, al visitar el museo Kunstpalast de Düsseldorf el 12 de diciembre de 2008 para llevar a cabo una vez más su *performance* más conocida tras quince años de pausa,[403] Annie Sprinkle se encontró con unas circunstancias que habían cambiado por completo. Ella ya no era una atracción exótica procedente de otro mundo, sino una muy apreciada embajadora cuya importancia artística nadie ponía en duda. Su *performance* tuvo lugar en el marco de la exposición «Diana y Acteón, la mirada prohibida a la desnudez», en la que, junto con figuras de Baubo del período prehelenístico y *Sheela-na-gigs* irlandesas, se exhibieron obras de artistas como Carolee Schneemann y Marina Abramovic cuyo tema principal era la vulva. Sin embargo, al público le esperaba una conmoción cuando Sprinkle entró en escena con un dibujo de los genitales femeninos y explicó por qué seguía mostrando su cuello uterino:

> En primer lugar, el cérvix es la puerta a la vida, pero pese a ello la mayoría de las personas no tiene ninguna oportunidad de verla a lo largo de su existencia, y yo quisiera darle esa oportunidad. En segundo lugar, es divertido mostrar mi cuello uterino. Y en tercer lugar, quiero demostrar que no hay dientes en él.

La afabilidad y serenidad de Sprinkle hacían imposible el voyeurismo y llevaban a que la totalidad del concepto de sujeto y objeto pareciera absurdo. El público no era parte de un proceso que revelaba los mecanismos de apropiación a través de la mirada, puesto que ya no había nada velado ni vergonzoso; al contrario, los visitantes establecían con la artista un intercambio que no era ni coqueto ni frívolo sino simplemente afectuoso. En su transcurso, la sensación dominante era —según el resultado de una encuesta realizada a continuación— la de una emoción profunda.

Después de que Annie Sprinkle pisara el escenario, la artista Pamela Sneed puso de manifiesto con su pieza de

Spoken Word Venus Hottentot [La Venus hotentote] lo largo que había sido el camino recorrido hasta llegar a esta forma de *Public Cervix Announcement*. La supuesta «Venus hotentote» se llamó en realidad Saartje –Sarah en afrikáans– Baartman y fue una mujer khoisan que a comienzos del siglo XIX fue conducida por el médico naval Alexander –William en otras fuentes– Dunlop de su Sudáfrica natal a Inglaterra, donde la expuso, según el *Times*, «en una jaula como un animal salvaje».[404] Más precisamente, lo que expuso fueron sus nalgas y su vulva, cuyos grandes labios menores resultaban diferentes a todo aquello que por entonces era considerado la norma en un ámbito sobre el cual, en el mejor de los casos, apenas existían algunas vagas ideas. No está claro si las masas concurrían porque querían ver algo extraordinario o sólo porque querían ver unos genitales, pero lo que un siglo más tarde iba a

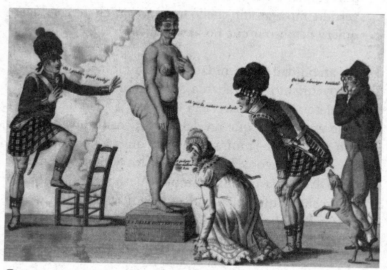

Caricatura anónima que muestra qué consideran los parisinos una «curiosidad». París, 1814

ser la «Salomé-manía» fue en 1810 la obsesión con Saartje. Durante un brevísimo período, Baartman no sólo fue una curiosidad sino también un fenómeno científico. Los médicos ingleses que estudiaron sus labios vaginales con detenimiento acuñaron para ellos el término médico «mandiles hotentotes» y de esa manera consiguieron escoger directamente dos términos despreciativos para el genital que les resultaba inconcebible.

«Hotentotes» fue el nombre que los conquistadores neerlandeses dieron a la totalidad de los grupos de habitantes del Cabo porque sus idiomas les sonaban indistintamente como un tartamudeo, lo que resulta comparable con el onomatopéyico «bárbaros» que los romanos utilizaban para designar a todas las personas que no hablaban latín como transcripción del «barbarbar» que era todo lo que ellos comprendían de su lengua.

La segunda parte de esta *palabra maleta* —mandil— debía hacer referencia a la caída de los labios, así como reducir al mismo tiempo a personas como Baartman a las funciones de la sumisión y de los servicios. El barón francés Georges Couvier, cirujano de Napoleón y pionero de los estudios anatómicos, llegó incluso a suponer que la vulva de Baartman era la prueba de la supuesta inferioridad de los negros. Couvier explicó que entre las mujeres civilizadas —es decir, blancas— los labios vaginales, y con ellos su «sexualidad brutal», se habrían atrofiado en el transcurso de la evolución, de modo que los labios vaginales grandes serían[405] un signo de «degeneración racial y moral».[406]

Cuando las exhibiciones de Baartman dejaron de ser rentables, debido a la resistencia que le ofrecían los opositores a la esclavitud —que intentaron incluso iniciar una demanda contra Dunlop—, la joven fue vendida a un exhibidor de animales salvajes en Francia, donde murió en 1815 a consecuencia de una enfermedad febril, probablemente tuberculosis o sífilis, con sólo veintiséis años de edad.

Couvier apareció de inmediato; en el transcurso de cuarenta y ocho horas hizo un molde de yeso del cuerpo de la joven, diseccionó las partes que le interesaban especialmente e hirvió sus huesos. El informe de dieciséis páginas que escribió sobre la autopsia dedica nueve páginas completas a la vulva de Baartman frente a un párrafo breve dedicado a su cerebro. Ambas partes del cuerpo fueron impregnadas en alcohol y exhibidas públicamente en el Muséum National d'Histoire Naturelle, que más tarde se convirtió en el Musée de l'Homme, hasta 1985.

Tras el fin del *apartheid* en Sudáfrica, el presidente Nelson Mandela instó al gobierno francés a que permitiera regresar a su patria a los restos de Saartje Baartman, pero, por temor a que el resto de las antiguas colonias fuera a exigir también la devolución de sus tesoros en el caso de que accediera a este pedido, la Asamblea Nacional francesa se negó a ello hasta 2002. El 9 de agosto de ese año, Saartje Baartman fue enterrada en el Cabo Oriental de Sudáfrica, ciento ochenta y siete años después de su muerte.

Pero las nociones de una norma para los genitales femeninos aún no han sido llevadas a la tumba pese a que sus orígenes racistas apenas son conocidos en la actualidad. El 25 de mayo de 2007 *Spiegel Online* sacudió al país con un informe sobre la nueva tendencia de la «vagina de diseño»,[407] bajo la cual debe entenderse la amputación parcial y no reparable o la soldadura de los órganos genitales femeninos sanos, sobre cuyos riesgos no existe aún estudio alguno. Entre los cirujanos, estas intervenciones son clasificadas dentro del campo de las cirugías estéticas; pero que haya un ideal de belleza de la vulva es por lo menos desconcertante en vista de la falta de imágenes de la misma. Si se considera con más detenimiento, se concluye, sin embargo, que las partes que caen bajo el cuchillo son principalmente aquellas que llamarían la atención bajo un tanga; es decir, los labios menores que sobresalen de los mayores y los clítoris grandes, siguiendo el axioma de que sólo una vulva invisible es una vulva hermosa. La parte de las operaciones que realmente tienen lugar en la vagina consiste en la ya conocida reconstrucción del himen o en el estrechamiento del canal vaginal para aumentar la sensación de placer, aunque es discutible desde el punto de vista científico si lo que se persigue aquí es el placer de la mujer o el del hombre.

La revista especializada en medicina *Frauenheilkunde Aktuell,* que analizó esta moda de forma crítica en un artículo del 17 de enero de 2008, utilizó un dibujo histórico de la vulva de Saartje Baartman con el subtítulo «Labios vaginales agrandados de los Khoi Sanen ("delantal hotentote") [Fuente: Wikipedia – versión alemana]»[408] a modo de ilustración de los «labios vaginales ocasionalmente muy dominantes [de] las mujeres de esta tribu».[409] El artículo de Wikipedia ya ha sido suprimido, no así las páginas web que ofrecen cirugía plástica ginecológica, reducción de los labios vaginales, rejuvenecimiento vaginal y recuperación de la virginidad. Los consultorios y las clínicas que ofrecen estos servicios se defienden de las consideraciones éticas haciendo referencia al hecho de que las mujeres acuden voluntariamente a ellos y a que éstas se sentirían más seguras de sí mismas tras las operaciones. Esto es confirmado por numerosos foros de Internet en los que mujeres narran de forma conmovedora cómo habían pensado en suicidarse o nunca se habían atrevido a tener relaciones sexuales por sentir vergüenza a causa de sus genitales. Que se encuentren bajo una presión tan dolorosa de obedecer a una norma invisible tiene su correlato en la presión que enfrentan los ginecólogos infantiles ante hermafroditas, con el resultado de que normalmente, inmediatamente después de nacer, éstos son «corregidos» mediante una operación; es decir, mutilados *de facto* en lo que concierne a los genitales para hacerlos aptos.

La profesora de Bellas Artes Elizabeth Stephens, compañera de Annie Sprinkle en el arte y en la vida, explicó, en el Kunstpalast Museum de Düsseldorf: «La posición actual de la ciencia es que existen por lo menos treinta sexos diferentes, es decir, por lo menos treinta formas de manifestación diferentes de los caracteres sexuales, con transiciones y límites fluidos.»[410] El aferrarse a una imagen del género que define a las mujeres como hombres sin pene —y sin las capacidades que se le atribuyen a éste— no sólo implica el sufrimiento y la limitación de innumerables personas, sino que ni siquiera tiene un fundamento cultural. Lo excitante en el *Public Cervix Announcement* es que la *performance* hace patente una utopía en la que la diversidad sexual no sólo es aceptada sino también celebrada. En ella, Annie Sprinkle proyecta y recibe deseo y amor con la naturalidad de quien los considera parte de nuestro repertorio cultural. En su *Post Porn Modernist Manifesto* [Manifiesto modernista posporno], escrito junto con Veronica Vera, Sprinkle afirmó: «Tomamos nuestros genitales como parte de nuestra alma y no por separado, comunicamos nuestras ideas y sentimientos con el fin de divertirnos, para sanar el mundo y sobrevivir como especie.»[411]

Si a continuación miramos a nuestro alrededor, llegaremos a la conclusión de que esta naturalidad pertenece evidentemente a nuestro repertorio cultural, o, al menos, aparece una y otra vez en los lugares más inesperados. Como en el cine americano, con el elocuente título de *Chatterbox* (1977). La historia es simple, como ocurre en la mayoría de los filmes de *sexploitation*, contracción de las palabras *«sex»* [sexo] y *«exploitation»* [explotación] que alude a la promesa de desnudez física especialmente femenina a fin de aumentar el número de espectadores. La hermosa Penelope Pitmann –interpretada por Candice Rialson– descubre una noche que su órgano sexual puede hablar; como buena *all-american-girl,* Penelope sufre una conmoción, ya que de ninguna manera ella está tan emancipada como su vulva parlante.

Lo notable acerca del filme es que, después de este descubrimiento sensacional, Penelope tiene problemas con su novio Ted, de inclinaciones tradicionales, pero no con la sociedad: ni es marginada como un monstruo, ni diseccionada anatómicamente, ni patologizada. Por el contrario, precisamente el psiquiatra, al que Penelope recurre desesperada, establece de inmediato una buena comunicación con su extraordinaria vulva. La llama Virginia –por las «vírgenes santas» de Ishtar, Asherat y Afrodita cuyo título significaba únicamente «solteras», ya que estas sacerdotisas especiales solían serlo para poder dar a los fieles en el ritual la misericordia sexual de la diosa, sanarles, profetizar, cantar y llorar a los muertos sin ataduras–[412] y la ayuda a obtener lo que ella quiere: el reconocimiento público, un micrófono para que se escuche su voz y un escenario en el que pueda destacar. El debut de Virginia como cantante tiene lugar en la Asociación Médica, lo que es motivo de gran hilaridad entre los colegas del psiquiatra hasta que Virginia abre la boca. A continuación, las médicas y los médicos presentes se levantan con determinación de sus sillas y aplauden.

Las reacciones a la vulva consciente de sí misma son principal y sorprendentemente positivas. A lo largo del filme es comparada varias veces con contenidos feministas. Así, una mujer que reconoce a Penelope en un restaurante y escucha una frase de Virginia le grita: «Eres mejor que Gloria Steinem.» Que precisamente Steinem, la feminista más importante de los Estados Unidos, funja de figura de identificación positiva en una comedia sexual como *Chatterbox* muestra que la identificación despectiva del feminismo con la lujuria nunca fue tan capaz de generar consenso como se afirma habitualmente hoy en día. La feminista Virginia quiere sobre todo una cosa: buen sexo, lo que le resulta profundamente vergonzoso a la conservadora Penelope. De vez en cuando se deja empujar por Virginia a penetrar en un territorio, sobre todo sexual, desconocido, pero pone punto final a esto a más tardar cuando Virginia encuentra a una mujer hermosa tan atractiva como a un hombre guapo. A pesar del cambio radical en sus condiciones de vida –de peluquera explotada a superestrella–, Penelope no realiza ningún progreso psicológico hasta el final del filme: ella obedece educadamente a las exigencias de su psiquiatra y de su madre allí donde Virginia no acepta de ningún modo actuar bajo las órdenes de alguien. Ella *obtiene* el reconocimiento público con su canto y afirma, en el momento en que lo *ha logrado* de acuerdo con los criterios del «sueño americano» –precisamente cuando se le ofrece un contrato por cinco filmes en Hollywood–, que todo eso está muy bien pero que también quiere dirigirlas, es decir, mantener el control artístico sobre su representación.

El mensaje del filme es claro: las mujeres sueñan con una vulva que hable, y excepto por Ted, el novio de Penelope, los hombres no tienen miedo de la sexualidad independiente de Virginia, sino todo lo contrario: se pegan por meterse con ella en la cama.

Para que Penelope y Ted puedan seguir juntos pese a todo, éste debe enfrentar primero el hecho de que él también tiene un órgano sexual que habla y canta, y, por lo tanto, también se expresa por sí mismo. En el momento en que comienza a aceptar su pene como una herramienta de comunicación y no como un cetro con el que gobernar el mundo, Ted también empieza a poder hablar con la vulva de Penelope, de modo que ambos –así como el público– se ahorran un final trágico.

Mimosa Pale, *mobile female monument*, Helsinki, 2007

VULVA Y EPÍLOGO

Naturalmente –y estrictamente hablando– no hay principio ni fin. Del mismo modo, tampoco existe ese momento en el que tuve *la idea* de escribir sobre la vulva, sólo los momentos en que pensé sobre ello una vez más y después los momentos en los que pensé una vez más que otra vez había pensado en ello. Pero lo maravilloso y al mismo tiempo horrible de los libros es que hay que empezarlos por alguna parte y terminarlos en algún sitio. De ahí que también yo quisiera empezar con un libro y, ya que éste es el epílogo, también acabar con él.

Se trata de una novela que leí cuando tenía quince años y cuyo título olvidé tan pronto como acabé de leerla. Sólo uno de sus personajes, demasiado insignificante para conseguir siquiera convertirse en personaje secundario, dejó una impresión duradera en mí: una artista plástica que cosía vulvas para colgarlas en la pared y acariciarlas. Era la década de 1980, y para una joven de Alemania Occidental era imposible dar con una vulva de ese tipo, así que un plan brillante se formó en mi cabeza: cosería yo misma las vulvas y se la vendería a todas mis amigas obteniendo beneficios. El detalle de que yo no había cosido nunca antes nada –excepto alguna vez dos imágenes publicitarias de los osos de la marca Barenmärke entre sí– no me molestaba especialmente; mucho peor era que yo no tenía idea de a qué se parecía una vulva, ni siquiera la mía, mientras que mi pareja de entonces ya la había tenido frente a los ojos. Éste fue el primer indicio de que algo no estaba bien en absoluto.

Como vivía en un hogar donde no había llaves, pasaron unos días hasta que pude reparar esta negligencia. Lo que me mostró el espejo me puso, sin embargo, en un problema; al no tener fotografías de la vulva, yo no podía juzgar lo que veía. Al contemplar ese genital extraño e inexplicable me sentía como un *alien*, lo que es una descripción bastante precisa de la distancia entre las mujeres y sus genitales. Sí, los usamos, podemos incluso disfrutar de ellos, pero no hay sentimiento de pertenencia. Esos labios dobles en mi pubis no me pertenecían realmente ni siquiera a mí, sino que eran parte de un mundo ajeno de cuya existencia tenía una prueba en ese momento.

Por entonces pensé que el problema era yo y mi pertenencia a una familia hindú-polaca en la que había que apagar la luz cuando uno quería cambiarse de ropa. Así que hice lo que mi madre siempre hacía cuando no sabía algo, y busqué un libro que pudiera explicarme el mundo. Esperaba traerme de la biblioteca de Düsseldorf una bolsa llena de compendios sobre el sexo femenino, así que me sorprendí al no encontrar un solo título. En algún momento estaba de pie frente a los archivadores y a la máquina de microfichas y, por más que quería, no sabía bajo qué palabra clave debía buscar. Y ésa fue la segunda experiencia que me quedó grabada: que me faltaban las palabras.

Cuando finalmente le conté a una bibliotecaria benévola que debía escribir un ensayo para la escuela u otra historia igualmente inverosímil, recibí un ejemplar sobre *La vagina y sus numerosas enfermedades*, lo que nos lleva a la tercera experiencia formativa: cuando finalmente se hablaba de la vulva, se hacía en el contexto de la enfermedad o la reproducción o –para seguir con la aliteración– del abuso, el abandono y los malos tratos.

Pasaron todavía algunos años hasta que tuve en las manos en la universidad un ejemplar del libro de Christina von Braun *Nicht ich – Logik, Lüge, Libido* [Yo no: lógica, mentira y libido], en el que la autora estudia precisamente esta vinculación y saca conclusiones para nuestra cultura basadas en el fenómeno de la histeria. Me quedé sorprendida al leer que la histeria fue explicada durante varios siglos por las anomalías del útero, en griego «*hystera*», y que se «trató» con unas medidas de lo más diversas que hoy en día recuerdan más bien torturas, como la extirpación del útero. Con los años aprendí que éste no era ningún caso especial. J. H. Kellogg, pontífice estadounidense del *wellness* y rey de los copos de avena, recomendaba por ejemplo en el siglo XIX que se aplicara ácido fénico en el clítoris a las mujeres que no podían ser disuadidas de masturbarse. Hasta ese momento, yo sólo conocía el ácido fénico como la neurotoxina con la que los médicos de los campos de concentración mataban a los prisioneros en el marco de sus experimentos con humanos. Sin embargo, al hacer esta recomendación Kellogg era prudente: en los hospitales se practicaba como «terapia» contra la masturbación, los períodos irregulares e incluso la soltería, la ablación del clítoris y los labios vaginales. En el esclarecedor libro de Catherine Blackledge *Historia de la vagina*, leí:

Las trompas de Falopio también acababan bajo el escalpelo. En apenas un año (1855) se realizaron en Gran

Bretaña más de doscientas extracciones de las trompas, con una tasa de mortalidad de casi el cincuenta por ciento. Las indicaciones para la extracción de trompas de Falopio sanas incluían «masturbación, tendencias eróticas, fatiga, simple terquedad y comer como un caballo». En los Estados Unidos, Francia y Alemania fue practicada también «*la castración de las mujeres*». Es característico de la manía de mutilar los genitales femeninos bajo la bandera de intervenciones médicas supuestamente necesarias que en 1886 un médico escribiera en una revista británica que: «[...] pronto será una rareza encontrar una mujer cuyos órganos sexuales estén intactos».[413]

En los Estados Unidos la última ablación de clítoris para la cura de la masturbación se llevó a cabo en 1948, y a una niña de cinco años.[414]

Sin embargo, las intervenciones quirúrgicas en genitales femeninos saludables no han terminado en absoluto, como lo demuestra la moda de la «vagina de diseño», aunque desde entonces éstas se producen en los países industrializados más bien por razones estéticas y no médicas, si no se toma en cuenta el número desproporcionadamente alto de cesáreas e incisiones del perineo. Más allá de esto, el conocimiento sobre las vías nerviosas que transportan la excitación y el placer del órgano sexual femenino al cerebro, sólo está disponible de forma rudimentaria o es inexistente. En consecuencia no puede prestarse atención a estos nervios durante la cirugía, mientras que una intervención que proteja la erección y la excitación es cuestión de rutina en las operaciones similares en hombres.[415]

El genital femenino es, tanto en sentido figurado como en sentido concreto, un área amenazada. El 25 de noviembre de 2005 el periódico alemán *taz* anunció en su portada que el número de mutilaciones genitales femeninas sería un cincuenta por ciento más alto de lo que se creía anteriormente, lo que significaría que *cada año* tres millones de niñas y mujeres serían objeto de mutilaciones. Aunque esto es, en última instancia, irrelevante, ya que una sola mujer ya sería demasiado. Estas intervenciones, con frecuencia llamadas eufemísticamente «circuncisión», consisten en

- la extirpación del clítoris o de partes de él (la Sunna),
- la extirpación del clítoris así como de los labios menores y/o mayores (escisión),
- la eliminación mediante raspaje de toda la vulva de manera que la entrada de la vagina sea cerrada por el tejido de la cicatriz y sólo quede una pequeña abertura –en la que previamente se ha introducido una cerilla o un junco– para permitir el tránsito del flujo menstrual (infibulación u oclusión genital).

En un breve extracto de la lista de consecuencias de intervenciones de este tipo que la *Deutsche Ärzteblatt* publicó el 3 de febrero de 2006 puede leerse:

–Trauma mental agudo
–Infección
–Formación de abscesos
–Shock séptico
–Contagio de VIH
–Tétanos
–Gangrena
–Problemas en la micción
–Retención urinaria
–Edema de la uretra
–Disuria
–Lesión de los órganos adyacentes
–Fracturas (fémur, clavícula, húmero)
–Hemorragia
–Conmoción
–Anemia
–Muerte[416]

Las consecuencias *psicológicas* de la mutilación genital femenina no han sido estudiadas siquiera de forma aproximada.

La razón por la que estaba segura de que detrás de toda esta devastación tenía que haber una imagen positiva de la vulva no estaba clara ni siquiera para mí; tampoco la de por qué la buscaba desesperadamente; por ello, fue una revelación encontrar el artículo de Harriet Lerner acerca de la importancia de las denominaciones precisas de la vulva, en el que la autora escribe:

> La práctica generalizada de nombrar equivocadamente a los genitales femeninos es casi tan sorprendente en sus consecuencias como el silencio que rodea a este hecho. Es cierto que en los Estados Unidos no se cortan y extraen el clítoris y los labios vaginales como se hace en otras culturas a innumerables niñas y mujeres. Nosotros hacemos el trabajo no con el cuchillo sino con el lenguaje: el resultado es, si se quiere, una mutilación genital psíquica. El lenguaje puede ser tan afilado y veloz como un bisturí quirúrgico. Lo que no se nombra, no existe.[417]

Desde entonces, cada vez que leo la palabra «epifanía» –y, considerando que hasta entonces sólo la conocía del filme *El corazón del ángel*, la leo con sorprendente frecuencia– recuerdo la sensación que tuve cuando Lerner me dijo por escrito lo que antes yo no podía poner en palabras. Me veo a mí misma como uno de esos personajes de cómic con la bombilla obligatoria sobre la cabeza y demasiados puntos de exclamación en un globo de pensamiento: ¡Exactamente! ¡Eso es lo que voy a hacer! ¡Invertir este proceso y restituir a la vulva en el discurso!

232

A lo largo de los años siguientes llegué a conocer el interior de archivos cuya existencia no había podido siquiera sospechar previamente. Sin embargo, el beneficio obtenido con ello era mínimo: un párrafo breve sobre arte corporal por aquí, un libro de ginecología *do-it-yourself* en edición de autor por allí. En la British Library de Londres, que se ha propuesto la imposible tarea de reunir todos los

Laura Doe, *Wondrous Vulva Puppet*

libros que hayan sido publicados alguna vez en inglés, tropecé con algunos ensayos sobre el *striptease*. Las horas que transcurrieron hasta que fueron traídos los volúmenes del depósito a la sala de lectura las pasé entre la mayor excitación y la desesperación más seria porque sólo se puede copiar un número limitado de páginas. Pero igual podría haberme ahorrado esa montaña rusa de emociones: los libros no trazaban de ningún modo una cronología de la historia del *striptease,* sino simplemente la de las fantasías eróticas de sus autores. Al menos en este contexto llamó mi atención Gypsy Rose Lee e incluso conseguí un año después hacerme con una copia de su muy entretenida novela policíaca *The G-String Murders.*

En la Feria del Libro de Frankfurt de 1997 pregunté finalmente a Claudia Gehrke, de la editorial Konkursbuchverlag, si podía ayudarme. Ella fue la primera que me contó la historia de Deméter y Baubo e hizo posible mi trabajo por primera vez. Desde entonces se han publicado varios libros notables, sobre todo la ya mencionada *Historia de la vagina* de Catherine Blackledge y *Die Bedeutung der Baubo* [El significado de Baubo] de Monika Gsell. Rachel Shteir escribió la primera historia cultural académica del *Striptease: The Untold History of the Girlie Show* [*Striptease:* La historia jamás contada del espectáculo de chicas]. Y, en Helsinki, Mimosa Pale arrastró a través de las calles su *mobile female monument* [Monumento femenino móvil], una vulva con canal vaginal acolchado en cuyo interior los viandantes podían reptar y tocar unas cuerdas de arpa y de guitarra tensadas allí. Mi percepción subjetiva es que algo se mueve, y que ahora se piensan, se hacen y se escriben cosas que hubieran sido imposibles hace diez años, simplemente porque no se daban las condiciones para ello.

Y entonces me encuentro con el ensayo de Germaine Greer *Lady Love your Cunt* [Señorita, ama tu coño] y descubro que ya estaba todo allí en 1971.

Este libro es un trabajo pionero en el sentido de que hasta ahora nadie ha escrito de esta forma sobre la presentación de la vulva ni la ha estudiado como objeto subversivo. Al mismo tiempo, ésta es la presentación de un tema antiguo en el que yo no soy ni la primera ni la última en abrirse paso. Si tuviera que decir qué es lo que he aprendido, diría que es que los deseos se convierten en realidad: ahora se pueden comprar en Internet vulvas para colgar en la pared y acariciar, los llamados *yoni puppets* [títeres *yoni*].

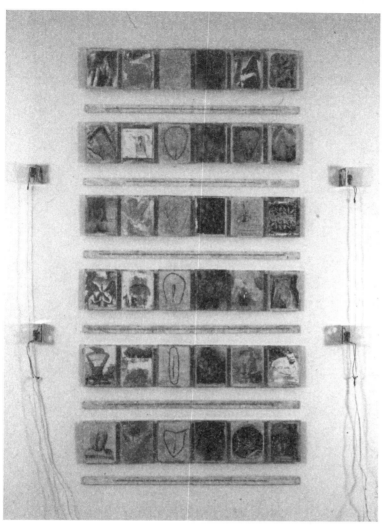

Carolee Schneemann, *Vulva's Morphia*, instalación, 1981-1995, 244,8 cm × 152,5 cm. Extracto del texto en el índice de ilustraciones

NOTAS

1. Jacques Lacan, «Qu'est-ce qu'une femme?», en Jacques Lacan, *Das Seminar*, libro III, Weinheim y Berlín, 1997, p. 208 [trad. esp.: *El seminario de Jacques Lacan*, texto establecido por Jacques-Alain Miller, trad. de Rithee Cevasco y otros, Barcelona, Paidós, 1981].

2. Catherine Blackledge, *The Story of V*, Londres, 2004, p. 6 [trad. esp.: *Historia de la vagina: un territorio virgen al descubierto*, trad. de Zoraida de Torres Burgos, Barcelona, Península, 2005].

3. Natachee Scott Momaday, citado en Gerald Vizenor, «Socioacupuncture. Mythic Reversals and the Striptease in Four Scenes», en *Out There: Marginalisation and Contemporary Cultures*, ed. de Russell Ferguson y otros, Nueva York, Cambridge (Massachusetts), Londres, 1990, p. 420.

4. Gloria Steinem, epílogo a Eve Ensler, *Die Vagina-Monologe*, Hamburgo, 2000, pp. 105 y sigs. [trad. esp.: *Monólogos de la vagina*, trad. de Anna Plata López, Barcelona, Planeta, 2000].

5. Bianca Krause y Christoph Brandhurst, *Ich nenne es «Da unten». Frauen erzählen über ihre Vagina, die Lust und den Sex*, Berlín, 2006.

6. Anónimo, «Unsere Wissenslucke», *Woman*, 3 (2006), p. 74.

7. Ibídem.

8. Inga Muscio, *cunt: a declaration of independence*, Emeryville, 2002, p. 5.

9. Matteo Realdo Colombo, *De re anatomica*, citado en Blackledge, *Story of V*, p. 69.

10. Barbara Walker, *Das geheime Wissen der Frauen*, Frankfurt am Main, 1993, p. 550.

11. Tanto la pera vaginal como la cuna de Judas fueron construidas explícita y principalmente con la finalidad de destrozar los órganos genitales femeninos. La pera vaginal se componía de cuatro piezas de metal unidas sin demasiada fuerza en su extremo más estrecho y con forma de pera. Las piezas de metal eran introducidas en la vagina y abiertas mediante un tornillo hasta que se desgarraba el bajo vientre. La cuna de Judas era una pirámide de madera sobre la que se sentaba a la víctima con las piernas abiertas, de las que a menudo colgaban sacos rellenos de plomo, de modo que todo el peso del cuerpo recayese en la vagina, que de esa forma era desgarrada lentamente.

12. Ludwik Fleck, «Entstehung und Entwicklung einer wissenschaftlichen Tatsache. Einführung in die Lehre vom Denkstil und Denkkollektiv», *Klinische Wochenschrift*, 15 (1936), n.° 7, p. 239.

13. Véase Blackledge, *Story of V*, p. 71.

14. Carolus Gottlob Kühn (ed.), *Claudii Galeni Opera omnia*, Leipzig, 1822, tomo II, libro XIV, cap. 6.

15. Véase Galeno, libro XIV, cap. 2: «El hombre es más perfecto que la mujer y la razón de su perfección es su excesivo calor, ya que éste es la herramienta original de la naturaleza. En consecuencia, la ejecución de aquellos animales que menos calor tienen es por fuerza menos perfecta, y no debe sorprender que la mujer sea tanto menos perfecta que el hombre puesto que es más fría», citado en May, 1968, p. 645, a lo que May añade que este pasaje es discutido entre los científicos y por esa razón no aparece en todas las traducciones.

16. Véase Pseudo Alberto Magno, *Secreta mulierum*, ed. de Johann Hartlieb, texto e investigación de Kristian Bossel-

mann-Cyran, *Würzburger medizinhistorische Forschungen*, tomo 36, Pattensen, Hannover, 1985; o, puesto que el texto está en alto alemán antiguo, véase el resumen y traducción de Blackledge, *Story of V*, p. 313.

17. Pseudo Alberto Magno, citado en Blackledge, *Story of V*, p. 81.

18. Prospero Borgarucci, *Della contemplatione anatomica. Sopra tutte le parti del corpo humano*, libro V, Venecia, 1564, p. 130.

19. Ibídem, p. 132.

20. Blackledge, *Story of V*, p. 5.

21. Véase Luce Irigaray, *Speculum. Spiegel des anderen Geschlechts*, Frankfurt am Main, 2001 [trad. esp.: *Speculum. Espéculo de la otra mujer*, trad. de Baralides Alberdi Alonso, Madrid, Saltés, 1978].

22. Josephine Lowndes Sevely, *Evas Geheimnisse. Neue Erkenntnisse zur Sexualität der Frau*, Múnich, 1988, p. 39. No obstante, la denominación oficial de las coronas de Lowndes está todavía pendiente.

23. Eve Ensler, *The Vagina Monologues*, Londres, 2004, contraportada.

24. Ibídem, pp. 13 y sigs.

25. Harriet Lerner, «Practicing "psychic genital mutilation"», *Chicago Tribune*, especial del *Tribune*, 2 de julio de 2003.

26. Ibídem.

27. Véase Claudia Fromme, «Lady "Bitch" Ray. Schläge unter die Gürtellinie», *Süddeutsche Zeitung*, 15 de abril de 2008.

28. Harriet G. Lerner, *Was Frauen verschweigen. Warum wir täuschen, heucheln, lügen müssen*, Frankfurt am Main, 1996, p. 62 [trad. esp.: *¿Por qué fingimos las mujeres? Verdad y mentira en la vida de las mujeres*, trad. de Silvia Komet Dain, Barcelona, Círculo de Lectores, 1995].

29. Ibídem.

30. Mimi Spencer, «The Vagina Dialogues», *The Guardian*, 18 de marzo de 2005.

31. Ibídem.
32. Lerner, *Was Frauen verschweigen*, pp. 63-64.
33. Ibídem.
34. Barbara Lukesch, «"Hör auf, ich will das nicht". Pionierprojekt: Kindergartenkinder erlernen nach einem neuartigen Konzept den Widerstand gegen sexuelle Gewalt», *Zürcher Tagesanzeiger*, 26 de junio de 1997, p. 65.
35. Véase también Barbara Rentdorff, *Geschlecht und symbolische Kastration. Über Körper, Matrix, Tod und Wissen*, Königstein im Taunus, 1996, p. 52.
36. Spencer, *Vagina Dialogues*.
37. Véase Kirsten Anderberg, «Vaginas in Mythology, Art and History», www.kirstenanderberg.com (consultado el 1 de febrero de 2009).
38. Spencer, *Vagina Dialogues*.
39. Ibídem.
40. Ibídem.
41. Ibídem. La feminista australiana Germaine Greer publicó su best seller *The Female Eunuch* en 1970 [trad. esp.: *La mujer eunuco*, trad. de Mireia Bofill y Heide Braun, Barcelona, Kairós, 2004].
42. Georges Devereux, *Baubo. Die mythische Vulva*, Frankfurt am Main, 1985, p. 24 [trad. esp.: *Baubo: la vulva mítica*, trad. de Eva del Campo, Barcelona, Icaria, 1984].
43. Clemente de Alejandría, traducción modificada de acuerdo con C. Mondésert, citado en Devereux, *Baubo*, p. 27. El «peplos» se utilizó desde la Edad de Hierro, pero es conocido principalmente como la prenda femenina de la Grecia antigua. Comparable con un poncho largo y de corte recto, por lo general se usaba con un cinturón.
44. Véase Klaus-Peter Koepping, «Unzüchtige und enthaltsame Frauen im Demeterkult», en *Die wilde Seele. Zur Ethnopsychoanalyse von Georges Devereux*, ed. de Hans Peter Duerr, Frankfurt am Main, 1987, pp. 85-123.
45. Véase Angelika Aliti, *Macht und Magie. Der weibliche*

Weg, die Welt zu verändern, Múnich, 1997, p. 109. Este pensamiento resuena también en el título del libro más conocido de Anaïs Nin, *Das Delta der Venus*, Frankfurt am Main, 2005 [trad. esp.: *Delta de Venus*, trad. de Víctor Vega Suárez, Madrid, Alianza Editorial, 2008].

46. Johann Wolfgang von Goethe, *Faust. Der Tragödie erster Teil*, Stuttgart 1956, p. 120. [La edición española de la que proviene la traducción es: Johann Wolfgang von Goethe, *Fausto. Werther. Herman y Dorotea*, trad. de Ignacio Tellería y Emilio Gómez de Miguel, Ávila, s/f, p. 129.]

47. Peter Sloterdijk, *Zur Welt kommen – Zur Sprache kommen. Frankfurter Vorlesungen*, Frankfurt am Main, 1988, p. 84 [trad. esp.: *Venir al mundo, venir al lenguaje: lecciones de Frankfurt*, trad. de Germán Cano, Valencia, Pre-Textos, 2006].

48. Véase Clemente de Alejandría *(c.* 200 d. C.), *Protreptikos*, II, 20.1-21.1, en *Die griechisch-christlichen Schriftsteller der ersten drei Jahrhunderte: Clemens Alexandrinus*, tomo 1, ed. de Ludwig Fruchtel, Leipzig, 1905, pp. 15 y sigs. Eusebio *(c.* 300 d. C.), *Praeparatio Evangelica*, II, 3.30-34, ed. de Édouard des Places, París, 1976, pp. 92 y sigs. (La versión de Eusebio es idéntica a la de Clemente.) Arnobio *(c.* 400 d. C.), *Des Afrikaners Arnobius sieben Bücher wider die Heiden*, trad. del latín y comentario de Franz Anton von Besnard, Landshut, 1842, pp. 152 y sigs. [trad. esp.: *Adversus nationes: en pugna con los gentiles*, trad. de Clara Castroviejo Bolíbar, Madrid, Biblioteca de Autores Cristianos, 2003].

49. *Arnobius' sieben Bücher wider die Heiden*, p. 154. La cursiva es mía.

50. Monika Gsell, *Die Bedeutung der Baubo. Zur Repräsentation des weiblichen Genitales*, Frankfurt am Main y Basilea, 2001, p. 33.

51. Véase Blackledge, *Story of V*, p. 14.

52. Heródoto, *Historien*, libro II, sección 60, en Heródoto, *Historien*, libros I-V, Múnich, 1991, p. 153 [trad. esp.: *His-*

toria, 5 vols., trad. de Carlos García Schrader, Madrid, Gredos, 1977-1988].

53. *Inanna-Hymnus*, citado en Shahrukh Husain, *Die Göttin. Das Matriarchat, Mythen und Archetypen, Schöpfung, Fruchtbarkeit und Überfluss*, Colonia, 2001, p. 78.

54. Ibídem.

55. Heide Göttner-Abendroth, *Die Göttin und ihr Heros*, Múnich, 1993.

56. Ian Buruma, citado aquí de su edición alemana, *Japan hinter dem Lächeln. Götter, Gangster, Geishas*, Frankfurt am Main y Berlín, 1988, pp. 28-29.

57. Véase ibídem, p. 23.

58. Nicolás Maquiavelo, *Discorsi. Gedanken über Politik und Staatsführung*, Stuttgart, 1977, pp. 304-305.

59. Blackledge, *Story of V*, pp. 9-10.

60. Véase ibídem, p. 13.

61. Sura 53, 20-23, citado en *Der Heilige Qur'-an*, edición e introducción de Hazrat Mirza Tahir Ahmad, imán y autoridad máxima de la sociedad islámica Ahmadiyya, República Federal de Alemania y Suiza 1989. [La edición española de la que proviene la traducción es: *El Corán*, intr., trad. y notas de Juan Vernet, Barcelona, Planeta, 2001.]

62. Véase comentario y concordancia en Rudi Paret, *Der Koran*, Stuttgart, 2005, p. 461.

63. Ibn Sa'd, II, 1; Tabari, I (3), 1649.

64. Aliti, *Macht und Magie*, p. 24.

65. www.historychannel.com/exhibits/stpatricksday/index.jsp? page=history6 (consultado el 1 de febrero de 2009).

66. En otras versiones Marduk divide el cuerpo de Tiamat —el caos— en cielo y tierra y hace así la luz, lo que debe ser leído como una analogía de la experiencia del nacimiento, en la que el vientre de la madre se abre y el niño ve por primera vez la luz del mundo a través de la raja o el canal de alumbramiento. También en el Génesis la tierra «no tenía entonces ninguna forma» (1, 2) y «Dios dijo: "¡Que haya luz!" Y hubo luz» (1, 3).

«Dios hizo una bóveda que separó las aguas; una parte de ellas quedó debajo de la bóveda y otra parte quedó arriba» (1, 7). [Estas y todas las otras citas bíblicas en este libro provienen de *Dios habla hoy: La Biblia*, Bungay, Suffolk, 1983.]

67. Apocalipsis 1, 8.

68. Göttner-Abendroth, *Die Göttin und ihr Heros*, p. 98.

69. Véase Jueces 2, 13 y 10, 6; 1 Samuel 7, 3; 7, 4; 12, 10 y 31, 10; 1 Reyes 11, 5 y 11, 34, así como 2 Reyes 23, 13.

70. Hans Peter Duerr, *Sedna oder Die Liebe zum Leben*, Frankfurt am Main, 1984, p. 204.

71. Apocalipsis 12, 2.

72. En Roma se realizaban anualmente celebraciones orgiásticas en honor a Juno Caprotina, la diosa de la higuera. La babilonia Ishtar también era venerada como higuera cósmica o *xikum*. En las culturas egipcia y mesopotámica la higuera era la residencia de la antepasada. La madera de la higuera salvaje o moral era empleada en la construcción de los sarcófagos para las momias, en los que también se depositaban higos secos como símbolo de la resurrección.

73. Véase la entrada *«feig, feige»* en el *Grimmschen Wörterbuch*: «3. Lascivo, cachondo, desvergonzado [...] como el raspador roe la lana y el vestido y el fuego quema la madera, el heno y la paja, así arruina y despilfarra el alma una carne cobarde. [...] duerme junto a la hembra y manda llamar tras el cobarde acto a su hombre, que desata a las mujeres. En Muglein *Valerius Max.* 79» (Jacob y Wilhelm Grimm, *Deutsches Wörterbuch*, vol. 3, Leipzig, 1862, columnas 1.441-1.442).

74. Véase Klaus Schreiner, «"Si homo non pecasset"... Der Sündenfall Adams und Evas in seiner Bedeutung fur die soziale, seelische und korperliche Verfasstheit des Menschen», en Klaus Schreiner y Norbert Schnitzler (eds.), *Gepeinigt, begehrt, vergessen. Symbolik und Sozialbezug des Körpers im späten Mittelalter und in der frühen Neuzeit*, Múnich, 1992, p. 41.

75. Véase Ernst Benz, *Adam. Der Mythos vom Urmenschen*, Múnich, 1955.

76. Véase Gregorio de Nisa, *La création de l'homme*, París, 1943.

77. Gregorio de Nisa, *La création de l'homme*, citado en, Claudia Brinker y otros (eds.), *Contemplata aliis tradere. Studien zum Verhältnis von Literatur und Spiritualität*, Berna, 1995, p. 34.

78. Ibídem, p. 38.

79. San Agustín, *Vom Gottesstaat*, tomo II, Zúrich y Múnich, 1978, p. 191 [trad. esp.: *La ciudad de Dios*, intr. y notas de Luis Blanco Vila, Madrid, Torre de Goyanes, 1997].

80. Matilde de Magdeburgo, *Das fliessende Licht der Gottheit*, tomo 1, Múnich, 1990, p. 87 [trad. esp.: *La luz divina ilumina los corazones: testimonio de una mística del siglo XIII*, trad., intr. y notas de Daniel Gutiérrez, Burgos, Monte Carmelo, 2004].

81. Véase Uta Ranke-Heinemann, *Eunuchen für das Himmelreich. Katholische Kirche und Sexualität*, Múnich, 2003, p. 156 [trad. esp.: *Eunucos por el reino de los cielos: la Iglesia Católica y la sexualidad*, trad. de Víctor Abelardo Martínez de Lapera, Madrid, Círculo de Bellas Artes, 1994].

82. Ibídem, pp. 556-557. [La edición española de la que proviene la traducción es: Edmundo González Blanco, *Los Evangelios Apócrifos*, Madrid, 2007.]

83. «Die schwarze Madonna – Nicht zensurierende Urmutter und alte schwarze Bauern-Gottheit», conferencia de Alois Maria Payer, en el congreso «Frauen – willige Opfer der Medizin? Fruherkennung, Hormone, Geburtsmedizin auf dem Prüfstand kritischer Wissenschaft – Wege zu einer zeitgemäsen Praxis» de la fundación Paracelsus Heute. La transcripción de la grabación realizada por D. Rosenmund puede encontrarse en: www.datadiwan.de/netzwerk/index.htm?/ stiftung_paracelsus/sp_007d_.htm (consultado el 1 de febrero de 2009).

84. Véase *Oxford English Dictionary*, Oxford, 1989, entrada: *«merkin»*.

85. Véase George L. Hersey, *Verführung nach Mass. Ideal und Tyrannei des perfekten Körpers*, Berlín, 1998, p. 44.

86. La imagen de la *Maria Lactans* parece remontarse a las así llamadas imágenes de Lucas; según la leyenda, San Lucas retrató a la Virgen con el niño de acuerdo con una visión que tuvo. En realidad, el motivo de la Madre de Dios amamantando se basa en representaciones de la diosa Isis dando el pecho a su hijo Horus. En diferentes lugares de peregrinación, como por ejemplo Mariahilf ob Passau, el agua de los manantiales sagrados es conducida a través de los pechos de una estatua de María y obtiene de ese modo una potencia especial.

87. Véase Norbert Wolf, *Die Macht der Heiligen und ihrer Bilder*, 2004, pp. 78-79.

88. Véase Blackledge, *Story of V*, p. 61.

89. Steinem, Epílogo a *Vagina-Monologe*, pp. 112-113.

90. San Agustín, *Vom Gottesstaat*, p. 791.

91. Carta de San Pablo a los Efesios 4, 13.

92. Carta de San Pablo a los Romanos 8, 29.

93. Véase Harold Marcuse, *Der übermächtige Frauenleib. Der Schlund und andere Vaginalsymbole in der Bildsprache des Mittelalters*, trabajo de seminario de especialización, Universidad de Hamburgo, Kunstgeschichtliches Institut, 1995.

94. Véase Jakob Sprenger y Heinrich Institoris, *Der Hexenhammer*, III, 1487; reimp. 1986, pp. 84 y sigs. [trad. esp.: *El martillo de las brujas*, trad. de Miguel Jiménez Monteserín, Madrid, Suma de Letras, 2006].

95. El Evangelio de Tomás, citado a partir de su traducción al alemán, en Peter Sloterdijk y Thomas H. Macho (eds.), *Weltrevolution der Seele. Ein Lese- und Arbeitsbuch der Gnosis von der Spätantike bis zur Gegenwart*, tomo I, Múnich y Zúrich, 1991, p. 71.

96. Irenäus Eibl-Eibesfeldt y Christa Sütterlin, *Im Banne der Angst. Zur Natur- und Kunstgeschichte menschlicher Abwehrsymbolik*, Múnich y Zúrich, 1992, pp. 182-183.

97. Ibídem.

98. Véase Jorgen Andersen, *The Witch on the Wall. Medieval Erotic Sculpture in the British Isles*, Londres 1977; así

como Anthony Weir y James Jerman, *Images of Lust. Sexual Carvings on Medieval Churches*, Londres, 1986.

99. Gsell, *Bedeutung der Baubo*, p. 177.

100. Véase Ralf Sotscheck, «Die Katakomben des Nationalmuseums», en Ralf Sotscheck, *Das Auge des keltischen Tigers. Dubliner Stories*, Viena, 2001, p. 104.

101. Véase Andersen, *Witch on the Wall*, p. 23.

102. Véase Sotscheck, «Die Katakomben des Nationalmuseums», p. 102.

103. Véase Claudio Lange, «Plastischer Kirchenschmuck und Islam. Zur Deutung des Obszonen», en Gabriele Bartz, Albert Karnein y Claudio Lange, *Liebesfreuden im Mittelalter. Kulturgeschichte der Erotik und Sexualität in Bildern und Dokumenten*, Stuttgart y Zúrich, 1994, pp. 97-121.

104. Véase Margaret A. Murray, «Female Fertility Figures», *The Journal of the Royal Anthropological Institute of Great Britain and Ireland*, 64 (1934), pp. 93-100.

105. Véase Sotscheck, «Die Katakomben des Nationalmuseums», p. 105.

106. Véase, por ejemplo, Anne Ross y Ronald Sheridan, *Gargoyles and Grotesques. Paganism in the Medieval Church*, Nueva York, 1975. Se puede ver un planteamiento similar en Vivian Mercier, *The Irish Comic Tradition*, Oxford, 1962.

107. Patrick K. Ford, «Celtic Women. The Opposing Sex», *Viator*, 19 (1988), p. 417.

108. Ibídem.

109. Véase Thomas Malory, *Le morte d'Arthur*, Harmondsworth, 2001 [trad. esp.: *La muerte de Arturo*, trad. de Francisco Torres Oliver, pról. de Carlos García Gual, epíl. de Luis Alberto de Cuenca, Madrid, Siruela, 2008].

110. Anne Ross, «The Divine Hag of the Pagan Celts», en Venetia Newall (ed.), *The Witch Figure. Studies in Honor of Katherine Briggs*, Londres, 1973, pp. 148-149. Véase también Anne Ross, *Pagan Celtic Britain*, Londres, 1967.

111. Aún hoy las figuras de piedra desatan reacciones ex-

tremadamente opuestas. Mientras que numerosos autores las encuentran feas, Hannelore Hippe las describe en su novela *Die Hexe an der Wand* como si fueran excitantes desde el punto de vista erótico, incluso pornográficas. Hippe también da por supuesta una relación con una diosa celta, pero la autora no remonta las *Sheelas* a Morrigan sino a Gobnait, una antigua diosa irlandesa que en la actualidad es venerada como santa cristiana. (Véase Hannelore Hippe, *Die Hexe an der Wand*, Colonia, 1998, p. 166.) A Gobnait se le atribuye la capacidad de curar y se la representa de pie sobre un huevo o una colmena: en sus pies se enrolla la famosa serpiente. Erich Fried también vincula las *Sheelas* con diosas precristianas en su poema *«Alte Andacht»*, pero también con una mujer concreta que en el acto de la unión sexual trasciende su condición para convertirse en el principio de la deidad femenina. Fried escribe: «Para que yo pudiera / acariciar mejor tu regazo / lo tenías abierto / con dos dedos / como Ishtar y Lilith / o como la Sheela de piedra / o de madera / en las viejas iglesias celtas / que vi delante de mis ojos / antes, asombrado» (Erich Fried, *Als ich mich nach dir verzehrte. Zweiundsiebzig Gedichte von der Liebe*, Berlín, 1992, p. 55).

112. Ezequiel 16, 36-37.

113. Ezequiel 16, 63.

114. Nahum 3, 5-7.

115. Éxodo 20, 23.

116. Éxodo 20, 26.

117. Véase John Fiske, *Myths and Myth-Makers. Old Tales and Superstitions Interpreted by Comparative Mythology*, ebooks. adelaide.edu.au./f/fiske/john/f54m/chapter4.html (consultado el 1 de febrero de 2009). La palabra *«dev»*, que proviene de la misma raíz, puede designar también a un dios o a un santo cuando éste está colmado de *shakti*, es decir, de la fuerza sagrada femenina.

118. Erich Neumann, *Die grosse Mutter. Eine Phänomenologie der weiblichen Gestaltungen des Unbewussten*, Olten, 1987, p. 165 [trad. esp.: *La Gran Madre: una fenomenología de las*

creaciones femeninas de lo inconsciente, trad. de Rafael Fernández de Maruri, Madrid, Trotta, 2009].

119. 1 Corintios 14, 33-38.

120. Distinción 23, Canon 29, en Aemilius Friedberg (ed.), *Corpus iuris canonici*, tomo 1, *Decretum Magistri Grantiani*, Graz, 1959, p. 86.

121. A excepción de la pregunta acerca de cómo podría concebir un niño si no conocía a ningún hombre, es decir, sin tener previamente relaciones sexuales.

122. Lucas 1, 38.

123. 1 Timoteo 2, 11-14.

124. Richard Benz (ed.), *Die Legenda aurea des Jacobus*, Gerlingen, 1955, p. 514.

125. Véase Romanos 16, 7.

126. Véase Ranke-Heinemann, *Eunuchen für das Himmelreich*, p. 191.

127. El papa Gregorio, citado en Walter-Jorg Langbein, *Das Sakrileg und die heiligen Frauen*, Berlín, 2004, p. 99.

128. Según la historiadora Hallie Rubenhold en la emisión *Balderdash & Piffle* del 15 de junio de 2008, BBC2.

129. Silke Tammen, «"Einer Frau gestatte ich nicht, das sie lehre": Zur Inszenierung der weiblichen Stimme in der spatmittelalterlichen Kunst am Beispiel heiliger Frauen», en Annette Kuhn y Bea Lundt (eds.), *Lustgarten und Dämonenpein. Konzepte von Weiblichkeit in Mittelalter und früher Neuzeit*, Dortmund, 1997, p. 317.

130. Véase Sonja Ross, *Die Vagina Dentata in Mythos und Erzählung. Transkulturalität, Bedeutungsvielfalt und kontextuelle Einbindung eines Mythenmotivs*, Berlín, 1994; así como Jill Raid, «The Vagina Dentata and the Immaculatus Uterus Divini Fontis», *Journal of the American Academy of Religion*, 48 (1980), pp. 415-431.

131. Véase Blackledge, *Story of V*, p. 192.

132. Franz Dobler, *Der Gute Johnny der Dreckskerl*, Augsburgo, 1992, p. 28.

133. Compárese con la mudez de la sirenita en el cuento de hadas de Hans Christian Andersen del mismo nombre: Hans Christian Andersen, *Die kleine Meerjungfrau*, Colonia, 1995 [trad. esp.: *La sirenita*, Barcelona, Orbis, 1997].

134. Numerosos autores han recurrido desde el siglo XIII a la materia de Melusina; entre ellos, Jean d'Arras, Thüring von Ringoltingen, Hans Sachs, Jakob Ayrer, Ludwick Tieck, Gustav Schwab, Achim von Arnim, Carl Zuckmayer y Johann Wolfgang von Goethe.

135. Flannery O'Connor, *Mystery and Mannery. Occasional Prose*, Londres y Boston, 1984 [trad. esp.: *Misterio y maneras: prosa ocasional escogida y editada por Sally y Robert Fitzgerald*, trad. y notas de Esther Navío, ed. de Guadalupe Arbona, Madrid, Encuentro, 2007].

136. Véase Hechos de los Apóstoles 2, 1-13. Otros pasajes importantes que testimonian la práctica del hablar en lenguas en la comunidad cristiana primitiva son Hechos 10, 44-48 y 1 Corintios 14. Sin embargo, la glosolalia no se limita al cristianismo, sino que es conocida en la mayor parte de las religiones.

137. «Expositio Evangelii secundum Lucam», libro X, en *Patrologia Latina*, vol. 15, París, 1845, p. 1843.

138. Véase Kari E. Börresen, *Subordination and Equivalence. The Nature and Role of Women in Augustine and Thomas Aquinas*, Washington, 1981, pp. 245-246.

139. Vincentius Bellovacensis, *Speculum Historiale*, Graz, 1965, p. 359.

140. Jean Leclerc, «Le magistère du prédicateur au XIII siècle», *Archives d'histoire doctrinale et littéraire du Moyen Âge*, 21 (1946), p. 119.

141. Véase Uta C. Schmidt, *Vom Rand zur Mitte. Aspekte einer feministischen Perspektive in der Geschichtswissenschaft*, Zúrich y Dortmund, 1994, pp. 110 y sigs.

142. Christine de Pizan, *Das Buch von der Stadt der Frauen*, trad. del francés antiguo y comentarios de Margarete Zimmermann, Berlín, 1986, p. 60 [trad. esp.: *La ciudad de las*

damas, trad. y ed. de Marie-José Lemarchand, Madrid, Siruela, 1999].

143. Naturalmente, los ángeles no tienen sexo en un sentido estricto. Sin embargo, en la imaginación popular el arcángel Gabriel sugiere claramente un hombre, lo que queda de manifiesto, por ejemplo, en su iconografía. Aunque se presuma la asexualidad del arcángel, éste es sólo el medio que propaga la palabra del Dios Padre.

144. Lucas 1, 26-38.

145. Véase Hugh B. Urban, «"India's Darkest Heart". Kali in the Colonial Imagination», en Rachel Fell McDermott y Jeffrey J. Kripal (eds.), *Encountering Kali. In the Margins, at the Center, in the West*, Berkeley, Los Ángeles y Londres, 2003, pp. 173-174.

146. Caleb Wright, *India and Its Inhabitants*, citado en Urban «"India's Darkest Heart"», p. 178.

147. Véase Urban, «India's Darkest Heart», p. 170. Véase también Ronald B. Inden, *Imagining India*, Oxford, 1990.

148. Poppy Z. Brite, «Calcutta, Lord of Nerves», en Poppy Z. Brite, *His Mouth Will Taste of Wormwood*, Londres y Nueva York, 1995, p. 47.

149. Katherine Mayo, *Mother India*, Londres, 1927, p. 29.

150. Ibídem.

151. Robert Orme, *Historical Fragments of the Moghul Empire, of the Morattoes, and of the English concerns in Indostan, from the Year MDCLIX*, Nueva Delhi, 1974, p. 306.

152. Sir George Fletcher MacMunn, *The Underworld of India*, Londres, 1933, p. 96. La sexualidad desempeña un papel central sólo en un tipo de hinduismo, el shaktismo.

153. Mayo, *Mother India*, p. 38.

154. Ibídem. Véase también Kenneth Ballhatchet, *Race, Sex and Class under the Raj. Imperial Attitudes and Policies and Their Critics 1793-1905*, Nueva York, 1980.

155. Por ejemplo F. E. F. Penny, *The Swami Curse*, Londres, 1929; Flora Annie Steel, *The Law of the Threshold*, Nueva

York, 1924; I. A. R. Wylie, *Daughter of Brahma*, Indianápolis, 1914. Véase también Avtar Singh Bhullar, *India, Myth and Reality. Images of India in the Fiction by English Writers*, Delhi, 1985.

156. Urvashi Butalia en entrevista con la autora, difundida parcialmente el 18 de agosto de 2005 en Westdeutschen Rundfunk.

157. Ibídem.

158. Véase Thomas B. Coburn, *Encountering the Goddess: A Translation of the Devi-Mahatmya and a Study of Its Interpretation*, Nueva York, 1991.

159. Véase Günter Grass, *Zunge zeigen*, Zúrich, 2001 [trad. esp.: *Sacar la lengua*, trad. de Anton Dieterich, Madrid, Mondadori, 1990].

160. Butalia, entrevista.

161. Poppy Z. Brite, «Calcutta», p. 54.

162. Véase Barbara Walker, *The Secrets of the Tarot. Origins, History and Symbolism*, San Francisco, 1985, p. 29.

163. Ajit Mookerjee, *Kali. The Feminine Force*, Rochester, 1988, p. 30.

164. Véase Walker, *Tarot*, p. 29.

165. Brite, «Calcutta», p. 49.

166. Ibídem.

167. Ibídem, p. 61.

168. Vivekananda, «Kali the Mother», citado en Mookerjee, *Kali*, p. 108.

169. Brite, «Calcutta», p. 62.

170. Ibídem.

171. Véase Husain, *Die Göttin*, p. 126.

172. Véase Juan 1, 1-3: «En el principio ya existía la Palabra; y aquel que es la Palabra estaba con Dios y era Dios. Él estaba en el principio con Dios. Por medio de él, Dios hizo todas las cosas; nada de lo que existe fue hecho sin él.»

173. Véase Jürgen Manthey, *Wenn Blicke zeugen könnten*, Múnich, 1983; así como Aleida Assmann, «Der Wissende und

die Weisheit. Gedanken zu einem ungleichen Paar», en Siegrid Schade (ed.), *Allegorien und Geschlechterdifferenz*, Colonia, 1994, pp. 11-25.

174. Sobre este concepto, véanse las publicaciones especializadas de Julia Kristeva, Luce Irigaray, Jacques Derrida y Helene Cixous.

175. Véanse, entre otros, Judith Butler y Barbara Duden.

176. Para la transmisión bíblica de la historia, véase Marcos 6, 21 y sigs.

177. Véase Thomas Rhode, *Mythos Salomé. Vom Markusevangelium bis Djuna Barnes*, Leipzig, 2000.

178. Véase por ejemplo Lucinda Jarrett, *Striptease. Die Geschichte der erotischen Entkleidung*, Berlín, 1999, pp. 75-76.

179. Oscar Wilde, *Salome*, en Oscar Wilde, *Theaterstücke*, II, Frankfurt am Main, 1982, p. 20 [trad. esp.: *Salomé*, trad. de Pere Gimferrer, ilustr. de Gino Rubert, Barcelona, Galaxia Gutenberg-Círculo de Lectores, 2005]. La pieza fue estrenada en 1893, y la ópera de Strauss basada en ella, en 1905.

180. Ibídem, p. 19.

181. Ibídem, p. 21.

182. Ibídem, p. 22.

183. Ibídem.

184. Ibídem, pp. 19 y 21.

185. Ibídem, p. 30.

186. Ibídem, pp. 31-32.

187. Ibídem, p. 33.

188. Ibídem, p. 36.

189. Rima infantil, citada en Margaret Atwood, «Dedication: The Great God Pen. Apollo vs Mammon: at whose altar should the writer worship», en Margaret Atwood, *Negotiating with the Dead. A Writer on Writing*, Cambridge, 2002, p. 87.

190. Heinrich Mann, *Professor Unrat oder das Ende eines Tyrannen*, Frankfurt am Main, 1989, p. 42 [trad. esp.: *El profesor Unrat*, trad. de Juan de Sola Llovet, Barcelona, RBA, 2010].

191. Wilde, *Salome*, p. 42.

192. Ibídem.

193. Ibídem, p. 43.

194. Ibídem.

195. Véase Rachel Shteir, *Striptease. The Untold History of the Girlie Show*, Oxford, 2004, p. 47.

196. Véase Havelock Ellis, *Mann und Frau. Eine Darstellung der sekundären Geschlechtsmerkmale beim Menschen*, Wurzburgo, 1909, pp. 366 y sigs. [trad. esp.: *Hombre y mujer*, trad. de J. López Oliván, Madrid, Hijos de Reus, 1913].

197. Atwood, «Dedication», p. 87.

198. Ibídem.

199. Irving Layton, *A Red Carpet for the Sun*, Toronto, 1958, p. 7.

200. Véase Christopher Hill, *Worlds Upside Down*, Harmondsworth, 1967 [trad. esp.: *El mundo trastornado: el ideario popular extremista de la revolución inglesa del siglo XVII*, trad. de María del Carmen Ruiz de Elvira, Madrid, Siglo XXI de España, 1983].

201. Véase Natalie Z. Davis, *Society and Culture in Early Modern France*, Stanford, 1965 [trad. esp.: *Sociedad y cultura en la Francia moderna*, trad. de Jordi Beltrán, Barcelona, Crítica, 1993].

202. Véase Derek y Julia Parker, *The Natural History of the Chorus Girl*, Indianápolis y Nueva York, 1975, p. 429. Aquí se aborda el aspecto alimenticio de la actividad, aunque no el creativo.

203. Stefan Zweig, *Die Welt von gestern*, Frankfurt am Main, 1990, p. 356 [trad. esp.: *El mundo de ayer: memorias de un europeo*, trad. de J. Fontcuberta y A. Orzeszek, Barcelona, El Acantilado, 2001].

204. Valeska Gert, *Ich bin eine Hexe. Kaleidoskop meines Lebens*, Reinbek bei Hamburg, 1978, pp. 38-39.

205. Ibídem, p. 34.

206. Citado en Frank-Manuel Peter, *Valeska Gert. Tänzerin, Schauspielerin, Kabarettistin*, Berlín, 1987, p. 45.

207. Maurus Pacher, *Sehn Sie, das war Berlin. Weltstadt nach Noten*, Berlín, 1992, p. 154.

208. Klaus Mann, «Erinnerungen an Anita Berber», *Die Bühne*, 7, n.° 275 (1930), p. 43.

209. Véase Lothar Fischer, *Anita Berber. Tanz zwischen Rausch und Tod 1918-1928 in Berlin*, Berlín, 1996, p. 63.

210. Leni Riefenstahl, *Memoiren*, Frankfurt am Main, 1990, p. 33 [trad. esp.: *Memorias*, trad. de Juan Godó Costa, pról. de Román Gubern, Barcelona, Lumen, 1991].

211. Fred Hildenbrandt, ... *ich soll dich grüssen von Berlin*, Múnich, 1979, pp. 47-48.

212. Mann, «Erinnerungen an Anita Berber», p. 44.

213. Ibídem.

214. Véase Christina von Braun, «Frauenkörper und medialer Leib», en Wolfgang Müller-Funk y Hans Ulrich Reck (eds.), *Inszenierte Imagination. Beiträge zu einer historischen Anthropologie der Medien*, Viena y Nueva York, 1996, pp. 125-146.

215. Peter, *Valeska Gert*, p. 69.

216. Valeska Gert, «Mary Wigman und Valeska Gert», en Rolf-Peter Baacke (ed.), *Berlin im «Querschnitt»*, Berlín, 1990, p. 216.

217. Jacki Willson, *The Happy Stripper. Pleasures and Politics of the New Burlesque*, Londres y Nueva York, 2008, p. 8.

218. William Dean Howells, «The New Taste in Theatricals», *Atlantic Monthly* (mayo de 1869), pp. 642-643.

219. Hart Crane, *The Bridge*, Londres, 1931, p. 89.

220. Hart Crane, *Die Brücke. Ein Gedicht*, Salzburgo y Viena, 2004, p. 101 [trad. esp.: *El puente*, pról., trad. y notas de Jaime Priede, Gijón, Trea, 2009].

221. *Billboard*, 20 de abril de 1935, p. 24.

222. Texto propagandístico de Tennessee Williams en la contraportada del libro de Gypsy Rose Lee *Gypsy. Memoirs of America's Most Celebrated Stripper*, Berkeley, 1999.

223. Jarrett, *Striptease*, p. 108.

224. Abel Green, *Showbiz from Vaude to Video*, Nueva York, 1951, p. 450.

225. John Richmond, «Striptease Intellectual», *The American Mercury* (enero de 1941), p. 38.

226. Rachel Shteir, «Gypsy Rose Lee: "Striptease intellectual"», epílogo a Gypsy Rose Lee, *The G-String murders*, Nueva York, 2005, pp. 213 y 225.

227. Véase Sherill Tippins, *February House. What Happened when W. H. Auden, Benjamin Britten, Paul & Jane Bowles, Carson McCullers and Gypsy Rose Lee moved in together*, Londres, Sidney, Nueva York y Toronto, 2005, p. 116.

228. Recorte de prensa sin fecha en los archivos de Gypsy Rose Lee, Shubert Archives.

229. Gypsy Rose Lee en Tippins, *February House*, p. 84.

230. Lee, *Gypsy*, p. 95.

231. Texto propagandístico de John Steinbeck en la contraportada de Lee, *Gypsy*.

232. Véase Shteir, epílogo, p. 225.

233. Carta de Gypsy Rose Lee a su lector Lee Wright, 26 de febrero de 1941, Gypsy Rose Lee Papers, Billy Rose Theatre Collection, New York Public Library.

234. Gypsy Rose Lee, *Der Varieté-Mörder*, Colonia, 1988, p. 29.

235. Ibídem.

236. Ibídem, pp. 29-30.

237. Ibídem, p. 23.

238. Ateneo de Náucratis, *Gelehrtengastmahl*, Leipzig, 1985, libro XIII, p. 60 [trad. esp.: *Banquete de los eruditos*, intr., trad. y notas de Lucía Rodríguez-Noriega Guillén, Madrid, Gredos, 1998].

239. William Sanger, *A History of Prostitution*, Nueva York, 1859, p. 60.

240. Nickie Roberts, *Whores in History*, Londres, 1992, p. 23.

241. Ibídem.

242. Véase Erich Frey, *Ich beantrage Freispruch. Aus den Erinnerungen des Strafverteidigers Prof. Dr. Dr. Erich Frey*, Hamburgo, 1959.

243. En 1975 el cantante irlandés de folk y pop Chris de Burgh reunió ambos casos en uno y obtuvo un gran éxito con la pieza *Patricia the Stripper*, en la que Friné/Lola/Fifi actúa bajo el nombre de Patricia, pero, por lo demás, se cuenta la misma historia. Patricia también se desnuda de forma espectacular en la sala de audiencias, con lo que sale vencedora fáctica y moralmente del juicio.

244. Véase Kathy Lette, «Introduction», en May West, *She Done Him Wrong*, Londres, 1995, pp. viii-ix.

245. Véase Shteir, *Striptease*, p. 98.

246. Gypsy Rose Lee, citado en ibídem, p. 2.

247. Véase la reseña de *Moonlight Maids*, *Variety*, 29 de octubre de 1924, p. 11.

248. Véase Shteir, *Striptease*, p. 216.

249. Ibídem.

250. www.wordsmithradio.org/scripts/archive/ecdysiast. html (consultado el 1 de febrero de 2009). Véase también Shteir, *Striptease*, p. 216.

251. Gypsy Rose Lee, citado en, Shteir, epílogo, pp. 217-218. También Gypsy Rose Lee, citado en Shteir, *Striptease*, p. 186.

252. Ibídem.

253. Ibídem.

254. Kirsten Akens, «Risque Business», *Colorado Springs Independent*, 3 de abril de 2008.

255. Michelle Baldwin, *Burlesque (and the new bump-n-grind)*, Golden, 2004, p. xv.

256. Ibídem.

257. Heather MacAllister en http://bigburlesque.com/ (consultado el 1 de febrero de 2009).

258. Michelle Baldwin, en Kelly DiNardo, «Burlesque Comeback Tries To Dance With Feminism», en *womens enews*,

12 de febrero de 2004. www.womensenows.org/article. cfm/ dyn/aid/2099 (consultado el 1 de febrero de 2009).

259. Véase ibídem. Además, la primera New Burlesque Convention, que tiene lugar anualmente desde 2001, recibe también el nombre de «Tease-O-Rama».

260. Artículo: «*Striptease*», en Guiseppe Lo Duca (ed.), *Das moderne Lexikon der Erotik von A – Z*, vol. 10, Múnich, Viena y Basilea, 1968, p. 47 [trad. esp.: *Enciclopedia ilustrada de sexología y erotismo*, trad. de Antonio G. Valiente y Ernesto Mascaró P., Ciudad de México, Daimón, 1979].

261. Véase Judith Mayne *The Woman at the Keyhole. Feminism and Women's Cinema*, Bloomington, 1990, p. 180.

262. Véase el influyente ensayo de Laura Mulvey «Visual Pleasure and Narrative Cinema», *Screen*, 16/3. 1975, pp. 6-18 [trad. esp.: *Placer visual y cine narrativo*, Valencia y Minnesota, Fundación Instituto Shakespeare/Instituto de Cine y RTV y Universidad de Minnesota, 1975].

263. Jean-Paul Sartre, *Das Sein und das Nichts. Versuch einer phänomenologischen Ontologie*, Reinbek bei Hamburg, 1976, p. 726 [trad. esp.: *El ser y la nada*, trad. de Juan Valmar, Barcelona, RBA, 2004]. Véanse también las intervenciones de Lacan sobre la mirada, en Jacques Lacan, *Das Seminar*, libro 11, Múnich, 1996 [trad. esp.: *El seminario de Jacques Lacan*, texto establecido por Jacques-Alain Miller, trad. de Rithee Cevasco y otros, Barcelona, Paidós, 1981]; así como Claudia Blumle, *Blickzähmung und Augentäuschung. Zu Jacques Lacans Bildtheorie*, Zúrich y Berlín, 2006.

264. Sartre, *Das Sein und das Nichts*, p. 727.

265. Véase la interpretación de Kojève del dualismo hegeliano del amo y del esclavo, que tuvo una importante influencia en las obras de Lacan y Sartre. Alexandre Kojève, *Hegel. Eine Vergegenwärtigung seines Denkens*, Frankfurt am Main, 1997.

266. Christina von Braun, «Ceci n'est pas une femme. Betrachten, Begehren, Beruhren – von der Macht des Blicks», *Lettre*, 25 (1994), p. 83.

267. Ibídem.

268. Roland Barthes, «Strip-tease», en Roland Barthes, *Mythen des Alltags*, Frankfurt am Main, 1964, pp. 68-69 [trad. esp.: *Mitologías*, trad. de Héctor Schmucler, Madrid, 2009]. Véase también Umberto Eco, «*Platon im Striptease-Lokal*». *Parodien und Travestien*, Múnich y Viena, 1990, pp. 15-20 [trad. esp.: *Diario mínimo*, trad. de Jesús López Pacheco, Barcelona, Península, 1988].

269. Barthes, «Strip-tease», p. 68.

270. Ibídem, p. 70.

271. Blackledge, *Story of V*, p. 194.

272. Véase Hans Peter Duerr, *Nacktheit und Scham. Der Mythos vom Zivilisationsprozess*, vol. 1, Frankfurt am Main, 1988, p. 349.

273. Citado en Wolfgang Beutin, *Sexualität und Obszönität. Eine literaturpsychologische Studie über epische Dichtung des Mittelalters und der Renaissance*, Wurzburgo, 1990, p. 448. [La cita original corresponde a la conferencia «La perturbación psicógena de la visión según el psicoanálisis», de 1910. La traducción española está extraída de Sigmund Freud, *Obras completas*, vol. XI, «Cinco conferencias sobre psicoanálisis», trad. de Luis López-Ballesteros, Madrid, 1988.]

274. Jean Baudrillard, «Der "striptease"», en Jean Baudrillard, *Der symbolische Tausch und der Tod*, Múnich, 1982, p. 168 [trad. esp.: *El intercambio simbólico y la muerte*, trad. de Carmen Rada, Caracas, 1980].

275. Baudrillard, «Der "striptease"», p. 169.

276. Véase Eco, «Striptease», p. 17.

277. Véase, por ejemplo, Diana Atkinson, *Striptease*, Reinbek bei Hamburg, 1996; Erika Langley, *The Lusty Lady*, Zúrich, 1997.

278. Baudrillard, «Der "striptease"», p. 167.

279. Ibídem, p. 170.

280. Ibídem, p. 171.

281. Ibídem.

282. Luce Irigaray, *Das Geschlecht das nicht eins ist*, Berlín, 1979, p. 89 [trad. esp.: *Ese sexo que no es uno*, trad. de Raúl Sánchez Cedillo. Tres Cantos, Akal, 2009].

283. Ibídem, p. 90.

284. Ibídem.

285. Jacques Lacan, *Encore. Das Seminar*, libro 20, 2.ª ed., Múnich, 1991, p. 68. [La edición española de la que proviene la traducción es: Jacques Lacan, *Seminario 20: Aún*, trad. de Diana Rabinovich, Juan-Luis Delmont-Mauri y Julieta Sucre; rev. de Diana Rabinovich, con el acuerdo de Jacques-Alain Miller, Barcelona, Buenos Aires, 1981.]

286. Véase Roland Barthes, *Die Lust am Text*, Frankfurt am Main, 1992, pp. 16 y sigs. [trad. esp.: *El placer del texto y Lección inaugural*, trad. de Nicolás Rosa y Óscar Terán, estudio preliminar y revisión de la trad. de José Miguel Marinas, Madrid, Siglo XXI, 2007].

287. Véase Sadie Plant, *Nullen und Einsen*, Berlín, 2001, pp. 73-74 [trad. esp.: *Ceros + unos: mujeres digitales + la nueva tecnocultura*, trad. de Eduardo Urios, Barcelona, Destino, 1998].

288. Ibídem, p. 73.

289. Karl Gottlieb Küttner, *Briefe über Irland an seinen Freund, den Herausgeber*, Leipzig, 1785, pp. 321-322.

290. Heinrich Heine, *Die schlesischen Weber und andere Texte zum Weberelend*, ed. de Walter Wehner, Stutgart, 1981, p. 7 [trad. esp.: «Los tejedores de Silesia y otros textos sobre la miseria de los tejedores», en *Gedichte-Auswahl. Antología poética: edición bilingüe*, intr. y trad. de Berit Balzer, Madrid, Ediciones de la Torre, 1995].

291. Véase Elisabeth Bronfen, *Over Her Dead Body. Death, Femininity and the Aesthetic*, Londres y Nueva York, 1992.

292. William Shakespeare, *Sämtliche Werke*, vol. III, *Tragödien*, Heidelberg, 1987, p. 448: *Macbeth*, acto IV, escena 1 [trad. esp.: *Macbeth. Otelo. Julio César*, trad. de Marcelino Menéndez Pelayo, Madrid, Edaf, 1981].

293. Ibídem.

294. William Shakespeare, *Macbeth*, Oxford, 1978, p. 52, acto IV, escena 1.

295. Véase William Shakespeare, *Macbeth*, acto II, escena 1: «Banco: I dreamt last night of the three weird sisters», o acto IV, escena 1: «Macbeth: Saw you the weird sisters?» La palabra *«weir»* –o, en su grafía antigua, *«wyrd»*– significa «raro» o «curioso», pero *«wyrd»* también se refiere al concepto escandinavo del destino, que es encarnado por las Nornas, que a su vez inspiraron las tres brujas de *Macbeth*.

296. Véase Marie Holban, *Incantations. Chants de Vie et de Mort*, París, 1958, pp. 75 y 79.

297. Véase el artículo de Venetia Newall, «Frosch», en *Enzyklopädie des Märchens*, vol. 5, Nueva York y Berlín, 1987, pp. 393-401; así como Sigrid Schade, *Schadenzauber und die Magie des Körpers. Hexenbilder der frühen Neuzeit*, Worms, 1983.

298. Véase Carola Meier-Seethaler, *Von der göttlichen Löwin zum Wahrzeichen männlicher Kraft. Ursprung und Wandel grosser Symbole*, Zúrich, 1993.

299. Véase Duerr, *Nacktheit und Scham*, p. 333.

300. Baudrillard, «Der "striptease"», p. 168.

301. Joanna Frueh, *Monster/Beauty. Building the Body of Love*, Berkeley y Los Ángeles, 2001, p. 74.

302. Ibídem, p. 2.

303. Wiltrud Neumer-Pfau, *Studien zur Ikonographie und gesellschaftlichen Funktion hellenistischer Aphrodite-Statuen*, Bonn, 1982, p. 90.

304. Heródoto, *Historien*, Stuttgart, 2002, pp. 166-167.

305. Véase Thomas Hausschild, «Abwehrmagie und Geschlechtssymbolik im mittelmeerischen Volksglauben», en *Baessler-Archiv*, vol. 28, 1980, p. 90.

306. Carolee Schneemann, *Up to and Including her Limits*, citado en Amelia Jones: *Body Art. Performing the Subject*, Mineápolis y Londres, 1998, epígrafe sin paginar.

307. Carolee Schneemann, citada en Rebecca Schneider,

The Explicit Body in Performance, Londres y Nueva York, 1997, pp. 37-38.

308. Ibídem.

309. Carolee Schneemann, *More Than Meat Joy. Complete Performance Works and Selected Writings*, New Paltz y Nueva York, 1979, p. 52.

310. Carolee Schneemann, citada en Lucy Lippard, *From the Center: Feminist Essays on Women's Art*, Nueva York, 1976, p. 126.

311. Lucy Lippard, citada en Jones, *Body Art*, p. 175.

312. Carolee Schneemann, *Interior Scroll*, citado en Jones, *Body Art*, p. 3.

313. www.caroleeschneemann.com/works.html (consultado el 1 de febrero de 2009).

314. Hannah Wilke, citada en Hilary Robinson (ed.), *Feminism-Art-Theory. An Anthology 1968-2000*, Oxford, 2001, p. 580.

315. Véase Immanuel Kant, *Kritik der Urteilskraft*, Stuttgart, 1986 [trad. esp.: *Crítica del juicio*, ed. y trad. de Manuel García Morente, Pozuelo de Alarcón, Espasa Calpe, 2007].

316. Lippard, *From the Center*, p. 125.

317. Yves Klein, «Truth Becomes Reality», en *Yves Klein 1928-1962. A Retrospective*, Nueva York, 1996, p. 230 [trad. esp.: *Yves Klein: obras y escritos*, trad. de Marta Pérez, Barcelona, Polígrafa, 2010].

318. Véase Carol Duncan, *The Aesthetics of Power in Modern Erotic Art. Feminist Art Criticism*, Nueva York, 1988, p. 62.

319. Una metáfora que fue caracterizada de forma decisiva por Norman O. Brown en *Love's Body*, Nueva York, 1966, p. 23 [trad. esp.: *El cuerpo del amor*, trad. de Enrique Luis Revol, La Roca del Vallès, Santa & Cole, 2005].

320. Judy Chicago, *Durch die Blume. Meine Kämpfe als Künstlerin*, Reinbek bei Hamburg, 1986, p. 40.

321. Citado en Mia Fineman, «Table for 39. *The Dinner Party*, Judy Chicago's Iconic Work of Feminist Art, Stands the

Test of Time», *Slate,* 25 de abril de 2007. www.slate.com/id/216 5003 (consultado el 1 de febrero de 2009).

322. Steinem, epílogo, p. 109.

323. Winifred Milius Lubell, *The Metamorphosis of Baubo. Myths of Women's Sexual Energy,* Nashville y Londres, 1999, pp. xvi-xvii.

324. Ibídem, p. xvii.

325. C. Carr, «Theoretical Grrrl. The Legacy of Kathy Acker», *Village Voice,* 5 de noviembre de 2002.

326. Véase Barbara Caspar, «Harte Mädchen weinen nicht. Exposé für einen Dokumentarfilm über Kathy Acker», *Who's Afraid of Kathy Acker?,* Austria y Alemania, 2007, 78 min.

327. Kathy Acker, citada en Peter Guttridge, «Obituary Kathy Acker», *The Independent,* 3 de diciembre de 1997.

328. Kevin Killian, entrevista con Barbara Caspar, en Barbara Caspar: «Harte Mädchen weinen nicht», p. 10.

329. Ibídem.

330. Entrevista a Kathy Acker, en Andrea Juno, *Angry Women. Die weibliche Seite der Avantgarde,* St. Andrä-Wördern, 1997, p. 156.

331. Aunque, naturalmente, no fueron sus únicos temas. *Pussy,* por ejemplo, se ocupa de forma intensiva de la categoría sociológica de «raza» y de las implicaciones que el ser judía tuvo para Acker y para su biografía.

332. Kathy Acker y The Mekons, *Pussy, King of the Pirates,* Quaterstick Records, 1996, pista 1.

333. Véase Barbara Vinken, «Differenz-Forschung», en Renate Kroll y Margarete Zimmermann (eds.), *Feministische Literaturwissenschaft in der Romanistik. Theoretische Grundlagen, Forschungsstand, Neuinterpretationen,* Stuttgart, 1995, p. 69.

334. Ibídem.

335. Hans Mayer, *Aussenseiter,* Frankfurt am Main, 1981, p. 39.

336. Ibídem.

337. Ibídem.

338. Team Dresh, *Personal Best*, EFA, 1995. Texto original: «When I was sixteen she said to me / I have a demon posession / I said what the fuck does that mean / she said she couldn't be my friend / those were the worst days of my life / and all the sick boys loved to harass me / so I flaunted my hatred to the flag / my mother cried when I shaved my head.»

339. Acker, *Pussy*, pista 8.

340. Caspar, «Harte Mädchen weinen nicht», p. 5.

341. Ibídem, p. 7.

342. Bikini Kill, *Bikini Kill*, Kill Rock Label [1992], 1998, pista 5.

343. Harriet E. Lerner, «Elterliche Fehlbenennung der weiblichen Genitalien als Faktor bei der Erzeugung von "Penisneid" und Lernhemmungen», *Psyche*, 4 (1980), pp. 1092-1.093. Véase también L. Bellak y Paul K. Benedict (eds.), *Schizophrenia. A Review of the Syndrome*, Nueva York, 1958, p. 29 [trad. esp.: *Esquizofrenia: Revisión del síndrome*, trad. de Ismael Antich, Barcelona, Herder, 1962].

344. Lerner, «Elterliche Fehlbenennung», pp. 1092-1093.

345. Véase Lacan, *Das Seminar*, libro 20, pp. 69-70.

346. Véase Toril Moi, *Sexus, Text, Herrschaft. Feministische Literaturtheorie*, Bremen, 1989, p. 84 [trad. esp.: *Teoría literaria feminista*, trad. de Amaia Bárcena, Madrid, Cátedra, 1988].

347. Gsell, *Bedeutung der Baubo*, p. 34.

348. Kathy Acker, *Pussy. König der Piraten*, Berlín, 1997, p. 187.

349. Kathy Acker y The Mekons, *Pussy, King of the Pirates*, pista 14.

350. Véase Carr, «Theoretical Grrrl».

351. Marlis Gerhardt, *Stimmen und Rhythmen. Weibliche Ästhetik und Avantgarde*, Darmstadt y Neuwied, 1986, pp. 105-106.

352. Véase Astrid Böger, «"Here's Looking at You, Kid": Ein Ruck-Blick auf Hollywoods klassische Schlussszenen», en

Astrid Böger y Herwig Friedl (eds.), *FrauenKulturStudien. Weiblichkeitsdiskurse in Literatur, Philosophie und Sprache*, Tubinga y Basilea, 2000, p. 48.

353. Carr, «Theoretical Grrrl».

354. Kathleen Hanna, citada en Hillary Frey, «Kathleen Hanna's Fire», *The Nation*, 23 de diciembre de 2002.

355. Ibídem.

356. *Bikini Kill* y *bratmobile*, «Riot Grrrl Manifest», primera publicación en 1991, en *BIKINI KILL ZINE* 2, www.onewarart.org/riot_grrrl_manifesto_ print.htm (consultado el 1 de febrero de 2009).

357. Ann Magnuson, prólogo de *A Girl's Guide to Taking over the World: Writings from the Girl Zine Revolution*, Nueva York, 1997, p. ii.

358. *Bikini Kill* y *bratmobile*, «Riot Grrrl Manifest».

359. Bikini Kill, *Bikini Kill*, pista 11. Texto original: «I'll resist with every inch and every breath / I'll resist this psychic death.»

360. Ibídem, pista 7. Texto original: «I'm so sorry if I'm alienating some of you / you're whole fucking culture alienates me.»

361. Página *web* de Kathleen Hanna: www.kathleenhanna.com/evandando.html (consultado el 1 de febrero de 2009).

362. Entrevista con Kathleen Hanna, en Juno, *Angry Women*, p. 136.

363. Kathleen Hanna «Selbstportrait», www.letigreworld.com/ sweepskes/html_site/fact/khfacts.html (consultado el 1 de febrero de 2009).

364. Kerstin Grether, «Girlism, Slut-Rock, Riot Girl und der Boom von Feminismus, Sexual Politics und Body Talk in den amerikanischen 90er Jahren», manuscrito inédito de la conferencia con la que la periodista Kerstin Grether recorrió Alemania entre 1995 y 1996, p. 3.

365. *Bikini Kill* y *bratmobile*, «Riot Grrrl Manifesto».

366. Grether, «Girlism», pp. 7-8.

367. Joanne Gottlieb y Gayle Wald, «Smells Like Teen

Spirit. Riot Grrrls, Revolution und Frauen im Independent Rock», en Cornelia Eichhorn y Sabine Grimm (eds.), *Gender Killer*, Berlín y Ámsterdam, 1984, p. 179.

368. Grether, «Girlism», p. 4.

369. Muscio, *cunt*, p. xxvii.

370. Pagan Kennedy, *Stripping and Other Stories*, Londres y Nueva York, 1994, p. 38.

371. Ibídem, p. 43.

372. Adrienne Rich, *On Lies, Secrets, and Silence. Selected Prose 1966-1978*, Nueva York, 1979, p. 35.

373. Kennedy, *Stripping*, p. 45

374. Ibídem, p. 47

375. Liz Phair, *Exile in Guyville*, Matador, 1993, pista 16.

376. Kathleen Hanna, «On Not Playing Dead», en Karen Kelly y Evelyn McDonnell (eds.), *Stars Don't Stand Still in the Sky. Music and Myth*, Nueva York, 1999, p. 131.

377. Véase Lerner, *Was Frauen verschweigen*, p. 63.

378. Sigmund Freud, «Die Weiblichkeit», en Sigmund Freud, *Gesammelte Werke*, vol. 15, Frankfurt am Main, p. 123 [trad. esp.: *Obras completas*, trad. de Luis López-Ballesteros, Madrid, Biblioteca Nueva, 1972-1975].

379. A partir de Bertha Pappenheim, más conocida bajo el seudónimo de Anna O. utilizado en los *Estudios sobre la histeria*, que denominó su análisis cura por la palabra o narrativa, a la que se hace referencia más habitualmente como *talking cure*. Freud adoptó el concepto como descripción del instrumento más importante de su psicoanálisis.

380. Véase Karen Finley entrevistada por Barbara Caspar, en Caspar, «Harte Mädchen weinen nicht», p. 5.

381. Karen Finley, «The Constant State of Desire», *The Drama Review*, 32, n.º 1 (1988), p. 147.

382. Véase Finley contra el National Endowment for the Arts (extractos), 795, *Federal Supplement*, 1457 (Central District of California, 1992).

383. Karen Finley, en Marcelle Clements, «Karen Finley's

Rage, Pain, Hate and Hope», *New York Times*, 22 de julio de 1990. También Karen Finley, en Mel Gussow, «The Other Life of Karen Finley; "I try to fix things", Says a Startling Performance artist», *New York Times*, 22 de septiembre de 1997.

384. Sigmund Freud, «Bruchstück einer Hysterie-Analyse», en Sigmund Freud, *Gesammelte Werke in Einzelbänden*, vol. V, Frankfurt am Main, 1905, pp. 83-84.

385. Véase Sigmund Freud, *Bruchstück einer Hysterie-Analyse*, Frankfurt am Main, 1993, p. 56.

386. Ibídem, p. 30.

387. Ibídem, p. 94.

388. Ibídem, p. 60.

389. Ibídem, pp. 60 y 63.

390. Ibídem, p. 69, nota 4.

391. Ibídem, p. 59.

392. Ibídem, p. 107.

393. Ibídem, p. 105.

394. Véase también, para el caso «Dora», Klaus Schlagmann, *Zur Rehabilitation von «Dora» und ihrem Bruder oder Freuds verhängnisvoller Irrweg zwischen Trauma- und Triebtheorie*, vol. 1. *Der Fall Dora und seine Bedeutung für die Psychoanalyse*, Saarbrücken, 1997.

395. Felix Deutsch: «A Footnote to Freud's "Fragment of an Analysis of a Case of Hysteria"», *Psychoanalysis Quarterly*, 26 (1957), p. 167.

396. Citado en Schneider, *Explicit Body*, p. 115.

397. Ibídem, p. 55.

398. Ibídem.

399. Ibídem.

400. «PorNo» es una contracción de las palabras «pornografía» y «no». Alice Schwarzer creó en 1987 la iniciativa del mismo nombre que aboga por la prohibición de la pornografía. Desde entonces, e independientemente de Schwarzer, PorNo se ha convertido en sinónimo de posiciones claramente contrarias a este género.

401. Puesto que las *Grrrls* fueron acaparadas de inmediato por el *mainstream* y reducidas por los medios de comunicación al aspecto de la *girlie*, se hizo necesario crear un nuevo término, como el de la *lady*. Pero las *ladies* de los *Ladyfest* se diferencian radicalmente de las clásicas damas de clase alta con una identidad de género tradicional y clara. Las *ladies* definen el término de tal forma que éste puede incluir de forma deliberada identidades *queer* y transexuales.

402. Véase Audacia Ray, *Naked on the Internet. Hookups, Downloads and Cashing in on Internet Sexploration*, Emeryville, 2007.

403. En ese período sólo hubo dos representaciones, pese a que anteriormente *Public Cervix Announcement* había pertenecido al repertorio permanente de Sprinkle.

404. Véase Sascha Renner, «Die letzte Reise der Hottentotten-Venus», *Weltwoche*, diciembre de 2002.

405. Ibídem.

406. Rachel Holmes, *Hottentot Venus: The Life and Death of Saartje Baartman. Born 1789 – burried 2002*, Londres, 2007.

407. Véase «Warnung vor dem Schnitt im Schritt», *Spiegel online,* 25 de mayo de 2007.

408. Véase Michael K. Hohl, H. Peter Scheidel y Bernhard Schüssler, «Designer Vagina», *Frauenheilkunde aktuell,* 17 de enero de 2008, p. 8.

409. Ibídem, p. 4.

410. Elizabeth Stephens durante una conferencia conjunta con Annie Sprinkle el 9 de diciembre de 2008 en el Kunstpalast Museum de Düsseldorfer. El sexo biológico está formado por el sexo cromosómico (xy, xx y casos especiales como los del síndrome de Klinefelter o el de Turner), el sexo hormonal (la concentración en la sangre de ciertas hormonas como la testosterona o el estrógeno), el sexo gonadal, el sexo genital (el más conocido) y el sexo morfológico (la totalidad de las características sexuales primarias y secundarias). El número 30 es el resultado de las diversas combinaciones de estos factores, al que debe añadirse la preferencia sexual individual.

411. Véase http://en.wikipedia.org/wiki/Art_manifesto#cite_note-16 (consultado el 1 de febrero de 2009).

412. Véase Barbara Walker, *Das geheime Wissen der Frauen*, la entrada *«Jungfrau»* [«virgen»], Frankfurt am Main, 1993.

413. Blackledge, *Story of V*, pp. 152-153.

414. Véase Walker, *Women's Encyclopedia*, p. 171.

415. Véase Blackledge: *Story of V*, p. 188.

416. «Bekanntmachungen: Empfehlungen zum Umgang mit Patientinnen nach weiblicher Genitalverstummelung (female genital mutilation)», *Deutsches Ärzteblatt* 103, n.° 5, 3 de febrero de 2006, pp. A-285, B-249 y C-237.

417. Lerner, «Elterliche Fehlbenennung», p. 10.

Cuenco griego, vista interior, ca. 500 a. C.

BIBLIOGRAFÍA

Acker, Kathy, y The Mekons, *Pussy, King of the Pirates*, Quarterstick Records, 1996.

Andersen, Jorgen, *The Witch on the Wall. Erotic Sculpture in the British Isles*, Londres, 1977.

Armstrong, Karen, *The Battle for God. Fundamentalism in Judaism, Christianity and Islam*, Londres, 2001 [trad. esp.: *Los orígenes del fundamentalismo en el judaísmo, el cristianismo y el islam*, trad. de Federico Villegas Silva Lezama, Barcelona, 2004].

Atkinson, Diana, *Striptease*, Reinbek bei Hamburg, 1996.

Atwood, Margaret, *Negotiating with the Dead. A Writer on Writing*, Cambridge, 2002.

Bajtin, Mijail Mijailovich, *Literatur und Karneval*, Frankfurt am Main, 1990 [trad. esp.: *La cultura popular en la Edad Media y en el Renacimiento: el contexto de François Rabelais*, trad. de Julio Forcat y César Conroy, Madrid, 1998].

Baldwin, Michelle, *Burlesque (and the new bump-n-grind)*, Golden, 2004.

Barber, Rowland, *The Night They Raided Minsky's*, Filadelfia, 1947.

Barthes, Roland, *Mythen des Alltags*, Frankfurt am Main, 1964 [trad. esp.: *Mitologías*, trad. de Héctor Schmucler, Madrid, 2009].

Bartz, Gabriele, y otros, *Liebesfreuden im Mittelalter. Kulturgeschichte der Erotik und Sexualität in Bildern und Dokumenten*, Stuttgart y Zúrich, 1994.

Bataille, Georges, *Der Heilige Eros*, Múnich, 1963 [trad. esp.: *El erotismo*, trad. de Antoni Vicens y Marie Paule Sarazin, Barcelona, Tusquets, 2007].

Baudrillard, Jean, *Der symbolische Tausch und der Tod*, Múnich, 1982 [trad. esp.: *El intercambio simbólico y la muerte*, trad. de Carmen Rada, Caracas, 1980].

Berber, Anita, y Sebastian Droste, *Die Tänze des Lasters, des Grauens und der Ekstase*, Viena, 1923.

Berger, John, *Sehen. Das Bild der Welt in der Bilderwelt*, Reinbek bei Hamburg, 2000.

Beutin, Wolfgang, *Sexualität und Obszönität. Eine literaturpsychologische Studie über epische Dichtung des Mittelalters und der Renaissance*, Wurzburgo, 1990.

Bikini Kill, *Bikini Kill*, Kill Rock Label, 1998 (originalmente 1992).

Blackledge, Catherine, *The Story of V*, Londres, 2004 [trad. esp.: *Historia de la vagina: un territorio virgen al descubierto*, trad. de Zoraida de Torres Burgos, Barcelona, Península, 2005].

Blümle, Claudia, *Blickzähmung und Augentäuschung. Zu Jacques Lacans Bildtheorie*, Zúrich y Berlín, 2006.

Braun, Christina von, «*Ceci n'est pas une femme*. Betrachten, Begehren, Beruhren – von der Macht des Blicks», *Lettre*, 25 (1994).

Brinker, Claudia, y otros (eds.), *Contemplata aliis tradere. Studien zum Verhältnis von Literatur und Spiritualität*, Berna, 1995.

Brite, Poppy Z., *His Mouth will taste of Wormwood*, Londres y Nueva York, 1995.

—, «Calcutta», *His Mouth will taste of Wormwood*, Londres y Nueva York, 1995.

Bronfen, Elisabeth, *Over Her Dead Body. Death, Femininity and the Aesthetic*, Londres y Nueva York, 1992.

Brown, Norman O., *Love's Body*, Nueva York, 1966 [trad. esp.: *El cuerpo del amor*, trad. de Enrique Luis Revol, La Roca del Vallès, Santa & Cole, 2005].

Brown, Peter, *Die Keuschheit der Engel*, Múnich, 1994.

Brownstein, Rachel M., *Becoming a Heroine. Reading about Women in Novels*, Harmondsworth, 1984.

Butler, Judith, *Das Unbehagen der Geschlechter*, Frankfurt am Main, 1991.

Camphausen, Rufus C., *The Yoni. Sacred Symbol of Female Creative Power*, Rochester y Vermont, 1997.

Carr, C., «Theoretical Grrrl. The Legacy of Kathy Acker», *The Village Voice*, 5 de noviembre de 2002.

Caspar, Barbara, «Harte Mädchen weinen nicht. Exposé fur einen Dokumentarfilm über Kathy Acker», www.barbaracaspar.com/expose.pdf.

Chasseguet-Smirgel, Janine (ed.), *Psychoanalyse der weiblichen Sexualität*, Frankfurt am Main, 1974.

Chicago, Judy, *Durch die Blume. Meine Kämpfe als Künstlerin*, Reinbek bei Hamburg, 1986.

Coburn, Thomas B., *Encountering the Goddess. A Translation of the Devi-Mahatmya and a Study of Its Interpretation*, Nueva York, 1991.

Debord, Guy, *La Société du Spectacle*, París, 1967 [trad. esp.: *La sociedad del espectáculo*, trad. de José Luis Pardo, Valencia, Pre-Textos, 1999].

Derrida, Jacques, *Grammatologie*, Frankfurt am Main, 1974 [trad. esp.: *De la gramatología*, trad. de Óscar del Barco y Conrado Ceretti, Buenos Aires, Siglo XXI, 1971].

Devereux, Georges, *Baubo. Die mythische Vulva*, Frankfurt am Main, 1985 [trad. esp.: *Baubo: la vulva mítica*, trad. de Eva del Campo, Barcelona, Icaria, 1984].

DiNardo, Kelly, *Gilded Lili. Lili St. Cyr and the Striptease Mystique*, Nueva York, 2007.

Duerr, Hans Peter, *Nacktheit und Scham. Der Mythos vom Zivilisationsprozess*, vol. 1, Frankfurt am Main, 1988.

271

— (ed.), *Die wilde Seele. Zur Ethnopsychoanalyse von Georges Devereux*, Frankfurt am Main, 1987.

Eco, Umberto, *Platon im Striptease-Lokal. Parodien und Travestien*, Múnich y Zúrich, 1992 [trad. esp.: *Diario mínimo*, trad. de Jesús López Pacheco, Barcelona, Península, 1988].

Eibl-Eibesfeldt, Irenäus, y Christa Sütterlin, *Im Banne der Angst. Zur Natur und Kunstgeschichte menschlicher Abwehrsymbolik*, Múnich y Zúrich, 1992.

Ensler, Eve, *The Vagina Monologues*, Londres, 2004 [trad. esp.: *Monólogos de la vagina*, trad. de Anna Plata López, Barcelona, Planeta, 2000].

Fell McDermott, Rachel, y Jeffrey J. Kripal, *Encountering Kali. In the Margins, at the Denter, in the West*, Berkeley, Los Ángeles y Londres, 2003.

Ferguson, Russell, Martha Gever, Trinh T. Minh-ha y Cornel West (eds.), *Out There: Marginalisation and Contemporary Cultures*, Nueva York, Cambridge (Massachusetts) y Londres, 1990.

Feuchtenberger, Anke, *Mutterkuchen*, Berlín, 1995.

Feuchtenberger, Anke, y Katrin de Vries, «Das Schneehaus», en Feuchtenberger, Anke, y Katrin de Vries, *Die kleine Dame*, Berlín, 1997.

Finley, Karen, «The Constant State of Desire», *The Drama Review*, 32, n.° 1 (1988), pp. 139-151.

Fischer, Lothar, *Anita Berber. Tanz zwischen Rausch und Tod 1918-1928*, Berlín, 1996.

—, *Anita Berber. Göttin der Nacht*, Berlín, 2006.

Fiske, John, «Myths and Myth-Makers. Old Tales and Superstitions Interpreted by Comparative Mythology», http://ebooks.adelaide.edu.au./f/fiske/john/f54m/chapter4.html.

Fleck, Ludwik, «Entstehung und Entwicklung einer wissenschaftlichen Tatsache. Einfuhrung in die Lehre vom Denkstil und Denkkollektiv», *Klinische Wochenschrift*, 15, n.° 7 (1936).

Ford, Patrick K., «Celtic Women. The Opposing Sex», *Viator*, 19 (1988).

272

Foucault, Michel, *Der Wille zum Wissen. Sexualität und Wahrheit*, vol. 1, Frankfurt am Main, 1977 [trad. esp.: *La voluntad de saber*, trad. de Ulises Guiñazú, Madrid, Siglo XXI de España, 1978].

Freud, Sigmund, *Gesammelte Werke in Einzelbänden*, Frankfurt am Main, 1946 [trad. esp.: *Obras completas*, trad. de Luis López-Ballesteros, Madrid, Biblioteca Nueva, 1972-1975].

Fried, Erich, *Als ich mich nach dir verzehrte. Zweiundsiebzig Gedichte von der Liebe*, Berlín, 1992.

Frueh, Joanna, *Monster/Beauty. Building the body of love*, Berkeley y Los Ángeles, 2001.

Gernig, Kerstin (ed.), *Nacktheit: Ästhetische Inszenierung im Kulturvergleich*, Colonia, Weimar y Viena, 2002.

Gert, Valeska, *Ich bin eine Hexe. Kaleidoskop meines Lebens*, Reinbek bei Hamburg, 1978.

Gilligan, Carol, *In a Different Voice*, Cambridge (Massachusetts), 1993.

Gimbutas, Marija, *Die Sprache der Göttin. Das verschlüsselte Symbolsystem der westlichen Zivilisation*, Frankfurt am Main, 1995 [trad. esp.: *El lenguaje de la diosa: desenterrando los incógnitos símbolos de la civilización occidental*, trad. de J. M. Gómez Tabanera y otros, Oviedo, Grupo Editorial Asturiano, 1996].

Göttner-Abendroth, Heide, *Die Göttin und ihr Heros*, Múnich, 1993.

Green, Abel, *Showbiz from Vaude to Video*, Nueva York, 1951.

Greer, Germaine, *The Female Eunuch*, Londres, 2006 [trad. esp.: *La mujer eunuco*, trad. de Mireia Bofill y Heide Braun, Barcelona, Kairós, 2004].

—, *The Madwoman's Underclothes. Essays and Occasional Writing*, Londres, 1986.

Grether, Kerstin, *Zungenkuss. Du nennst es Kosmetik, ich nenn es Rock'n'Roll*, Frankfurt am Main, 2007.

Gsell, Monika, *Die Bedeutung der Baubo. Zur Repräsentation des weiblichen Genitales*, Frankfurt am Main y Basilea, 2001.

Heródoto, *Historien*, Stuttgart, 2002 [trad. esp.: *Historia*, 5 vols., trad. de Carlos García Schrader, Madrid, Gredos, 1977-1988].

Honnighausen, Gisela (ed.), *Die Präraffaeliten. Dichtung, Malerei, Ästhetik, Rezeption*, Stuttgart, 1992.

Husain, Shahrukh, *Die Göttin. Das Matriarchat, Mythen und Archetypen, Schöpfung, Fruchtbarketi und überfluss*, Colonia, 2001 [trad. esp.: *La diosa: creación, fertilidad y abundancia: mitos y arquetipos femeninos*, trad. de Margarita Elena Cavándoli Menéndez, Barcelona, Círculo de Lectores, 1997].

Inden, Ronald B., *Imagining India*, Oxford, 1990.

Irigaray, Luce, *Das Geschlecht das nicht eins ist*, Berlín, 1979 [trad. esp.: *Ese sexo que no es uno*, trad. de Raúl Sánchez Cedillo, Tres Cantos, Akal, 2009].

—, *Speculum. Spiegel des anderen Geschlechts*, Frankfurt am Main, 2001 [trad. esp.: *Speculum. Espéculo de la otra mujer*, trad. de Baralides Alberdi Alonso, Madrid, Saltés, 1978].

Jarrett, Lucinda, *Striptease. Die Geschichte der erotischen Entkleidung*, Berlín, 1999.

Jones, Amelia, *Body Art. Performing the Subject*, Mineápolis y Londres, 1998.

Juno, Andrea, *Angry Women. Die weibliche Seite der Avantgarde*, St. Andrä-Wördern, 1997.

Kaplan, E. Ann, *Women and Film. Both Sides of the Camera*, Londres, 1983 [trad. esp.: *Las mujeres y el cine: a ambos lados de la cámara*, trad. de María Luisa Rodríguez Tapia, Madrid, Cátedra, 1998].

Kennedy, Pagan, *Stripping and Other Stories*, Londres y Nueva York, 1994.

Kojève, Alexandre, *Hegel. Eine Vergegenwärtigung seines Denkens*, Frankfurt am Main, 1997.

Kristeva, Julia, *La révolution du langage poétique*, París, 1974.

Kröll, Katrin, y Hugo Steger (eds.), *Mein ganzer Körper ist Gesicht. Groteske Darstellungen in der europäischen Kunst und Literatur des Mittelalters*, Friburgo de Brisgovia, 1994.

Kroll, Renate, y Margarete Zimmermann (eds.), *Feministische Literaturwissenschaft in der Romanistik. Theoretische Grundlagen, Forschungsstand, Neuinterpretationen*, Stuttgart, 1995.

Kubitza, Anette, *Die Kunst, das Loch, die Frau. Feministische Kontroversen um Judy Chicagos «Dinner Party»*, Pfaffenweiler, 1994.

Kuhn, Annette, y Bea Lundt (eds.), *Lustgarten und Dämonenpein. Konzepte von Weiblichkeit in Mittelalter und früher Neuzeit*, Dortmund, 1997.

Lacan, Jacques, «Qu'est-ce qu'une femme?», en Lacan, Jacques, *Das Seminar*, libro III, Weinheim y Berlín, 1997 [trad. esp.: *El seminario de Jacques Lacan*, texto establecido por Jacques-Alain Miller, trad. de Rithee Cevasco y otros, Barcelona, Paidós, 1981].

Langley, Erika, *The Lusty Lady*, Zúrich, 1997.

Larrington, Carolyne (ed.), *The Feminist Companion to Mythology*, Londres, 1992.

Lee, Gypsy Rose, *The G-String Murders*, Nueva York, 1941.

—, *Gypsy. Memoirs of America's Most Celebrated Stripper*, Berkeley, 1999.

Lerner, Harriet, «Elterliche Fehlbenennung der weiblichen Genitalien als Faktor bei der Erzeugung von "Penisneid" und Lernhemmungen», *Psyche*, 4 (1980), pp. 1092-1104.

—, *Was Frauen verschweigen. Warum wir täuschen, heucheln, lügen müssen*, Frankfurt am Main, 1996 [trad. esp.: *¿Por qué fingimos las mujeres? Verdad y mentira en la vida de las mujeres*, trad. de Silvia Komet Dain, Barcelona, Círculo de Lectores, 1995].

—, «Practicing "Psychic Genital Mutilation"», *Chicago Tribune*, especial del *Tribune*, 2 de julio de 2003.

Lewin, Laura, *Naked Is the Best Disguise. My Life as a Stripper*, Boston, 1984.

Liepe-Levinson, Katherine, *Strip Show. Performances of Gender and Desire*, Londres, 2001.

Lippard, Lucy, *From the Center. Feminist Essays on Women's Art*, Nueva York, 1976.

Lowndes Sevely, Josephine, *Evas Geheimnisse. Neue Erkenntnisse zur Sexualität der Frau*, Múnich, 1988.

Lubell, Winifred Milius, *The Metamorphosis of Baubo. Myths of Women's Sexual Energy*, Nashville y Londres, 1999.

Lukesch, Barbara: «"Hor auf, ich will das nicht". Pionierprojekt: Kindergartenkinder erlernen nach einem neuartigen Konzept den Widerstand gegen sexuelle Gewalt», *Zürcher Tagesanzeiger*, 26 de junio de 1997, p. 65.

Malory, Thomas, *Le morte d'Arthur*, Harmondworth, 2001 [trad. esp.: *La muerte de Arturo*, trad. de Francisco Torres Oliver, prólogo de Carlos García Gual, epílogo de Luis Alberto de Cuenca, Madrid, Siruela, 2008].

Mann, Heinrich, *Professor Unrat oder das Ende eines Tyrannen*, Frankfurt am Main, 1989 [trad. esp.: *El profesor Unrat*, trad. de Juan de Sola Llovet, Barcelona, RBA, 2010].

Mann, Klaus, «Erinnerungen an Anita Berber», *Die Bühne*, 7, n.° 275 (1930), pp. 43-44.

Manthey, Jürgen, *Wenn Blicke zeugen könnten*, Múnich, 1983.

Maquiavelo, Nicolás, *Discorsi. Gedanken über Politik und Staatsführung*, Stuttgart, 1977.

Marcus, Greil, *Lipstick Traces. Von Dada bis Punk – kulturelle Avantgarden und ihre Wege aus dem 20. Jahrhundert*, Reinbek bei Hamburg, 1996 [trad. esp.: *Rastros de carmín: una historia secreta del siglo XX*, trad. de Damián Alou Ramis, Barcelona, Anagrama, 1993].

Marcuse, Harold, *Der übermächtige Frauenleib. Der Schlund und andere Vaginalsymbole in der Bildsprache des Mittelalters*, trabajo de seminario de especialización, Universidad de Hamburgo, Kunstgeschichtliches Institut, 1995.

Mariel, Pierre, y Jean Trocher, *Paris Cancan*, Lübeck, 1959.

Mayer, Hans, *Aussenseiter*, Frankfurt am Main, 1981.

Mayne, Judith, *The Woman at the Keyhole. Feminism and Women's Cinema*, Bloomington, 1990.

McClintock, Anne, *Imperial Leather. Race, Gender and Sexuality in the Colonial Conquest*, Nueva York, 1995.

McNair, Brian, *Striptease Culture*, Londres, 2002 [trad. esp.: *La cultura del striptease: sexo, medios y liberación del deseo*, trad. de Escarlata Guillén Pont, Barcelona, Océano, 2005].

Mechthild von Magdeburg, *Das fliessende Licht der Gottheit*, vol. 1, Múnich, 1990 [trad. esp.: *La luz divina ilumina los corazones: testimonio de una mística del siglo XIII*, trad., introducción y notas de Daniel Gutiérrez, Burgos, Monte Carmelo, 2004].

Meech, Sanford B. (ed.), *The Book of Margery Kempe*, Londres, 1940.

Meier-Seethaler, Carola, *Von der göttlichen Löwin zum Wahrzeichen männlicher Kraft. Ursprung und Wandel grosser Symbole*, Zúrich, 1993.

Mercier, Vivian, *The Irish Comic Tradition*, Oxford, 1962.

Minh-ha, Trinh T., *Woman Native Other*, Bloomington e Indianápolis, 1989.

Moeller-Bruck, Arthur, *Das Variete*, Berlín, 1902.

Moi, Toril, *Sexual/Textual Politics. Feminist Literary Theory*, Londres y Nueva York, 1985 [trad. esp.: *Teoría literaria feminista*, trad. de Amaia Bárcena, Madrid, Cátedra, 1988].

Mulvey, Laura, *Visual and Other Pleasures. Theories of Representation and Difference*, Indiana, 1989 [trad. esp.: *Placer visual y cine narrativo*, Valencia y Minnesota, Fundación Instituto Shakespeare/Instituto de Cine y RTV y Universidad de Minnesota, 1975].

Murray, Margaret A., «Female Fertility Figures», *The Journal of the Royal Anthropological Institute of Great Britain and Ireland*, 64 (1934), pp. 93-100.

Muscio, Inga, *cunt: a declaration of independence*, Emeryville, 2002.

Neumann, Erich, *Die grosse Mutter. Eine Phänomenologie der weiblichen Gestaltungen des Unbewussten*, Olten, 1987 [trad. esp.: *La Gran Madre: una fenomenología de las creaciones femeninas de lo inconsciente*, trad. de Rafael Fernández de Maruri, Madrid, Trotta, 2009].

Neumer-Pfau, Wiltrud, *Studien zur Ikonographie und gesellschaftlichen Funktion hellenistischer Aphrodite-Statuen*, Bonn, 1982.

Newall, Venetia (ed.), *The Witch Figure. Studies in Honor of Katherine Briggs*, Londres, 1973.

Ochaim, Brygida, y Claudia Balk, *Varieté-Tänzerinnen um 1900. Vom Sinnenrausch zur Tanzmoderne*, Frankfurt am Main y Basilea, 1998.

Öhlschläger, Claudia, *Die unsägliche Lust des Schauens. Die Konstruktion der Geschlechter im voyeuristischen Text*, Friburgo de Brisgovia, 1996.

Olender, Maurice «Aspects de Baubo. Textes et contextes antiques», *Revue de l'histoire des Religions*, 202-1 (1985), pp. 3-55.

Parker, Derek, y Julia Parker, *The Natural History of the Chorus Girl*, Indianápolis y Nueva York, 1975.

Payer, Alois Maria, «Die schwarze Madonna – Nicht zensurierende Urmutter und alte schwarze Bauern-Gottheit», conferencia de Alois Maria Payer, en el congreso «Frauen – willige Opfer der Medizin? Fruherkennung, Hormone, Geburtsmedizin auf dem Prüfstand kritischer Wissenschaft – Wege zu einer zeitgemäsen Praxis» de la fundación Paracelsus Heute. www.datadiwan.de/netzwerk/index.htm?/stiftung_paracelsus/sp_007d_.htm.

Phair, Liz, *Exile in Guyville*, Matador, 1993, pista 16.

Pitzen, Marianne (ed.), *Mythos Mutter*, Bonn, 2005.

Pizan, Christine de, *Das Buch von der Stadt der Frauen*, Berlín, 1986, p. 60 [trad. esp.: *La ciudad de las damas*, trad. y ed. de Marie-José Lemarchand, Madrid, Siruela, 1999].

Plant, Sadie, *Nullen und Einsen. Digitale Frauen und die Kultur der neuen Technologien*, Berlín, 1998 [trad. esp.: *Ceros + unos: mujeres digitales + la nueva tecnocultura*, trad. de Eduardo Urios, Barcelona, Destino, 1998].

—, *The Most Radical Gesture. The Situationist International in a Postmodern Age*, Londres y Nueva York, 1992 [trad. esp.: *El gesto más radical: la Internacional Situacionista en una época postmoderna*, trad. de Guillermo López-Gallego, Madrid, Errata Naturae, 2008].

Pramaggiore, Maria, «Resisting/Performing/Feminity. Words, Flesh and Feminism in Karen Finley's *Constant State of Desire*», *Theater Journal*, 44 (1992), pp. 269-290.

Raid, Jill, «The Vagina Dentata and the Immaculatus Uterus Divini Fontis», *Journal of the American Academy of Religion*, 48 (1980), pp. 415-431.

Ranke-Heinemann, Uta, *Eunuchen für das Himmelreich. Katholische Kirche und Sexualität*, Múnich, 2003 [trad. esp.: *Eunucos por el reino de los cielos: la Iglesia Católica y la sexualidad*, trad. de Víctor Abelardo Martínez de Lapera, Madrid, Círculo de Bellas Artes, 1994].

Raven, Arlene, Cassandra Langer y Joanna Frueh (eds.), *Feminist Art Criticism*, Nueva York, 1988.

Rentdorff, Barbara, *Geschlecht und symbolische Kastration. Über Körper, Matrix, Tod und Wissen*, Konigstein im Taunus, 1996.

Rhode, Thomas, *Mythos Salomé. Vom Markusevangelium bis Djuna Barnes*, Leipzig, 2000.

Rich, Adrienne, *On Lies, Secrets, and Silence. Selected Prose 1966-1978*, Nueva York, 1979 [trad. esp.: *Sobre mentiras, secretos y silencios*, trad. de Margarita Dalton Palomo, Madrid, Horas y Horas, 2011].

Richmond, John, «Striptease Intellectual», *The American Mercury* (enero de 1941), pp. 36-44.

Roberts, Nickie, *Whores in History*, Londres, 1992.

Roche, Charlotte, *Feuchtgebiete*, Colonia, 2008 [trad. esp.: *Zonas húmedas*, trad. de Richard Gross, Barcelona, Anagrama, 2009].

Ross, Anne, y Ronald Sheridan, *Gargoyles and Grotesques. Paganism in the Medieval Church*, Nueva York, 1975.

Ross, Sonja, *Die Vagina Dentata in Mythos und Erzählung. Transkulturalität, Bedeutungsvielfalt und kontextuelle Einbindung eines Mythenmotivs*, Berlín, 1994.

Rublack, Ulinka, «Metze und Magd. Frauen, Krieg und Bildfunktion des Weiblichen in deutschen Städten der frühen Neuzeit», *Historische Anthropologie*, 3 (1995), pp. 412-432.

Said, Edward, *Orientalism. Westen Conceptions of the Orient*, Londres, 1978 [trad. esp.: *Orientalismo*, trad. de María Luisa Fuentes, Barcelona, Debate, 2002].

Sartre, Jean-Paul, *Das Sein und das Nichts. Versuch einer phänomenologischen Ontologie*, Reinbek bei Hamburg, 1976 [trad. esp.: *El ser y la nada*, trad. de Juan Valmar, Barcelona, RBA, 2004].

Schade, Sigrid, *Schadenzauber und die Magie des Körpers. Hexenbilder der frühen Neuzeit*, Worms, 1983.

— (ed.), *Allegorien und Geschlechterdifferenz*, Colonia, 1994.

Schering, Ernst, «Adam und die Schlange. Androgyner Mythos und Moralismus bei Antoinette Bourignon. Ein Beitrag zum Einflüss Jakob Böhmes auf das franzosische Geistesleben», *Zeitschrift für Religions- und Geistesgeschichte*, 10 (1958), pp. 97-124.

Schmidt, Uta C., *Vom Rand zur Mitte. Aspekte einer feministischen Perspektive in der Geschichtswissenschaft*, Zúrich y Dortmund, 1994.

Schneemann, Carolee, *More Than Meat Joy. Complete Performance Works and Selected Writings*, New Paltz y Nueva York, 1979.

Schneider, Rebecca, *The Explicit Body in Performance*, Londres y Nueva York, 1997.

Schreiner, Klaus, y Norbert Schnitzler (eds.), *Gepeinigt, begehrt, vergessen. Symbolik und Sozialbezug des Körpers im späten Mittelalter und in der frühen Neuzeit*, Múnich, 1992.

Selden, Raman, *A Reader's Guide to Contemporary Literary Theory*, Brighton, 1985.

Shaw, Miranda, *Passionate Enlightenment. Women in Tantric Buddhism*, Princeton, 1994.

Shteir, Rachel, *Striptease. The Untold History of the Girlie Show*, Oxford, 2004.

Sister Nivedita, *Kali The Mother*, Londres, 1900.

Sloterdijk, Peter, y Thomas H. Macho (eds.), *Weltrevolution der Seele. Ein Lese- und Arbeitsbuch der Gnosis von der Spätan-tike bis zur Gegenwart*, tomo I, Múnich y Zúrich, 1991.

Spencer, Mimi, «The Vagina Dialogues», *The Guardian*, 18 de marzo de 2005.

Sprinkle, Annie, *Hardcore von Herzen*, Hamburgo, 2004.

Team Dresh, *Personal Best*, EFA, 1995.

Tippins, Sherill, *February House. What happened when W. H. Auden, Benjamin Britten, Paul & Jane Bowles, Carson McCullers and Gypsy Rose Lee moved in together*, Londres, Sidney, Nueva York y Toronto, 2005.

Vinken, Barbara (ed.), *Die nackte Wahrheit. Zur Pornographie und zur Rolle des Obszönen in der Gegenwart*, Múnich, 1997.

—, *Nicht ich. Logik, Lüge, Libido*, Frankfurt am Main, 1990.

Walker, Barbara, *The Woman's Encyclopedia of Myths and Secrets*, Nueva Jersey, 1996.

Walldorff, Claire, *Weeste noch...! Aus meinen Erinnerungen*, Berlín, 1969.

Warner, Marina, *Monuments and Maidens. The Allegory of the Female Form*, Londres, 1985.

Weinmann, Ute, *Mittelalterliche Frauenbewegungen. Ihre Beziehung zu Orthodoxie und Häresie*, Pfaffenweiler, 1990.

Weir, Anthony, y James Jerman, *Images of Lust. Sexual Carvings on Medieval Churches*, Londres, 1986.

West, May, *She Done Him Wrong*, Londres, 1995.

Wilde, Oscar, *The Complete Illustrated Stories, Plays and Poems*, Londres, 1986.

Willson, Jacki, *The Happy Stripper. Pleasures and Politics of the New Burlesque*, Londres y Nueva York, 2008.

Žižek, Slavoj, *The Puppet and the Dwarf. The Perverse Core of Christianity*, Cambridge (Massachusetts), 2003 [trad. esp.: *El títere y el enano: el núcleo perverso del cristianismo*, trad. de Alcira Bixio, Buenos Aires, Paidós, 2006].

Zweig, Stefan, *Die Welt von gestern*, Frankfurt am Main, 1990 [trad. esp.: *El mundo de ayer: memorias de un europeo*, trad. de J. Fontcuberta y A. Orzeszek, Barcelona, El Acantilado, 2001].

281

AGRADECIMIENTOS

Ningún libro sería posible sin el apoyo y la influencia directa e indirecta de tantas personas que no puedo mencionar a todos en este lugar. Mi agradecimiento especial es para mi amada pareja, Matti Rouse, por su capacidad para escuchar mis lecturas en voz alta de las innumerables versiones del texto de este trabajo y mostrar un interés nunca decreciente, además de pasárselo realmente bien con ello.

Muchas, muchas gracias a Annie Sprinkle por su autorización para hacer fotografías durante su *Public Cervix Announcement*, a Carolee Schneemann por su *Interior Scroll* y su *Vulva's Morphia*, que es prácticamente un resumen de este libro a modo de instalación, a Lothar Fischer por su permiso para publicar la fotografía de Anita Berber de su archivo, así como a los Archivos Shubert de Nueva York por la fotografía de Gypsy Rose Lee, a la doctora Andrea Desző por la vulva bordada de su serie *Lessons from my mother*, a los herederos de Hannah Wilke, a Mimosa Pale por la imagen de su *mobile female monument*, a la New York Public Library for the Performing Arts por el recorte de periódico sobre las desnudistas encarceladas, a Myriam Thyes por la sirena de dos colas y otros dibujos de diosas, a Laura Doe por los maravillosos *Vulva Puppets*, a Christian Ahlborn por su versión del *Kali Yantra* y por la obra de arte

«Vulva = Vagina?», al profesor Hans-Georg Pott por aceptar una tesis doctoral sobre la vulva, al profesor Jürgen Manthey, que desde el comienzo me ha permitido vivir de mi escritura, a Andrea Auner por su amistad y apoyo, a Melanie Stitz por la corrección de pruebas y las discusiones, a Sandra Röseler por la forma en que habla de su vulva, a mi agente Karin Graf, a mi editora Mirjam Bitter, a todas las mujeres y los hombres que una y otra vez han reaccionado con fascinación y curiosidad ante este tema, y por supuesto a mis hijos, Jasray y Noemi.

Mujer exhibiendo la vulva en la ventana del ábside de la iglesia de San Pedro, Cervantes

LISTA DE ILUSTRACIONES

Pág. 89:   del libro de Rufus C. Camphausen *The Yoni*
Pág. 93:   postal hindú contemporánea
Pág. 96:   del libro de Rufus C. Camphausen *The Yoni*
Pág. 99:   Museo de Alampur, India
Pág. 102: reproducida con permiso del artista
Pág. 106: cortesía del Deutsches Tanz Archiv, Colonia
Pág. 114: cortesía del Deutsches Tanz Archiv, Colonia
Pág. 117: archivo de Lothar Fischer
Pág. 125: Shubert Archives, Nueva York
Pág. 133: Billy Rose Theatre Collection, New York Public Library for the Performing Arts, Astor, Lenox and Tilden Fondations
Pág. 144: del libro de Michelle Baldwin *Burlesque (and the new bump-n-grind)*
Pág. 162: *Heyne Exquisite Bücher*, n.º 72, Múnich, 1973
Pág. 163: la así llamada *Venus pudicae*. The Yorck Project
Pág. 167: fotografía de Anthony McCall, reproducida con permiso de la artista
Pág. 170: reproducida con permiso de los herederos de Hannah Wilke, *copyright:* VG Bildkunst Bonn, 2009
Pág. 179: Talla y grabado en marfil de morsa, 15 cm. Dibujo de Myriam Thyes reproducido con permiso de la artista
Pág. 197: reproducida con permiso de la artista
Pág. 206: La organización secreta A.:A.: fue fundada en 1929 en La Haya, Holanda. Vincent Dame Collection, Ámsterdam
Pág. 212: fotografía de Mithu Sanyal
Pág. 213: Musée d'Orsay, París
Pág. 215: VG Bildkunst Bonn, 2009
Pág. 218: del libro de Rachel Holmes *The Hottentot Venus. The Life and Death of Saartje Baartman. Born 1789 – Buried 2002*, Londres, 2007, sin paginar.
Pág. 226: reproducida con permiso de la artista
Pág. 233: reproducida con permiso de la artista. Véase www.yoni.com

Pág. 235: reproducida con permiso de la artista. A continuación, un extracto del texto de los paneles, ilegible
debido al tamaño de la reproducción: «Vulva desci-
fra a Lacan y a Baudrillard y descubre que sólo es un
signo, un significante del vacío, de la ausencia, de
aquello que no es masculino [...] (Le dan un lápiz
para que también escriba) / Vulva estudia biología y
comprende que ella es una mezcla de proteínas y
hormonas sexuales que dominan la totalidad de su
deseo / Vulva estudia a Masters & Johnson y entiende que sus orgasmos vaginales no han sido registra-
dos aún por ningún instrumento y que sólo debería
tener orgasmos clitorianos / Vulva decodifica la semiótica constructivista feminista y descubre que no
tiene ningún sentimiento auténtico; incluso sus sensaciones eróticas son construidas, impuestas y condi-
cionadas por proyecciones patriarcales / Vulva se
desnuda, se mete pinceles en la boca y el coño y co-
rre a medianoche hasta el Ceder Bar para darle un
susto a los fantasmas de De Kooning, Pollock y Kli-
ne / Vulva reconoce sus símbolos y nombres en los
grafitis de los túneles del metro: raja, coño, conejo,
chichi, hucha, ciruelo, chochito...»
Pág. 268: British Museum, Londres

287

ÍNDICE ANALÍTICO

290

298

ÍNDICE